固废资源在公路工程中的应用

苗贵华 ◎ 著

GUFEI ZIYUAN
ZAI GONGLU GONGCHENG ZHONG DE
YINGYONG

化学工业出版社

·北京·

内 容 简 介

本书聚焦固体废弃物在公路工程中的综合利用，系统总结了煤矸石、粉煤灰、电石渣、铁尾矿、钢渣、CFB灰、建筑垃圾及废旧轮胎等固体废弃物的资源化利用；重点介绍了采用CFB灰、矿渣、钢渣、电石渣、铁尾矿粉等固废材料作为固化剂，优选配制流态固化土的资源化利用；对电石渣和粉煤灰复合稳定黄土路基资源化利用、建筑垃圾作为再生骨料资源化利用、废胎胶粉复合改性沥青混合料资源化利用等进行了专题研究；最后介绍具体固废在交通领域内资源化综合利用的工程案例，为推广固废规模化综合利用提供参考借鉴。

本书可供土木工程、交通、水利等领域技术人员使用，也可作为土木工程、交通运输工程类高校、科研院所等师生的技术参考书。

图书在版编目（CIP）数据

固废资源在公路工程中的应用／苗贵华著. -- 北京：化学工业出版社，2025.5. -- ISBN 978-7-122-47598-5

Ⅰ.U41

中国国家版本馆CIP数据核字第2025DX6074号

责任编辑：金林茹	文字编辑：袁　宁
责任校对：杜杏然	装帧设计：王晓宇

出版发行：化学工业出版社（北京市东城区青年湖南街13号　邮政编码100011）
印　　装：北京印刷集团有限责任公司
710mm×1000mm　1/16　印张16½　字数267千字　2025年6月北京第1版第1次印刷

购书咨询：010-64518888　　　　　　　　　售后服务：010-64518899
网　　址：http://www.cip.com.cn

凡购买本书，如有缺损质量问题，本社销售中心负责调换。

定　　价：99.00元　　　　　　　　　　　　　版权所有　违者必究

前言
PREFACE

在"双碳"目标政策驱动下,"十四五"期间国家相继出台多项政策,积极推动固废在各领域的高值化利用。交通运输部在《绿色交通"十四五"发展规划》中提出鼓励工业固废在交通建设领域的规模化应用。开展固废道路资源化综合利用是对国家政策号召的积极响应,是国家绿色低碳循环发展的需要。促进固废实现绿色、高效、高质、高值、规模化利用,有助于加快建设交通强国,推动交通运输高质量发展,服务国家碳达峰碳中和目标,有助于解决我国资源困境与实现经济社会可持续发展。

本书围绕固废在交通领域内资源化综合利用的相关研究成果展开。着重介绍了固废利用种类的多样性,涵盖各类固废在集料、填料及胶凝材料中的多类型应用;另外详细阐述了固废在公路工程中应用的全面性,在采空区治理、地基处理、路基填筑、路面基层、路面面层、台背回填等各层面都有固废应用。这将进一步推动固废资源综合利用产业绿色发展,提高固废利用率,解决固废造成的生态环境问题,为固废处置与道路建设的可持续发展提供理论与实践指导。

本书共分9章:第1章主要介绍固废资源化利用产业的发展现状;第2章聚焦几种常见固体废弃物的基本特性并予以详细阐述;第3章以水泥、CFB灰、高炉矿渣、钢渣和电石渣等固废作为主固化剂原材料进行室内对比试验,综合分析各优选固化剂的性能成本和普遍适用性,进而确定各组分的优配方案;第4章介绍粉煤灰电石渣复合稳定黄土路基的路用性能;第5章介绍铁尾矿在水泥混凝土及路面基层中的应用;第6章介绍钢渣在路面面层、基层中的应用；第 7 章介绍建筑垃圾再生集料的制备工艺及其路用性能；第 8 章介绍废胎胶粉复合改性沥青混合料路用性能；第 9 章主要从路面面层和路基填筑这两个关键方面对固废在公路工程中的应用实例进行深入剖析，力争形成可复制、可推广的技术成果，为推广固废道路规模化综合利用提供极具价值的参考指引。

  本书所研究的内容属于建筑材料、道路工程、工程力学的交叉学科，笔者自投身工作以来始终专注于相关方面的研究工作，但限于笔者水平，书中存在一些疏漏在所难免，希望广大读者不吝赐教，以便笔者及时更正。

山西工程科技职业大学
苗贵华

目录
CONTENTS

第1章　绪论 …………………………………………………………… 001
    1.1　固体废弃物的定义与分类 …………………………………… 002
    1.2　固废资源对环境造成的困扰 ………………………………… 003
    1.3　固体废弃物的综合利用现状 ………………………………… 004
    1.4　固体废弃物的关键核心技术进展 …………………………… 004
    1.5　国外固废资源化利用产业的发展现状 ……………………… 006
    1.6　我国固废资源化利用产业的发展现状 ……………………… 008
    1.7　固体废弃物在公路工程中的综合利用现状 ………………… 014
        1.7.1　固体废弃物的类型 ……………………………………… 014
        1.7.2　固体废弃物的应用 ……………………………………… 019

第2章　固体废弃物的基本特性 ……………………………………… 028
    2.1　煤矸石 ………………………………………………………… 029
        2.1.1　煤矸石颗粒组成 ………………………………………… 029
        2.1.2　煤矸石岩石矿物组成 …………………………………… 030
        2.1.3　煤矸石的物理性质 ……………………………………… 031
        2.1.4　煤矸石的化学组分 ……………………………………… 032
        2.1.5　煤矸石微观结构 ………………………………………… 033
        2.1.6　煤矸石利用现状 ………………………………………… 034
    2.2　电石渣 ………………………………………………………… 036
        2.2.1　基本物理性能 …………………………………………… 036
        2.2.2　电石渣化学成分 ………………………………………… 037
        2.2.3　电石渣钙镁含量分析 …………………………………… 037
    2.3　铁尾矿 ………………………………………………………… 039
        2.3.1　尾矿的定义 ……………………………………………… 039

2.3.2　铁尾矿的现状 ·· 039
　　2.3.3　我国不同地区矿山尾矿的特点 ······························ 040
　　2.3.4　不同铁尾矿掺量的水稳碎石耐久特性 ····················· 041
2.4　钢渣 ··· 047
　　2.4.1　基本特性 ·· 047
　　2.4.2　钢渣矿渣水泥中钢渣掺量的影响 ··························· 051
　　2.4.3　钢渣的处理工艺 ·· 052
　　2.4.4　钢渣利用现状 ··· 053
2.5　CFB灰 ·· 056
　　2.5.1　基本特性 ·· 056
　　2.5.2　CFB灰利用难题 ··· 058
　　2.5.3　CFB灰的综合利用 ·· 061
2.6　建筑垃圾 ··· 064
　　2.6.1　建筑垃圾定义 ··· 064
　　2.6.2　建筑垃圾分类与组成 ··· 065
　　2.6.3　建筑垃圾利用现状 ·· 068
2.7　废旧轮胎 ··· 070
　　2.7.1　废旧轮胎利用现状 ·· 070
　　2.7.2　废胎胶粉基本特性 ·· 076
2.8　旧沥青路面铣刨材料 ·· 078
　　2.8.1　铣刨的定义和分类 ·· 078
　　2.8.2　沥青路面的铣刨 ··· 079
　　2.8.3　旧沥青路面铣刨材料的性质 ·································· 079
　　2.8.4　沥青路面铣刨的优点 ··· 081

第3章　固废流态固化土资源化利用 ·· 082

3.1　流态固化土特点 ··· 083
3.2　流态固化土固化机理 ·· 086
3.3　固化剂试验的原材料 ·· 089
3.4　固化剂优配试验 ··· 092
　　3.4.1　主要组分的优配试验 ··· 092

3.4.2　铁尾矿粉对比试验 …………………………………………… 093
　　　3.4.3　固化剂优配试验结果 ………………………………………… 093
　3.5　试验结果分析 …………………………………………………………… 096
　　　3.5.1　铁尾矿粉适用性试验 ………………………………………… 096
　　　3.5.2　自研固化剂的环保性检测 …………………………………… 098
　　　3.5.3　自研固化剂的水稳定性试验 ………………………………… 099
　　　3.5.4　自研固化剂综合性能对比试验 ……………………………… 100
　　　3.5.5　小结 …………………………………………………………… 103
　3.6　工程应用经济和社会效益分析 ………………………………………… 103
　　　3.6.1　施工便利性 …………………………………………………… 104
　　　3.6.2　经济与社会效益 ……………………………………………… 104
　　　3.6.3　展望 …………………………………………………………… 106

第4章　电石渣和粉煤灰的资源化利用 …………………………………… 109

　4.1　资源化利用的背景 ……………………………………………………… 110
　4.2　材料性能分析 …………………………………………………………… 113
　　　4.2.1　粉煤灰性能分析 ……………………………………………… 113
　　　4.2.2　电石渣性能分析 ……………………………………………… 119
　　　4.2.3　混合料配合比设计及性能分析 ……………………………… 121
　4.3　混合料的机理分析 ……………………………………………………… 132
　　　4.3.1　XRD检测与分析 ……………………………………………… 133
　　　4.3.2　IR检测与分析 ………………………………………………… 140
　　　4.3.3　SEM检测与分析 ……………………………………………… 144
　　　4.3.4　小结 …………………………………………………………… 147

第5章　铁尾矿的资源化利用 ………………………………………………… 148

　5.1　铁尾矿在路面基层中的应用 …………………………………………… 149
　　　5.1.1　原材料及试验配合比 ………………………………………… 149
　　　5.1.2　水泥稳定铁尾矿碎石无侧限抗压强度试验 ………………… 150
　　　5.1.3　水泥稳定铁尾矿碎石劈裂强度试验 ………………………… 152

  5.2 铁尾矿在水泥混凝土中的应用 …………………………………………… 154
  5.3 铁尾矿综合利用问题及未来发展展望 ……………………………………… 155
    5.3.1 铁尾矿综合利用的难点分析 …………………………………… 155
    5.3.2 铁尾矿综合利用的发展展望 …………………………………… 156
    5.3.3 小结 ………………………………………………………………… 158

第6章 钢渣的资源化利用 …………………………………………………… 159

  6.1 钢渣在沥青面层中的应用 ………………………………………………… 160
  6.2 钢渣在路面基层中的应用 ………………………………………………… 161

第7章 建筑垃圾的资源化利用 ……………………………………………… 165

  7.1 建筑垃圾分选技术 ………………………………………………………… 166
    7.1.1 分选技术 …………………………………………………………… 166
    7.1.2 筛分技术 …………………………………………………………… 167
    7.1.3 抑尘技术 …………………………………………………………… 167
    7.1.4 分选工艺 …………………………………………………………… 167
  7.2 建筑垃圾再生集料的制备工艺 …………………………………………… 169
    7.2.1 破碎设备 …………………………………………………………… 169
    7.2.2 生产工艺 …………………………………………………………… 173
    7.2.3 再生集料的资源特性 …………………………………………… 174
    7.2.4 再生集料的强化技术 …………………………………………… 176
    7.2.5 小结 ………………………………………………………………… 187
  7.3 再生集料的路用性能 ……………………………………………………… 187
    7.3.1 原材料及配合比 ………………………………………………… 187
    7.3.2 击实试验 …………………………………………………………… 188
    7.3.3 无侧限抗压强度试验 …………………………………………… 189
    7.3.4 劈裂强度试验 …………………………………………………… 192
    7.3.5 弯拉强度试验 …………………………………………………… 195
    7.3.6 抗压回弹模量试验 ……………………………………………… 198
    7.3.7 疲劳特性试验 …………………………………………………… 200

7.4 再生集料效益评价 …………………………………………………… 204

第8章 废旧轮胎的资源化利用 …………………………………………… 206

8.1 废胎胶粉复合改性沥青 …………………………………………… 207
8.1.1 橡胶粉作用机理 …………………………………………… 207
8.1.2 不同目数胶粉的复合改性沥青技术性能 ………………… 208
8.1.3 不同掺量胶粉的复合改性沥青技术性能 ………………… 209
8.1.4 小结 ………………………………………………………… 210
8.2 废胎胶粉复合改性沥青混合料路用性能 ……………………… 210
8.2.1 确定最佳油石比 …………………………………………… 212
8.2.2 高温稳定性能 ……………………………………………… 213
8.2.3 低温抗裂性能 ……………………………………………… 215
8.2.4 水稳定性能 ………………………………………………… 217
8.2.5 疲劳性能 …………………………………………………… 220
8.2.6 单轴贯入试验 ……………………………………………… 221
8.2.7 动态模量 …………………………………………………… 222

第9章 工程应用案例 ………………………………………………………… 225

9.1 废胎胶粉复合改性沥青路面工程案例 ………………………… 226
9.1.1 配合比设计 ………………………………………………… 226
9.1.2 施工质量控制 ……………………………………………… 229
9.1.3 应用效果 …………………………………………………… 230
9.1.4 实体工程观测 ……………………………………………… 231
9.1.5 推广应用条件、措施 ……………………………………… 232
9.1.6 推广前景分析 ……………………………………………… 232
9.2 粉煤灰和电石渣复合稳定路基工程案例 ……………………… 232
9.2.1 试验段简介 ………………………………………………… 232
9.2.2 试验段铺筑目的 …………………………………………… 233
9.2.3 试验段选取 ………………………………………………… 233
9.2.4 试验段混合料配合比设计 ………………………………… 234

9.2.5 试验段施工工艺 ………………………………………… 234
9.2.6 试验段质量检测 ………………………………………… 239
9.2.7 总体性能指标 …………………………………………… 247
9.2.8 技术应用情况 …………………………………………… 247
9.2.9 预期应用前景 …………………………………………… 248
9.2.10 社会经济效益分析 …………………………………… 248

参考文献 ……………………………………………………………… 249

第1章
绪论

1.1 固体废弃物的定义与分类
1.2 固废资源对环境造成的困扰
1.3 固体废弃物的综合利用现状
1.4 固体废弃物的关键核心技术进展
1.5 国外固废资源化利用产业的发展现状
1.6 我国固废资源化利用产业的发展现状
1.7 固体废弃物在公路工程中的综合利用现状

1.1 固体废弃物的定义与分类

《中华人民共和国固体废物污染环境防治法》第一百二十四条对固体废物做了定义：是指在生产、生活和其它活动中产生的丧失原有利用价值或者虽未丧失利用价值但被抛弃或者放弃的固态、半固态和置于容器中的气态的物品、物质以及法律、行政法规规定纳入固体废物管理的物品、物质。经无害化加工处理，并且符合强制性国家产品质量标准，不会危害公众健康和生态安全，或者根据固体废物鉴别标准和鉴别程序认定为不属于固体废物的除外。固体废物（或称固体废弃物）分为工业固体废弃物、农业固体废弃物、城市垃圾和危险废弃物等。

工业固体废弃物主要是企业在生产过程中产生的固体状、半固体状和高浓度液体状废弃物的总称。其中包括工业危险废弃物、冶金渣、粉煤灰、炉渣、煤矸石、尾矿、放射性废弃物和其它废弃物8种。目前我国工业固体废弃物的产出情况大致为：尾矿29%，粉煤灰19%，煤矸石17%，炉渣12%，冶金渣11%，其它废弃物10%，工业危险废弃物1.6%，放射性废弃物0.4%。从组成来看，尾矿、粉煤灰和煤矸石是三大主要工业固体废弃物。我国的工业固体废弃物有95%来自以下行业：矿业、电力、黑色金属冶炼及压延加工业、化学工业、有色金属冶炼及压延加工业、煤炭开采和洗选业、建筑材料及其它非金属矿物制造业、机械电子设备制造业等。随着经济的发展、人口的增加，城市化进程急剧加快，固体废弃物产生量日益增多，种类日益复杂，固体废弃物已经引起了诸多社会问题和环境问题。工业固体废弃物的排放与工业发展速度成正比，与管理和治理能力成反比，因其种类繁多、治理较为困难，已成为环境污染的头号"元凶"，也是管理的难点所在。它不仅造成严重的环境污染，而且直接影响社会稳定和经济的发展。

农业固体废弃物是指农业生产、加工、运输、储存等环节产生的固态或半固态废弃物。

城市垃圾是指城市人口在日常生活中产生或为城市日常生活提供服务的活动产生的固体废物，以及法律、行政法规规定视为城市生活垃圾的固体废物。

危险废弃物是指列入国家危险废物名录或者根据国家规定的危险废物鉴别标准和鉴别方法认定的具有危险特性的固体废物。

1.2 固废资源对环境造成的困扰

随着我国经济的发展与工业化水平的提高，工业固体废弃物的产生量也呈现出迅速增加的态势。我国已堆积以及每年新产生的大量工业固废不仅侵占了宝贵的土地资源，而且给土壤、水体和大气带来了不同程度的污染。例如，非法倾倒、焚烧工业固体废弃物会引起环境污染，在正常的工业固体废弃物处置过程中，也容易产生二次污染。

固废资源对环境的污染主要体现在以下几个方面：

① 对水体的污染。在雨水的作用下，固体废弃物渗滤液透过土壤渗入地下水中，造成地下水污染。如果将固体废弃物倒入河流、湖泊、海洋，会引起大批水生物中毒死亡，从而造成更严重的污染。

② 对土壤的污染。固体废弃物的存放不仅占用大量的土地，其渗滤液中所含的有毒物质还会改变土壤结构和土质，杀死土壤中的微生物，破坏土壤的生态平衡，使土壤遭到污染。一些病菌通过农作物的富集由食物链进入人体，危害人体健康。

③ 对大气的污染。固体废弃物堆放过程中，某些有机物在一定温度和湿度下发生分解，产生有害气体，对大气造成污染。有些微粒状的废物会随风飘扬，扩散到大气中，造成空气污染，污损建筑物及花果树木，影响人体健康。

④ 二次污染。目前工业固体废弃物处置主要有两种方式。一是通过加入药剂，让固体废物固化、稳定化。当固体废物的浸出毒性等指标达到一定标准时，进填埋场进行填埋处置。这种方法适用于处置各种重金属固体废物。二是对固体废物进行资源化利用。在这些处理工序中，处置固体废物需要添加药剂，或者加热焙烧。伴随这些物理、化学反应，很可能会产生一些新的污染物。利用固化、稳定化后的固体废物生产出来的产品，如各种建筑材料经过日晒风吹，其中的毒害物质也可能再次被释放出来。因此，对固体废物的二次污染问题，一定要高度重视。

1.3 固体废弃物的综合利用现状

2023年，是全面贯彻党的二十大精神的开局之年，固体废物处理利用行业也进入了全面发展的新时期。生态环境部部长黄润秋在2023年全国生态环境保护工作会议上提出2023年重点做好深入推进"无废城市"高质量建设，深化巩固禁止洋垃圾入境工作，开展塑料污染全链条治理，深入推进强化危险废物监管和利用处置能力改革，推动危险废物重大工程建设取得实质性进展，大力推进危险废物信息化环境管理，深化落实尾矿库分类分级环境监管制度等工作。

工业固体废弃物体量大，综合利用率有待提升。随着我国工业固体废弃物产生量持续增长，历年堆存的工业固体废弃物已超过600亿t。生态环境部公布的《中国生态环境统计年报》（2018—2022年）显示（图1-1），与2018年相比，2019年一般工业固体废弃物产生量较高，达到44.1亿t。2021年综合利用率为近五年最高达到57.18%，2022年比2021年降低了0.49%，综合利用水平有待提升。

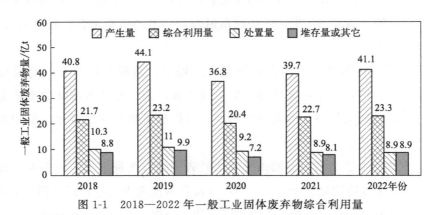

图1-1 2018—2022年一般工业固体废弃物综合利用量

1.4 固体废弃物的关键核心技术进展

（1）大宗工业固废矿山采空区回填及绿色修复技术

我国大宗工业固废具有产生量大、资源利用率较低的特点，采空区回填是消纳工业固废直接有效的途径之一。如煤矸石开采后，把煤矸石作为一种材料加工后回填到采空区，可以避免采空区的地表塌陷。回填矿山采空区，常采用胶结填充技术，将具有一定活性的工业废物如冶炼渣制备成回填胶砂，可以代替水泥胶结填充体。回填后，对处置区域采取封场覆土绿化、修建山体种植槽等生态环境修复技术，实现"以废治废"，具有较好的发展前景。

（2）市政污泥干化-焚烧技术

市政污泥处置的最终目标是实现污泥的减量化、稳定化、无害化和资源化。而污泥干化-焚烧是减量化最为彻底的方式，也是目前污泥处理处置的首选方式，当污泥中有毒有害物质含量高且短期不可降低时，这种处置方式尤为适用。随着污水处理厂提质增效、管网完善、雨污分离等工作的推进，厌氧消化和焚烧相结合，后续再增加能量回收/资源化利用的处置方式是当前发展重点。

（3）易腐有机垃圾好氧堆肥技术

易腐有机垃圾具有高含水率、高盐分、有机质含量高和营养成分含量高等特点，兼具资源性和危害性。好氧堆肥技术投资运行成本低，生产的肥料对恢复土壤质量和改善农田耕种环境具有积极作用。该技术的重点为将易腐有机垃圾进行预分选和油水分离处理，根据物料的密度、力度和摩擦性等差异对垃圾进行沥水、分选、制浆、除砂和分油。易腐有机垃圾处理正趋向于规模化、自动化、模块化、多种技术融合化和创新化发展。

（4）电子废物拆解分选技术

电子废物随着电子工业的发展迅速产生，因其金属占比高达70%，也被称为"城市矿产"。开发环保、高效的回收技术一直是电子废物中金属回收的主要目标。电子电器类固废解离-分选技术采用控温破碎工艺，减少污染物释放；采用极性交变磁场分选和多辊高压静电场分选技术，金属分离率高。相较于传统破碎方式，控温破碎（破碎温度<80℃）污染物释放量减少99%；相较于传统单辊高压静电场分选，多辊高压静电场金属分离率由90%提升至98%。

（5）低温热等离子体处理技术

低温热等离子体处理技术主要采用石墨电弧和等离子体炬，目前克服了传统处理技术如焚烧、化学处理等二次污染大、工艺复杂、对废物有选择性等缺点，处理后的残渣可回收利用，适合于医疗垃圾、石棉、焚烧飞灰、电池、轮胎、放射污染等危险废物的处理。目前该技术的难点在于突破大功率等离子体炬以及大吨位炉型研发，逐步延长装备的寿命和提高单炉处理能力；其次是加强炉内传热传质与化学反应流动的研究，以满足等离子体炉的设计需要；最后需继续推动技术进步，降低运行成本。

（6）建筑垃圾高效分选技术

目前建筑垃圾的资源化利用主要为制再生骨料、铺筑再生型路面结构、制透水性路面砖等。需要对收集的建筑垃圾进行破碎、分选以及清洗，分离出的砂子及碎石可直接用于建筑，筛分后的骨料可作为生产高品质空心砖、透水砖等的原料。研发精细化分选技术与装备、高度混杂物料的破碎技术及满足特殊性场景需求的工艺设备是提高建筑垃圾资源化效率的发展方向。

固体废物污染防治工作是生态文明建设和生态环境保护工作的重要内容，随着国家"十四五"发展目标及相关政策标准的相继出台，固体废物循环利用水平得到进一步提高。在国家政策的支持下，"垃圾分类＋综合利用＋焚烧发电"的绿色低碳模式逐步成为固废利用处置的主流思路。在"双碳"目标的背景下，应强化国家政策指导的顶层设计，加强基础性和引领性标准的制定，设定近期和远期的工作规划，构建绿色制造体系，完善资源循环利用标准体系建设，多元化共同推进"无废城市"建设工作，提高资源综合利用效率，减少相关环节碳排放，实现减污降碳协同增效。

1.5 国外固废资源化利用产业的发展现状

（1）产业链条规模化

美国、德国、日本等发达国家早在20世纪90年代就实现了100％的垃圾清运率；又经过30多年的实践探索，现已建立了固废全过程精细化管控体系，构建了完善的固废最大化利用产业链，形成了固废资源化利用产业。这些国家的相关企业作为落实固废资源化利用产业政策的执行者、技术创新的发起者和实践者，在构建固废资源化利用产业链过程中的具体做法对我国发展壮大固废资源化利用产业具有重要的参考意义。美国废物管理公司是全球固废领域的龙头企业，业务范围涵盖收集、转运、处理、再利用、资源回收等固废处置全产业链，2022年，该公司实现营业收入196.98亿美元。固废处置技术的成熟为固废综合管理提供了有力支撑，而环保意识的不断增强则成为固废行业向资源化、精细化处理转型的决定性因素,带动美国垃圾回收利用处理占比从1960年的6%提升到2018年的32%。日本最大规模的再生塑料生产企业——丰田通商株式会社,以汽车、家电等领域产生的废旧塑料为原料,利用日本首项比重精细筛分技术,生产出了高质量的再生塑料;该企业致力于发展循环型业务,从报废车辆以及市场、工厂产生的废料中回收并加工可再生能源,同时依托"城市矿产"确保资源供应,通过二手车、二手零部件的再利用等实现了固废的资源化利用。

(2) 管理模式精细化

美国、德国、日本等发达国家经过30余年的研究,建立了固废全过程精细化管理模式。美国按照废弃物所涉及的材料和产品,对城市固废进行数据分析,以此掌握消费者的使用习惯与方式,为制定源头减量、循环利用的策略提供数据支持。作为全球最早实施生产者责任延伸制度的国家,德国废弃物回收利用的重点是废料处理技术的研发和包装塑料等的再生处理。德国相关企业将50%的环保资金投入研究与开发废料处理技术,通过实行瓶子押金制度推动重复使用、强制使用二次包装及轻量化包装材料,成功实现了包装的回收再利用。德国的固废资源化利用率超过70%,成为全球固废资源化利用的典范。日本大力发展循环经济,制定了垃圾循环利用率指标,在垃圾分类处理时,注重循环利用和资源再生。2000年以来,日本垃圾处置资源化利用率一直维持在19%左右。总的来看,固废资源化利用是绿色发展和循环经济的重要切入点和依托。

(3) 技术手段革新化

固废资源化产业的发展离不开强大的技术创新,在严格控制碳排放的背景下,德国、法国、日本的很多企业围绕大宗工业固废和有机固废等开展了卓有成效的技术创新。

化工行业是碳排放的重点行业之一,具有耗能高、产品众多、产业链条长等特点,减碳任务艰巨。巴斯夫股份公司(简称巴斯夫)是全球最大的化工公司,也是我国化工领域最大的外资企业之一。巴斯夫在大中华区连续6年实现了企业运营中的碳排放量降低,在整个产业链上公司自身产生的碳排放不到20%,其中固废资源化和循环利用工作为碳减排做出了突出贡献。巴斯夫于2020年启动了新的循环经济计划,聚焦原料循环、新材料循环和新业务模式三大领域,通过不断增加回收及可再生原料的使用量、开发多种塑料添加剂及高效催化剂等，解决塑料废弃物与废旧动力电池回收面临的问题，并进一步促进循环经济的发展。巴斯夫固废资源化利用的主要业务如图1-2所示。创新是巴斯夫实现盈利增长的关键驱动力，其在研发初期就整合客户和市场的需求以推动创新。巴斯夫不断拓展亚太地区的研发布局，在上海和孟买分别设立创新园区，将研发、业务、生产等创新链上的各相关方整合到一起。每个创新园区都是巴斯夫全球"碳管理项目"的重要组成部分，开展面向全球、区域和本地的研发项目。

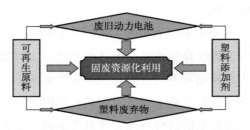

图1-2　巴斯夫固废资源化利用的主要业务

法国威立雅环境集团（简称威立雅）是一家大型环保企业，也是资源循环利用的领军企业。2020年，威立雅与索尔维集团成立了循环经济联盟，共同研发动力电池关键原材料如钴、锂等金属的回收技术，并与汽车制造商和电池生产商协调利用价值链各环节中的技术和核心竞争力，为欧洲的电动和混合动力汽车电池产业构建具有循环价值的生态系统。动力电池进行放电和拆解后，通过威立雅独有的湿法冶金工艺可以对残留物进行冷处理，进而从中回收金属。通过电池回收还可以获得高纯度的锂，以作为生产锂电池的材料。2019年，威立雅利用其先进的 HPD® 蒸发和结晶技术帮助丰田汽车公司提炼电池级氢氧化锂，用于制造动力电池。该技术可最大程度地回收硫酸钾，生产纯度超过99.5%的电池级碳酸锂，并显著降低生产成本。

1.6　我国固废资源化利用产业的发展现状

（1）市场规模逐步扩大

固废资源化利用在减污降碳方面的优势凸显，相关产业发展前景广阔。固废处理的碳减排方向主要集中在循环再生、节能增效和能源替代等方面。我国垃圾治理已经基本上实现无害化，正在朝资源化方向发展。近年来，我国固废处理处置与资源化的营业收入占比呈增长趋势（见图1-3），从2017年的34.86％提升至2021年的46.26％，产业发展趋势良好。2018年，我国实施"碳足迹标签"计划。土壤调理剂、建筑颗粒和骨料、回收塑料颗粒等再生产品在出具传统的质量评估报告后可进行碳标签认证。以碳标签的形式呈现再生产品的碳信息及碳减排优势，将进一步提升固废资源化利用产品的市场接受度和市场规模。目前，固废资源化利用市场规模进一步扩大，技术水平和资源化利用率进一步提高，推动我国固废资源化利用产业发展从政策驱动阶段逐渐进入产业驱动阶段。

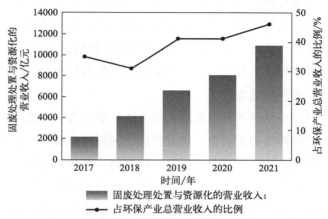

图1-3 固废处理处置与资源化营业收入趋势图

（2）产业链闭环发展

我国固废资源化利用产业以可持续发展为核心，以资源节约和循环利用为目的，以最小化经济活动对自然环境的影响为参照，推动固废产业资源化的产业链闭环化，有效实现加强我国循环经济体系建设、以绿色发展理念推动循环经济发展的最终目标。产业链闭环发展显著提升了我国固废资源的利用率。集群式产业区建设、生产工艺优化改进，进一步推动了废料转化为资源加以利用，全面提高了生产效率，实现了固废资源的高效利用。产业链闭环发展推动了产业升级和各行业间资源的高效流通，成为固废资源化利用产业的有效实践，在拓宽产业链的同时，进一步推动了产业的升级和转型，进而鼓励企业高效利用所有资源，将废弃物转化为新产品，开拓新的生产链。

固废资源化利用产业对推动循环经济的发展具有充分的可行性和可推广

性，产业链闭环发展对于推动固废资源化利用产业升级有着重要的保障作用。近年来，我国已经在重点地区和行业开展了固废资源化利用试点，取得了一定成绩，也成长起来了一批成功的企业。例如，格林美公司在国内率先提出"资源有限、循环无限"的绿色低碳产业理念，聚焦区位优势城市进行循环产业布局。截至目前，公司已在江苏、广东等省份建成了多个循环产业园，构建了以核心城市为中心的"回收箱－回收超市－集散大市场－低碳循环工厂－城市矿山产业园"等多层次开采"城市矿产"的示范模式。该公司突破性地解决了废旧电池、锂钴镍钨废料、电子废弃物等新型固废资源化利用的关键技术问题，开发了高镍三元前驱体、超细钴粉、再制备高品质钨、高品质再生塑料、稀贵金属提取、动力电池包智能制造等关键技术及产品，形成了自主掌握的核心技术与知识产权体系，构建了新能源全生命周期价值链、钨资源循环再生价值链、电子废弃物循环再生价值链等资源循环与新能源材料制造模式，推动了绿色低碳循环产业的高质量发展。

北京高能时代环境技术股份有限公司主要从事与金属相关的固废、危险废弃物（危废）的资源化利用业务。随着资源化利用产业链的不断延伸，目前已实现对冰铜、粗铜、粗铅等合金产品的电解精提纯，形成阴极铜、电铅等深度资源化产品，同时提炼过程中生成的造渣副产品亦可用于建筑材料，最终实现了资源的循环利用。浙江申联环保集团有限公司主要从事危废无害化处理和再生资源回收利用，运用危废"收集－贮存－无害化处理－资源深加工"前后端一体化全产业链技术，回收铜、金、银、钯、锡、镍、铅、锌、锑等金属资源，具备从工业废料中提取并生产出动力汽车锂电池材料级别的精制硫酸镍的能力，实现了危废的无害化处理及资源高效回收。

（3）创新链促进产业升级

技术创新是推动产业升级的根本动力。与环保产业的其它子产业不同，固废资源化利用产业对技术创新有更高的要求，不同固废类型的资源化利用方式与其组成特征有着密切的关系，通常要开发梯级回收、高附加值利用等先进技术。废弃物的循环利用产业可以创造新的经济增长点，加快产业结构的调整和优化，促使企业高效利用固废资源，实现产业的可持续发展。我国在固废资源化利用技术方面已取得了显著成效，针对大宗工业固废，开发了将其转化为填充材料、建筑材料、路基材料、土壤修复剂等产品的资源化技术；针对多金属固废，开发了裂解、协同冶炼、高温等离子熔炼等技术。目前，固废资源化产品多面向一些基础产业。未来，研发固废高附加值材料转化技术将成为重要发展方向，以实现固废的高值化利用与协同处理、高效梯级利用及重金属离子污染物的高效控制。

（4）工业固废综合利用提质增效

相对于其它固废，工业固废是我国产生量最大、堆存量最大的一类固废，是固废资源化利用的主要来源（见图1-4）。近年来，我国提升了工业固废在生产低碳水泥、固废基高性能混凝土、节能型建筑材料等领域的高值化利用水平；推进了磷石膏的规模化高效利用，严控新增钢铁、电解铝等相关行业的产能规模。例如，运用钢渣捕集水泥窑烟气CO_2制备固碳辅助性胶凝材料技术，资源化利用钢渣生产固碳辅助性胶凝材料；运用多源固废协同赤泥制备绿色土木功能材料技术、钢渣基沥青路面全固废再生技术等，消纳大量工业固废，显著减少土地开挖。同时，为推动工业固废的综合利用，积极制定行业标准，如《道路用固废基胶凝材料》（2020-460T-JC），对固废资源化、减量化和生态环境保护具有重要意义。

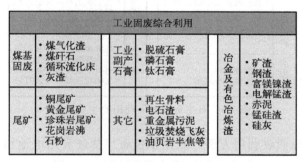

图1-4　工业固废综合利用的主要类别

技术创新推动了固废资源化利用产业的可持续发展。中国铝业集团有限公司通过研发赤泥制备炼钢造渣剂、制备免烧砖、制备工业净水剂、制备土壤修复剂等一系列综合利用技术，推动了赤泥综合利用产业化进程的发展；贵州磷化（集团）有限责任公司构建了磷石膏资源化利用的技术支撑体系和高值化、规模化、工业化生产应用体系，基本实现了"产用平衡"；江苏久吾高科技股份有限公司在磷石膏无害化及钛石膏资源化利用方面，运用新技术、新材料、新装备，突破了水洗、分离、提纯等预处理工艺的技术难点和不足，将石膏回收率提高至90%以上，助力工业副产石膏的规模化资源再生利用，推进固废资源化利用产业健康发展。

(5) 再生资源高效循环利用

加强再生资源循环利用是实施碳减排的重点任务之一。再生资源循环利用的主要类别如图1-5所示。《关于加快废旧物资循环利用体系建设的指导意见》(2022年)指出,到2025年,废钢铁、废铜等9种主要再生资源循环利用量达到4.5亿t。基于科技创新驱动再生资源化能力,可推动再生资源产业的多元化发展。目前,我国积极推进废旧动力电池在备电和充换电领域的安全梯级应用,推动废旧光伏材料和风力机叶片等新兴固废综合利用技术研发及产业化应用,加快废弃塑料瓶、塑料快递包装物等废弃物的回收利用,在再生资源高效循环利用中取得了一系列突破。

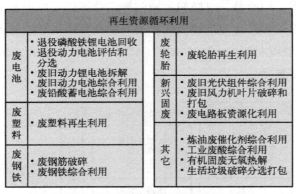

图1-5 再生资源循环利用的主要类别

在动力电池回收利用方面,我国积极布局梯级利用电池检测、筛选、重组和均衡技术以及安全预警等领域的研究,在退役动力电池状态评估方法、高兼容性退役电池快速无损检测与分选系统、退役锂电池全组分循环利用关键技术及装备应用、废铅酸蓄电池及废锂电池的回收利用等多个技术方向取得进展,发布了《车用动力电池回收利用 梯次利用 第3部分:梯次利用要求》(GB/T 34015.3—2021)、《废旧电池回收技术规范》(GB/T 39224—2020)、《废铅酸蓄电池回收技术规范》(GB/T 37281—2019)等多项标准。宁德时代新能源科技股份有限公司成功打通了从电池消费终端到电池材料生产的再循环,业务涵盖电池梯次利用、废旧电池材料提取等电池回收技术,实现了动力电池产业链的闭环发展。宝马集团与浙江华友循环科技有限公司共同构建了退役动力电池材料回收与梯次利用创新合作模式,将退役动力电池梯次利用后回收分解，并将分解后的材料用于生产新动力电池，实现了闭环管理。技术创新促进了动力电池回收利用行业的绿色、高质量发展。

在废塑料回收利用方面，近年来，我国废塑料高值利用产业发展迅速、技术路线多样。《废塑料污染控制技术规范》（HJ 364—2022）要求，废塑料回收利用宜以提高资源利用率和减少环境影响为原则，按照重复使用、再生利用和处置的顺序，选择合理可行的废塑料利用处置技术路线。当前，废塑料热裂解技术已采用催化裂解、共催化裂解等方法，还突破性地开发了电催化转化、催化碳化转化、生物酶转化、电池能源转化等多种新型技术。浙江科茂环境科技有限公司以低温低压催化裂解催化重整工艺建设了首个化学回收工厂，将混合废塑料转化为高品质轻质热解油，并进一步用于裂解乙烯、丙烯，努力推动废塑料回收利用为食品级新塑料，以形成发展闭环。

在固废综合利用工艺技术设备方面，为推进工业资源综合利用，发展了新兴的固废综合利用工艺技术设备，包括废线路板资源化利用、晶硅光伏组件环保处理、风力机叶片及热固性材料高效处理等。环创（厦门）科技股份有限公司的废旧电路板回收处理系统，对各类废旧电路板、线路板边角料等进行破碎、分离、提纯处理以回收其中的高价值贵金属；该系统现已在江门市、深圳市等地成功应用。晶科能源控股有限公司研发了退役光伏组件回收技术，形成了全绿色生命周期技术闭环，推动了循环利用技术的发展。

在推进"无废城市""无废园区""无废企业"建设的过程中，我国在工业固废、再生资源集聚，产业基础良好的地区，新建了多个工业资源综合利用基地，探索形成了基于区域和固废特点的产业发展路径。

瀚蓝环境股份有限公司建成的南海固废处理环保产业园，是我国最先成功投入运营、具有完整固废处理产业链的固废处理产业园之一。2022 年，该产业园新增工业铝灰处理、炉渣资源化利用、餐厨垃圾制氢、生物资源利用等技术，实现了多种固废之间的协同处置、能源互换和资源循环利用，助力城市实现固废产生量最少、资源利用充分、处置安全的"无废城市"建设目标。北京金隅集团有限责任公司的水泥厂充分利用新型干法水泥窑在资源综合利用方面的独特技术和工艺优势，改变了传统水泥生产方式，消纳工业生产废弃物以降低能耗，进一步提高了大宗工业固废的综合利用率；此外，通过科学调整生产工艺配比，最大限度地消纳周边电厂、钢厂、玻璃厂等工业企业产生的废渣，让"无废"理念贯穿于生产环节，推进了工业生产的绿色、低碳、循环发展，不断深化源头减量化、工艺精益化、固废资源化、能源低碳化发展。

1.7 固体废弃物在公路工程中的综合利用现状

对一些常见的工业固体废弃物在公路行业的应用技术，国内外已有了一定程度的研究与应用。国外对工业固体废弃物在公路行业应用的研究起步较早，1813年，英国就有利用矿渣铺筑道路的记录。后来，苏联克里沃罗格铁矿将尾矿进行适当分级后，将其作为骨料加入混凝土中用于公路结构物建设。20世纪80年代，美国将粉煤灰煤矸石混合料用于道路基层、底基层，并通过一系列的检测与评价，证实了其应用效果。21世纪以来，美国东部在沥青混凝土路面的底基层、路基等部位的建筑材料中掺入铁尾矿碎石，并取得良好的应用效果。在国内，对一般工业固废的资源化利用研究起步较晚，但近年来的研究与应用范围不断扩大，获得了一定的成果。1980年以来，由于我国政府、生产单位对矿产资源的重视和对生态环境的保护意识不断增强，固废资源的资源化利用研究开始进入快车道。20世纪90年代，马鞍山矿山研究院将铁尾矿应用于路面材料。长安大学将石灰、煤矸石等与土混合并用于道路基层。1997年，我国修筑了首条钢渣沥青路面试验段；2019年，山西阳蟒高速的耐磨钢渣再生集料试验段成为钢铁大省山西的首例钢渣高性能沥青路面试验段，为山西省钢渣变废为宝提供了新思路。

1.7.1 固体废弃物的类型

(1) 钢渣

甘肃省嘉峪关公路事业发展中心联合甘肃省交通规划勘察设计院股份有限公司等单位积极探索废弃钢渣高效综合利用技术，将钢渣应用于道路工程。旨在有效解决嘉酒地区优质石料匮乏的问题，实现变废为宝、节能减排和生态保护。

2019年9月29日，嘉峪关道路养护单位在原Z092线K4+260～K4+460

(现 X259 线 K16＋210～K16＋410 段）首次成功应用废弃钢渣代替部分碎石铺筑了 200m 钢渣沥青混凝土（图 1-6）路面试验段（SMA-13 和 AC-16 沥青混合料各 100m），经过近两年开放试验，路面状况仍然良好。

图 1-6　钢渣沥青混凝土

2020 年 7 月 19 日，嘉峪关道路养护单位在 G30 连霍高速公路 SK2449＋820～SK2450＋640 段成功铺筑了钢渣沥青混凝土路面试验段，标志着钢渣沥青混凝土技术首次在甘肃省高速公路成功应用。2023 年，在 G30 连霍高速公路提质改造项目中，嘉峪关公路事业发展中心又成功铺筑了 45km 钢渣沥青路面，预计使用钢渣 3 万 t 以上。

根据近年来跟踪观测的结果，钢渣沥青路面能够延缓面层开裂、提升路面抗滑性，尤其是路面抗滑衰减速率仅为普通沥青路面的 50%。随着这项技术推广利用，将有越来越多的钢渣化身铺路石，实现再利用。

（2）煤矸石

在乌海至玛沁高速公路惠农（内蒙古宁夏界）至石嘴山段项目四标段（图 1-7），路基填料不是常见的砂石料，而是工业固废煤矸石，这在宁夏高速公路路基整体填筑中尚属首次。经测算，新建 1km 高速公路综合利用工业固废量约 6.2 万 t，替代水泥用量约 1200t、碎石集料 1.1 万 t、路基填料 5 万 t，减少二氧化碳排放量 1100t，实现工业固废规模化、无害化高值利用。

2022 年 9 月，该项目一、二标段已成功应用煤矸石和粉煤灰路基填筑关键技术，铺筑煤矸石、粉煤灰路基试验段 400m，总面积达 1.8 万 m^2，消耗煤矸石 2 万 t、粉煤灰 1.6 万 t，减少二氧化碳排放约 200t，为大面积推广应用提供了经验。随着项目工程推进，全线 57.3km 路基路面将 100% 实现

图 1-7　乌玛高速施工建设现场

固废资源综合利用，工业固废利用量不少于 280 万 t，可减少二氧化碳排放量约 5 万 t。

2023 年以来，宁夏回族自治区交通运输厅加快推动交通运输领域绿色低碳转型发展，重点推进工业固废道路化利用的科技研发、标准制定及工程应用。成立了自治区级固废资源道路化综合利用技术工程研究中心，立项固废应用领域国家重点研发计划项目、自治区重点研发计划项目等近 10 项；立项地方标准 6 项，形成关键技术 10 余项。

（3）粉煤灰

2023 年 7 月 12 日，乌玛北（石嘴山段）高速公路粉煤灰利用项目启动，标志着宁夏电厂粉煤灰在高速公路建设中的资源化利用取得突破。这是宁夏首次将粉煤灰大规模用于高等级道路建设。

乌玛北（石嘴山段）高速公路路线全长 57.089km。国家能源集团宁夏电力有限公司将累计向乌玛北（石嘴山段）高速公路提供约 150 万 t 粉煤灰，用于路基建设。据悉，乌玛高速公路石嘴山段大宗工业固废道路资源化综合利用是交通运输部科技示范工程。

据测算，乌玛北（石嘴山段）高速公路使用约 150 万 t 粉煤灰用于路基建设，不仅可节约大量自然资源、降低建设成本，而且为加快破解全区固废处置困局，推动固体废物综合利用水平及无害化处置能力提升，顺应自治区加快工业固体废弃物绿色低碳发展要求，起到示范作用。

（4）电石灰

2022 年，内蒙古自治区省道 311 线武川至杨树坝段一级公路项目，开始使用金山开发区三联化工厂的电石灰改良路基土（图1-8），同时使用经检测符合公路路用要求的矿企尾矿料，加工用于公路底基层和基层。项目计划利用工业固废234万t，截至2023年6月底，已完成86万t。

图1-8 电石灰改良路基土

内蒙古自治区矿产资源富集，工业固废年产生量在4亿t以上，工业固废的堆存占用了大量土地资源，堆存产生的含有害物质渗滤液，对内蒙古境内黄河流域水资源污染风险较大。与此同时，内蒙古交通基础设施建设任务重，对砂石等筑路材料需求量大，筑路材料的生产、加工和运输需要消耗大量资源，对生态环境会产生破坏，也会产生较大的碳排放，迫切需要替代的材料，工业固废的消纳和筑路材料替代则形成了供需契合的互补态势。

内蒙古自治区交通运输厅将工业固废在交通领域资源化利用作为一项重要工作大力推进，2023年利用工业固废约800万t。

(5) 磷石膏

2022年12月，在湖北省钟祥市旧口镇S340新曙线大修项目工地，随着摊铺机行进，一车车磷石膏路面基层掺合料被倒入车斗，搅拌后均匀地覆盖在路基上。该项目路段的铺筑成功，标志着钟祥市公路"磷"应用工作真正实现了零的突破。

磷石膏系湿法磷酸工艺中产生的酸性固体废弃物，通常每制取1t磷酸会产生约5t磷石膏。其综合利用是一项世界性难题，目前，对磷石膏消耗量最大的当属磷石膏道路基层材料，每公里道路可"吃掉"磷石膏数千吨。因缺乏统一标准，导致磷石膏路面不被社会认知。

2022年，按照钟祥市委、市政府的统一部署，交通公路部门积极推进磷石膏用于公路工程基层材料的科研和推广工作，开启了钟祥市磷石膏公路基层应用的"破冰"之路。

截至 2022 年底，钟祥市已完成 S340 新曙线 3km 路段的铺筑施工，养生期结束后的钻芯取样强度检测结果均满足设计要求。

2023 年，钟祥市在 S482 钟祥胡北线和新建、续建等 8 个公路项目中全面应用磷石膏，力争转化磷石膏 20 万 t 以上。同时，在 50％以上建设或养护大修工程项目中使用 15％磷石膏水稳基层，20％以上建设或养护大修工程项目中使用 30％掺量磷石膏水稳基层，助推钟祥市磷石膏利用率达到湖北省较高水平。

（6）工业废渣

2021 年 6 月，河南省交通规划设计研究院股份有限公司以工程建设需求为导向的技术创新研发成果——工业固废绿色生态胶凝材料路用技术成功转化应用。

工业固废绿色生态胶凝材料路用技术，就是用工业废渣作为固化剂，与土壤配比混合，形成改良土壤，用于高速公路路基填筑，增强路基强度。

据了解，工业固废绿色生态胶凝材料路用技术相比传统用水泥和石灰做固化剂的技术有四个优势：一是解决了高速公路路基填筑所用优良土壤取土困难问题；二是用工业废渣做固化剂解决了重工业生产过程中工业废渣的难处理问题；三是工业废渣变废为宝，替代了高耗能生产的水泥；四是 1t 工业废渣固化剂比 1t 水泥节约工程建设成本 10％。

目前，工业废渣土壤固化材料研究成果已列入河南省交通运输科技成果推广目录，在淮信高速、上（蔡）罗（山）高速以及沿黄快速通道等建设项目试点应用，每百公里标准四车道高速公路路基处理消耗工业废渣 14.1 万 t，应用工业废渣土壤固化材料 13.8 万 t，节约水泥 9.8 万 t、石灰 4.1 万 t，减少碳排放 2.5 万 t。

（7）建筑垃圾

就建筑垃圾来说，与发达国家相比，我国的建筑垃圾资源化利用开展的时间比较晚，建筑垃圾资源化利用的水平和程度与发达国家相比差距较大，大量的建筑垃圾资源没有得到有效利用，既浪费了资源，又污染了环境。近些年来，随着我国对资源节约和环境问题的重视，加快了建筑垃圾资源化利用的步伐。在国家层面，我国已经颁发了建筑垃圾资源化利用相关的政策法规：《城市市容和环境卫生管理条例》（1992 年）、《中华人民共和国固体废物污染环境防治法》（1995 年）、《城市建筑垃圾管理规定》(2005年)等。除了国家层面的法律法规之外,国内各主要城市也制定了相应的地方性法律法规,如北京、上海、广州和西安等地制定了相应的地方政策法规。这些政策法规为建筑垃圾的资源化利用打下了坚实的基础。

在建筑垃圾资源化利用的研究和应用方面,尽管我国的起步时间比较晚,但是我国的高等院校和科研机构在建筑垃圾再生骨料和再生骨料混凝土方面做了大量的基础研究工作,并取得了大量的科研成果,尤其是对废弃混凝土回收用作再生骨料的研究。例如,池漪、杜婷、李秋义和杨青等研究了废弃混凝土再生骨料的强化技术及再生骨料混凝土的性能;张剑波和黄莹等研究了利用废弃混凝土再生骨料所制备的再生骨料混凝土的孔隙结构特点和耐久性影响机理;姜新佩等研究了砖混结构的建筑垃圾人工砂用于混凝土细骨料的可行性,研究结果表明建筑垃圾人工砂制备低强度等级的混凝土细骨料是可行的,人工砂的取代率越高,混凝土的强度下降越大,所配制的混凝土强度越高,再生骨料混凝土的强度下降也越大;谢玲君研究了废弃烧结砖瓦再生骨料的基本性质、化学浆液强化再生骨料的效果和利用烧结砖瓦再生骨料所配制的再生骨料混凝土的力学性能。

在我国的某些城市,例如北京、青岛、西安和上海等,一些建筑公司也开展了再生骨料混凝土的工程应用。2007年9月,北京建筑工程学院建筑材料试验室建造了一栋建筑面积为$1100m^2$的建筑垃圾再生骨料混凝土试验建筑,工程竣工后,进行了大量的检测和评估,工程质量完全符合要求;2009年7月,青岛海逸景园6号工程的24层采用了强度等级为C40的再生混凝土,工程完工后,经检测工程质量完全符合要求;西安市某Ⅰ级公路在改扩建过程中,部分路段采用了再生骨料混凝土作为路面基层材料,工程完工后,使用效果良好;上海城建物资有限公司在"沪上·生态家"工程基础部分应用了超过$700m^3$的再生骨料混凝土,工程完工后,经检测工程质量完全符合要求;深圳市华威环保建材有限公司在南方科技大学校区内的部分路面采用了再生骨料混凝土,使用效果良好。

1.7.2 固体废弃物的应用

(1) 尾矿的应用

尾矿是指矿山企业在选矿完成后排放的废渣,是工业固体废弃物的主要组成部分。尾矿虽然产生量巨大，但利用率却很低。在道路工程中主要应用铁尾矿和各种尾矿砂来填筑路基或者代替碎石做路面基层。

国外对尾矿在道路基层中的应用已经形成了较为系统的理论研究和工程实践。美国明尼苏达州道路工程的实际应用表明，利用铁尾矿碎石作为路基材料，证明了铁尾矿碎石作为路基材料的可行性和可靠性。同年，在连云港新建工程中，磷矿尾矿砂在碎石垫层、基层和排水管道沟槽回填中均得到了应用。新的研究表明，尾矿作为道路基层材料使用时，通过掺加外加剂和水泥可以显著提高二灰稳定尾矿料的早期强度。尾矿在道路基层中的应用降低了道路建筑成本，缓解了尾矿库存压力，减轻了尾矿对生态环境的污染和对市民生命健康的危害。

目前，尾矿在道路基层中应用面临的主要问题有：需要针对尾矿自身的组成特点和分布特点因地制宜，应用于不同地区和不同类型的路面结构中；对尾矿资源及其应用进行系统的基础分析，为尾矿资源在道路基层中的应用提供数据支撑。

（2）粉煤灰的应用

粉煤灰是从煤燃烧后的烟气中收捕下来的细灰，粉煤灰是燃煤电厂排出的主要固体废物，是中国当前排量较大的工业废渣之一。目前粉煤灰主要用于软路基处理以及水泥混凝土掺合料、路面基层结合料等道路材料中。

粉煤灰可以用于道路基层的关键，是因为粉煤灰与活化剂发生火山灰反应后形成的水泥质基体具有一定的强度。粉煤灰在美国道路基层中的应用始于20世纪50年代，一项由不同比例的石灰、粉煤灰和集料组成道路基层材料的专利问世。国外在道路基层中应用粉煤灰最多的是在柔性路面中采用石灰、波特兰水泥、粉煤灰和砂的混合材料作为基层。目前中国主要是以粉煤灰稳定土的形式用于路面基层，即在土壤中掺入一定比例的石灰和粉煤灰，搅拌均匀，然后摊铺碾压使其整体性能较好。作为基层、底基层材料，要求粉煤灰中SiO_2、Al_2O_3和Fe_2O_3的总含量大于70%，粉煤灰的烧失量不超过20%，粉煤灰的比表面积大于$2500g \cdot cm^{-2}$，湿粉煤灰的含水量不超过35%。有研究表明，水泥粉煤灰稳定碎石的路用性能优于水泥稳定碎石。若粉煤灰原料有凝固现象，在使用时应打碎或者过筛，并清除有害杂质，避免对使用性能造成不利影响。

目前粉煤灰在道路基层应用中面临的主要问题有：使用粉煤灰材料铺筑的

路面基层常常出现收缩裂缝,这主要是因为粉煤灰和活化剂发生了水化反应,一些裂缝也会反射到沥青面层造成表面破坏。

目前还没有切实可行的方法来减少或者避免这种混合料的收缩裂缝;粉煤灰发生水化时消耗混凝土中的 $Ca(OH)_2$,从而使混凝土的碱性降低,碳化深度增加,使混凝土耐久性降低。

(3) 煤矸石的应用

煤矸石是指在煤矿建设、煤炭开采及加工过程中排放出的废弃岩石,其主要成分是 Al_2O_3、SiO_2。煤矸石在道路工程中主要用于软土地基处理、路基填筑,以及低等级公路的路面基层。

国外对煤矸石用于基层的研究早在第二次世界大战以前就已经开始,到 20 世纪 60 年代后期,才真正引起人们重视,特别是英国等欧洲国家用石灰、水泥来稳定煤矸石取得了成功,并尝试将自燃煤矸石用于道路底基层;20 世纪 70、80 年代,美国通过试验研究发现,将粉煤灰煤矸石混合料用于道路基层在技术和环境方面是可行的,而且用于道路基层、底基层也取得了成功。中国对煤矸石应用于基层的研究始于 20 世纪 80 年代,最初主要作为路基的填料,对路基进行加固。长安大学曾采用石灰、煤矸石与土混合后用于道路基层,充分发挥了煤矸石的优良性能。煤矸石提高道路基层的强度主要是通过自身强度和其活性成分与石灰发生的火山灰反应。此外,辽宁工程技术大学对自燃煤矸石加固土的性能进行了研究,通过水泥、自燃煤矸石、粉煤灰的合理配比,使 7 天固土强度显著提高,粉煤灰填料不仅有效地提高了基层强度,同时大量减少了煤矸石的堆积。现阶段,将煤矸石用作道路基层材料已积累了一些经验,应用技术也较成熟。但是将煤矸石用作固土材料还没有在实际工程中得到广泛应用,仍处于实验室研究阶段,今后对煤矸石的应用可以从道路基层建设的角度进一步研究。

目前煤矸石在道路基层应用时面临的主要问题有:煤矸石中的残留煤、软岩等组分会对路用性能产生不利影响,一定条件下残留煤发生自燃、软岩浸水后发生泥化以及一些化学分解等作用会使煤矸石的结构和密度发生改变,造成压缩变形增大,同时使路面结构抗剪强度降低,承载力下降。另外,因为不同煤矿的形成原因不同、产生煤矸石的部位和方式不同,导致煤矸石化学成分和特性也有明显不同。因此,在用作路面基层材料时,要尽量选取烧失量小、有机质含量较少的煤矸石,避免在一定条件下发生基层材料破坏,影响路面结构的使用性能。

(4) 钢渣的应用

钢渣是炼钢厂生产钢材后剩余的废渣，主要是指存放一年以上的平炉和转炉钢渣，其组分与普通波特兰水泥熟料相似。钢渣中含有大量的铁，致密的孔隙结构使其成为一种硬质材料，可以用来代替碎石作为基层材料。目前，欧美、日本等的钢渣利用率已接近100%，其中50%~60%用于筑路，而中国的钢渣利用率还较低，主要应用于将钢渣作为集料用于热拌沥青混合料。

美国宾夕法尼亚州交通部研究发现，钢渣的沥青吸收率较高，作为集料使用经济效益不太显著，但是含有钢渣的沥青混合料具有良好的稳定性、耐磨性以及长时间的保热性，有利于尽早压实。目前美国一直在从事钢渣水泥的研究，研究结果显示，虽然钢渣同普通波特兰水泥熟料矿物组分相似，但因为游离氧化钙的存在，钢渣不太稳定。采用钢渣粉煤灰道路基层材料代替常用的水泥稳定类基层材料不仅可大幅度节约工程成本，还可减少对天然土石料的开采。上海市政部门在20世纪60年代利用转炉钢渣进行了道路基层和沥青面层的试验研究，积累了一些实践经验，但是因为当时钢渣未做处理，钢渣中游离氧化钙含量比较高，造成体积不稳定，使钢渣在道路中的应用受到了很大的限制。

目前钢渣在道路基层应用中面临的问题有：钢渣具有一定的活性，如用作道路基层材料，应重点关注如何解决钢渣的稳定性问题；另外，当使用未加结合料的钢渣作道路基层材料时，钢渣一定要有合适的级配；钢渣做基层材料的推广方向要充分考虑，级配钢渣做道路基层时，钢渣膨胀将向约束最弱的方向发展，而城市道路两侧建筑物较多，可能会引起膨胀破坏。

(5) 废旧轮胎的应用

随着环保意识的提高和相关政策的扶持，国内废旧轮胎回收、加工、利用产业链逐渐完善。越来越多的企业开始投入这一领域，技术水平不断提高，产品种类也逐渐丰富。目前，国内废旧轮胎再生产品主要应用于橡胶制品、地面铺装、轮胎翻新等领域。尽管国内行业发展迅速，但仍存在一些挑战。与发达国家相比，国内废旧轮胎回收体系尚不健全，回收率较低。此外，消费者对于废旧轮胎再生产品的认知度不高，市场需求还有待进一步开发。

将废轮胎加工成废胎胶粉是国际公认的废轮胎橡胶无害化、资源化处理方法之一。废胎胶粉作为沥青改性剂在公路行业的应用，是废轮胎资源化无害化利用的主要途径。研究表明，废旧轮胎加工成胶粉后，其化学成分主要包括天然橡胶和合成橡胶（如丁苯橡胶、顺丁橡胶），以及硫黄、炭黑、氧化硅、氧化铁、氧化钙等添加剂。这些成分作为沥青改性剂，能够显著改善沥青的高低温性能、抗老化性能和抗疲劳性能。

橡胶沥青混合料因其高黏结料含量和良好的弹性，提高了路面抵抗疲劳裂缝和反射裂缝的能力，进而增强了路面的耐久性。其胶结料的低温柔韧性减轻了路面的温度敏感性，而高含量的黏结料、厚油膜以及炭黑抗氧化剂的加入，提升了道路的抗老化和抗氧化能力。橡胶沥青混合料路面具有优异的抗车辙和抗永久变形能力，从而提高了道路的耐久性，显著降低了道路养护费用。此外，橡胶中的炭黑能够使路面黑色长期保存，与标线的对比度高，提高了道路的安全性。橡胶沥青在沥青混合料中的应用，由于施工厚度薄、施工迅速，缩短了施工时间，并且大量利用废旧轮胎，有利于环境保护。

为了响应国家建设资源节约型、环境友好型社会的号召，原交通部（现交通运输部）启动了材料节约和循环利用专项行动计划，将废胎胶粉在公路工程中的应用作为主要推广项目之一。近年来，国内众多公路建设主管部门、科研设计单位和相关企业积极致力于废胎胶粉在公路工程，尤其是沥青路面中的应用研发。在十几个省份推广铺设了胶粉沥青路面实体工程，橡胶沥青路面技术已从传统的废胎胶粉橡胶沥青发展到性能更优良、储存更稳定的聚合物胶粉复合改性沥青。特别是河北省，在高速公路上成功推广了上千公里的聚合物胶粉复合改性沥青路面，取得了丰富的成功经验。然而，在实际应用过程中，橡胶沥青存在黏度大、施工和易性差、存储稳定性差、对施工温度敏感等缺点，导致路面性能无法得到充分保证。

（6）建筑垃圾的应用

在国家和有关部门的政策要求和工作指导下，建筑相关方对废弃物的处理意识日渐提升，也取得了一定的成效。但是，由于中国建筑垃圾管理起步较晚，目前对建筑垃圾的管理仍处在填埋、分解等基本处理层面，而在有效利用层面，受主客观因素制约，在诸多方面仍存在较大的提升空间。体现在如下方面：

① 相关法律法规不健全。我国现行与建筑垃圾处理相关的政策法规更多关注的是建筑垃圾给市容市貌带来的影响，很少涉及建筑垃圾的循环利用，仅

有的相关条文也多为建议性的导向，强制性程度不高。另外，中国现有的建筑垃圾处置相关政策法规缺乏整体性，对建筑垃圾如何分类、如何防治、如何回收再利用、如何明确权责范畴等重要问题，尚未明确体现，没有形成一个完善的体系，无法为进一步深入开展建筑垃圾资源化利用工作提供必要的政策法规支持和保障。

② 缺乏完善的管理模式。对建筑垃圾处置工作缺乏统一规划和监督管理机构。各政府部门未明确统一管理职责，各环节涉及监管部门繁多：建筑垃圾处理场所需要国土部门规划，源头管理涉及建设部门，建筑垃圾偷倒需要城管部门执法，建筑垃圾运输产生的泄漏需要环卫部门处理。在缺乏完善管理模式的情况下，整个建筑垃圾处理过程仍然面临诸多问题，管理效果往往事倍功半。现有法规未明确建筑垃圾处理的责任主体，对违反相关法律法规的行为处罚力度偏小，造成责任主体违法成本低，对其约束不足。

③ 再生产品的商业模式未被认可。一方面，国内建筑垃圾资源化处置方式以填埋、堆山和现场移动式为主，主要产品为低品位的砂石、骨料、再生砖等，没有形成市场认可的商业模式。即便是固定式处置方式，资源化利用率一般也小于80%，盈利更多依靠政府补贴和政策支撑。另一方面，中国建筑垃圾处置收费标准较低，施工方的清运成本相对较小，这就造成了建筑垃圾回收利用参与性不高。对企业而言，清运处理的成本远远小于回收再利用体系构建的成本。因此，中国建筑垃圾的回收管理始终没有走上良性的循环发展之路。

④ 操作技术与管理水平有待提升。操作技术与管理水平相对落后，是中国建筑垃圾管理工作中亟须攻坚克难的课题，需要在国家、各级政府、相关部门以及企事业单位的持续不断努力下，方能日积月累地取得提升。由于中国建筑垃圾管理起步较晚，施工方在思想认知上倾向于机械简单地倾倒、堆积和填埋，建筑垃圾回收利用是有待挖掘的冷门领域。这就造成了在处理工艺和技术上，尚处在摸索发展的阶段，研发经费和工作人员较为紧缺，缺乏自主研发意识和能力。加之，法律法规的约束力不足，权责分配不明确，建筑废弃物规模和数量不断攀升，操作技术和管理水平有待提升。

我国建筑垃圾回收利用虽然起步较晚，是不可忽视的劣势，但挑战与机遇并存，其市场前景非常广阔，尤其是在堆山造景，生产环保砖、再生骨料等方面。因此，建筑垃圾的科学管理与有效利用，以及建立后续长效运行机制，是社会和企业急需解决的问题。解决措施如下：

① 建立健全技术标准和法律法规。中国建筑垃圾回收利用率普遍偏低，其直接原因就在于缺乏相关的技术标准和法律法规。在尚未形成强有力的法律约束的情况下，企业受成本和利益的驱动，不考虑对环境和生态的影响，采用价格最为低廉、破坏最为严重的简单粗暴处理方式。因此，建立健全技术标准和法律法规，是建筑垃圾科学管理与有效利用的基础性前提条件。

a. 依靠强有力的法律法规，对建筑垃圾的堆放、清运、填埋制定严格的要求。一方面，明令禁止企业私自填埋有回收利用价值的建筑垃圾，一经违反将采取严厉的行政处罚。另一方面，强制规定施工单位必须对建筑垃圾进行正确分类并提前规划堆放场所，同时大力提高建筑垃圾填埋所需费用，加大企业填埋成本。

b. 制定健全的技术标准，为资源再生制品提供市场。一方面，给予从事建筑垃圾回收再利用的企业政策扶持和补贴支持，鼓励更多的企业投身其中，为建筑垃圾回收再利用不断积累人才保障。另一方面，为资源再生制品建立技术标准，消除市场对质量问题的顾虑和担忧，积极推广使用再生制品，充分打开内需市场，为建筑垃圾回收再利用提供潜在发展动力。

② 推进全过程管理模式。当下，对建筑垃圾的管理工作往往起始于施工项目垃圾产生后，要想取得长效发展机制，就必须摒弃这种从最末端管理的方式，推进全过程管理模式，从根本上减少建筑垃圾的产生，为末端处理工作减轻压力和负担。

a. 全过程管理应起始于施工项目破土动工之前。在项目招投标时，就要把建筑垃圾的处置方案作为一项重要的参考条件和评价标准，施工方要拿出可行的方案，才能参与到招投标工作中，在思想意识根源上为施工方树立起科学管控的意识和责任。例如，在招投标工作中，各施工方根据项目实际情况，制定出科学的处置措施和应急预案，此部分工作将作为招投标工作的重要评分标准之一，并要在最终的合同中予以体现，对施工方产生实质性的约束力。

b. 全过程管理要明确权责划分。国家和各级政府通过立法立规的形式，采取强有力的宏观调控，承担监督协调责任；项目投资方要加强对施工单位的严格监督，对建筑垃圾的收集、分类、运输、处置等工序严格把关，承担起监管责任；施工方应严格按照国家有关规定以及投资方的要求，增强企业责任感，承担起应尽的义务和责任。只有将权责划分明确，各部门、各节点都肩负起自身的职责，才能保证建筑垃圾管理工作的规范性、有序性。

c. 全过程管理要强化施工过程中的监管。施工方在建设过程中，就应对其进行分类管理，而不应将建筑垃圾一味地堆积到末端去处理。有关部门和投资方一定要强化对施工过程的监管，敦促施工方及时将建筑垃圾进行妥善保管和及时处理，从源头减少建筑垃圾的产生。例如，混凝土碎块、废旧砖块粉碎后可以成为再生骨料，废旧钢材、木料可以直接送至废品收购站进行回收。强化对施工过程的监督，不仅减少了建筑垃圾的规模和数量，还大大节约了运输费用、清扫费用和处理费用，为企业成本管控提供重要依据。

③ 加强技术创新和研发工作。建筑垃圾想要实现根本性的科学管理和有效利用，技术发展是第一要务。没有过硬的技术，建筑垃圾只能采取传统的填埋、焚烧等方法进行处理，对环境和生态的危害极大。只有不断加强技术创新研发工作，不断加强对建筑垃圾的回收再利用以及采用先进科学的处理方式，才能从长远的角度出发，确保自然环境和生态环境可持续发展。

a. 加强预处理阶段的技术创新。在施工方工程项目建设过程中，建筑垃圾产生之前，就要利用技术手段和设施设备，由施工方主导完成预处理工序。在建筑工地增设预处理设备，能够在第一时间将潜在的废弃物进行分类、分解后，将可直接回收利用的材料在施工现场进行二次使用，为企业降低处置成本的同时，从源头减少建筑垃圾产生。

b. 加强建筑垃圾再生阶段的技术创新。由于中国建筑垃圾管理起步较晚，相关企业在技术手段和设施设备上对国外存在依赖，造成企业自身引进成本较大，利润相对较少。应大力倡导技术创新研发工作，实现建筑垃圾再生技术和设备国产化，加强对建筑垃圾回收和利用方法、再生材料与环境相容性的分析方法、再生产品的技术标准和规范等方面的研究。

目前中国道路基层使用的工业固体废弃物主要为粉煤灰、煤矸石、尾矿等，而对废玻璃、废旧轻化工原料等工业固体废弃物应用较少，这方面的研究工作包括：将废玻璃作为沥青道路集料的研究；尾矿充填过程中大规模高效浓缩、充填料的制备、输送和充填的成套装备与技术研究；尾矿废石骨料高性能低碳混凝土整体胶凝材料生产技术；铁尾矿和废石生产的优质建材原料原创性应用技术研究。工业固体废弃物在道路基层中的应用降低了工业固体废弃物的危害，节约了资源和能源，为道路建设创造了显著的环保和经济效益，有良好的发展前景。目前工业固体废弃物在道路基层中的应用研究主要集中在粉煤灰、煤矸石、尾矿等典型工业固体废弃物的掺量配比和路用性能上，但仍然面临一些问题和挑战。

第 2 章
固体废弃物的基本特性

2.1 煤矸石

2.2 电石渣

2.3 铁尾矿

2.4 钢渣

2.5 CFB灰

2.6 建筑垃圾

2.7 废旧轮胎

2.8 旧沥青路面铣刨材料

2.1 煤矸石

煤矸石是在成煤过程中与煤层伴生的一种含碳量低、相对比较坚硬的黑色岩石,在开采和洗选过程中被分离出来,由于其产出量巨大,需要占用大量的空间来进行储存,并且煤矸石具有一定的可燃性,大量的煤矸石长期暴露在空气下会发生自燃现象,排放出有害气体。煤矸石主要来自石炭系、二叠系晚期、侏罗系至早白垩系等含煤地层,是由碳质页岩、碳质泥岩、砂岩、页岩、黏土等组成的混合物。

2.1.1 煤矸石颗粒组成

未发生自燃的煤矸石呈黑色、黑灰色。我国煤矸石中的岩石主要有:泥岩、页岩、砂岩、砾岩、石灰岩、黏土岩等。经鉴定,该煤矿的煤矸石主要含有砂岩、石灰岩、页岩以及泥岩等。煤矸石试样原始颗粒粒径跨度较大,存在粒径小于 0.075mm 的细小颗粒,也存在几十毫米的块石(图 2-1)。煤矸石的化学成分比较复杂,所包含的元素可多达数十种。一般以碳、硅、铝为主要成分,另外含有数量不等的氧化钙、氧化镁等氧化物,以及微量的稀有金属元素,如钛、钒等。其具有含碳量低、灰分高的特点。

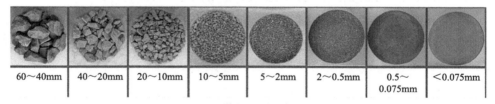

图 2-1 煤矸石颗粒各粒组

由于煤矸石岩性较软,冻融或压实作用均可使其发生破碎,并且煤矸石的粒度组成特征对其压实、渗透及承载等特性均有较大影响;故煤矸石颗粒级配及破碎规律对其工程特性影响的研究,能够指导煤矸石作为路用填料的使用,并对施工质量控制起到重要作用。

由于煤矸石中通常粗大矸块比例较高,而细小颗粒含量较低,可能存在较难压实的问题。另外,煤矸石与一般碎石土不同,煤矸石在施工碾压过程中粗颗粒会发生破碎，使细小颗粒含量提高，颗粒级配得到改善，所以矸块在施工碾压过程中的破碎程度会直接影响压密效果。

颗粒级配是影响煤矸石密实度的主要因素，曲率系数和不均匀系数 $1\leqslant C_c \leqslant 3$ 且 $C_u \geqslant 5$ 时，级配优良，满足要求。

2.1.2 煤矸石岩石矿物组成

煤矸石（图 2-2）经过多年的地质作用和风化作用，矿物组成较复杂，煤矸石的矿物成分主要是高岭土、石英、蒙脱石、长石、伊利石、石灰石、硫化铁、氧化铝等。不同地区的煤矸石由不同种类的矿物组成，其含量相差也很悬殊。煤矸石的岩石组成变化范围大，成分复杂，主要由页岩（碳质页岩、泥质页岩、粉砂质页岩）、泥岩类（泥岩、碳质泥岩、粉砂质泥岩）、砂岩（泥质粉砂岩、砂岩）、碳酸盐岩类（泥灰岩、石灰岩）及煤粒、硫结核组成。其中，泥质页岩、碳质页岩、砂质页岩、砂岩和石灰岩的主要特点和基本性质如下：

① 泥质页岩：深灰色或灰黄色，片状结构，质软，易风化，易崩解，加工时易粉碎。

② 碳质页岩：黑色或黑灰色，片状结构，易风化，易粉碎，风化程度仅次于泥质页岩。

③ 砂质页岩：深灰色或灰白色，含泥质、碳质、石灰粉砂岩，结构较泥质页岩和碳质页岩粗糙、坚硬，硬度大，不易风化，较难粉碎。

④ 砂岩：黑灰色和深灰色，含砂质、泥质、石灰粉砂岩，结构粗糙，多

图 2-2 煤矸石堆积

呈块状或椭球形，不易风化，难粉碎。

⑤ 石灰岩：灰色，结构粗糙坚硬，较砂岩脆，不易风化，难粉碎。

自燃煤矸石，除了还保留少量原矿物以外，出现了大量非晶相的玻璃质和无定形物，带来了较高的火山灰活性，并产生了少量新的高温矿物相——莫来石。

2.1.3 煤矸石的物理性质

(1) 密度

为了测定煤矸石的自然堆积密度，依据《公路工程集料试验规程》，对不同粒径的煤矸石颗粒进行试验，测定其表观密度、表干密度及毛体积密度，由试验结果可知煤矸石的平均表观密度为 2.572g/cm^3，接近于岩石，表明其致密性较大。

(2) 吸水率

岩石的吸水性用吸水率和饱和吸水率来表征，能够有效地反映岩石的微裂缝的发育程度，可以用来判断岩石的抗冻和抗风化等性能。依据规范（JTG 3431—2024）《公路工程岩石试验规程》进行试验，由试验结果可知，煤矸石的吸水率随粒径的增大而有所减小，但均小于3%，接近普通碎石，表明其孔隙率较小，结构致密，适宜用作路基填方。

(3) 自由膨胀率

煤矸石中含有黏土矿物，遇水后矿物的结晶格子层间发生膨胀，导致煤矸石具有一定的膨胀性。自由膨胀率试验主要是测定煤矸石中粒度小于0.5mm的煤矸石试样在水中浸泡下的膨胀特性。参照《公路土工试验规程》进行试验，取风干土样碾碎后过0.5mm筛，取约50g烘干至恒重，置于干燥器中冷却。从干燥器中取出土样，用漏斗将量土杯装满，称取杯中土质量。在量筒中注入蒸馏水30mL，将量土杯中的土倒入后加水至50mL，每隔5h观察一次，至两次读数差不大于0.2mL为止。

$$\delta_{ef} = \frac{V - V_0}{V_0} \times 100\% \tag{2-1}$$

式中　δ_{ef}——自由膨胀率，计算至1%；

　　　V——土样在量筒中膨胀稳定后的体积，mL；

　　　V_0——量土杯容积，mL，即干试样自由堆积体积。

通过试验测得煤矸石的自由膨胀率为 9%，远低于膨胀土的界限 40%，属于非膨胀土，满足路基设计规范中关于路基填料膨胀性的规定，可以直接用于路基填筑。

(4) 耐崩解性

对于煤矸石耐崩解性的测定，《水利水电工程岩石试验规程》和《公路工程岩石试验规程》中相关试验方法大致相同，参照《水利水电工程岩石试验规程》中的方法对煤矸石进行室内耐崩解性试验，每组取 20 个质量为 40~60g 的浑圆状岩块，装入圆柱形筛筒内，在 105~110℃ 的温度下烘干 24h，然后在干燥器中冷却至室温称量。将装有试件的筛筒放入水槽，然后将筛筒以 20r/min 的转速转动 10min 后，将装有残留试件的筛筒在 105~110℃ 的温度下烘干 24h，如此循环两次。

试验表明其抵抗软化及崩解的能力较强，在潮湿环境下表现较为稳定，但是在施工中仍然要注意排水及密封。

(5) 压碎值

为反映煤矸石的抗破碎能力，参照《公路工程集料试验规程》进行压碎值试验，将自然风干的试样过 13.2mm 和 9.5mm 标准筛，取三份粒径 9.5~13.2mm 的煤矸石试样，每份 3000g。将每份试样分三次装入试模，每次装填用金属棒均匀捣实 25 次，整平后置于压力机上匀速加载，在 10min 左右的时间内将压力升高到 400kN，稳压 5s 后卸载，将压碎后的试样过 2.36mm 标准筛并称重。

由于煤矸石矿物组成中软岩成分比较多，工程使用中要特别注意。满足预定压碎值指标不大于 35% 的要求。

2.1.4 煤矸石的化学组分

煤矸石是由无机质和少量有机质组成的混合物。无机质中主要包括矿物质和水。构成矿物质成分的元素多达数十种，一般以硅、铝为主要成分，另外还有数量不等的 Fe_2O_3、CaO、MgO、SO_3、K_2O、Na_2O、P_2O_5 等无机物，以及微量的稀有金属（如钛、钒、钴等）。其中 SiO_2 和 Al_2O_3 的平均含量一般分别波动于 40%~60% 和 15%~30% 之间（砂岩煤矸石的 SiO_2 含量可达 70%，铝质岩矸石 Al_2O_3 含量可达 40% 以上）。CaO 和 Fe_2O_3 的含量波动大。所含碱金属中，一般钾的含量大于钠。煤矸石中的硫分为有机硫和无机硫两部分：有机硫是成煤植物带来的硫，分布均匀，较难分离出；无机硫主要以硫化物（FeS_2）或硫酸盐（$CaSO_4 \cdot 2H_2O$、$FeSO_4 \cdot 7H_2O$）的形式存在。

煤矸石由无机物和少量的有机物混合组成，其构成比较复杂。煤矸石含有的化学元素有几十种，主要含有 C、Si、Al、Fe、Ca、Mg，形成 Fe_2O_3、Al_2O_3、SiO_2、CaO、MgO 等化合物，国内主要煤矿的煤矸石主要化学成分见表 2-1。

表 2-1 国内主要煤矿的煤矸石主要化学成分 %

成分	SiO_2	Al_2O_3	Fe_2O_3	CaO	MgO	K_2O	Na_2O	SiO_3+TiO_2
陕西省	50.33	21.69	5.90	0.57	0.57	1.94	0.91	1.25
山西省	43.83	36.21	3.93	0.20	0.25	0.16	0.07	0.83
河北省	59.25	21.50	4.95	3.74	1.97	1.96	0.32	0.95
山东省	58.69	17.42	4.4	0.76	1.10	1.56	0.95	0.83

由表 2-1 可以看出，各矿区煤矸石的成分大致相同，SiO_2、Al_2O_3 是煤矸石的主要成分，总含量占到 80% 以上，其次是 Fe_2O_3，含量在 5% 左右，国内主要煤矸石的成分见表 2-2。

表 2-2 国内主要煤矸石的成分 %

SiO_2	Al_2O_3	Fe_2O_3	CaO	MgO	SiO_3	C
40~65	15~35	2~9	1~7	1~4	1~2.5	2~17

一般情况下，煤矸石中的硅铝比可以反映出其无机成分组成特征。当硅铝比在 2 以内时，煤矸石含铝量较高，其组成成分中高岭石占主要成分，粒径较小，具有较大的膨胀性。当煤矸石的硅铝比在 2~3 时，其组成成分中硅铝含量适中，矿物成分以高岭石、伊利石为主。当硅铝比超过 3 时，煤矸石的矿物成分主要以石英、长石、方解石为主，粒径较大，可塑性不好。

有机质含量 >25% 为有机土，不得用于路基填料，根据不同地区煤矸石的化学成分分析结果，有机质含量均满足规范规定，不属于有机土。

2.1.5 煤矸石微观结构

试验采用扫描电子显微镜（SEM）对干燥的煤矸石试样进行微观结构分析。图 2-3 展示了不同放大倍数下煤矸石试样典型的电镜扫描图像，由图可知，煤矸石表面较为粗糙，层状和片状颗粒较多，各颗粒间通过胶结连接且连接处具有明显的接触缝隙，内部孔隙较多。

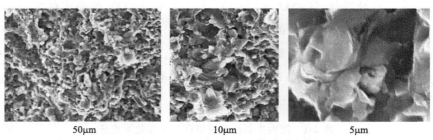

图 2-3 不同放大倍数的煤矸石电镜扫描图像

2.1.6 煤矸石利用现状

煤炭作为基础能源，对我国经济建设和社会发展起到了重要的支撑和推动作用，近年来，我国煤炭产量一直占世界煤炭产量的 40% 以上（图 2-4）。据国家统计局数据，2020 年我国煤炭产量 39.0 亿 t，约占全球煤炭产量的 50.4%。

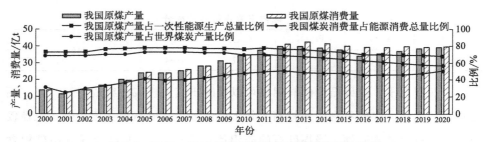

图 2-4 2000—2020 年我国煤炭生产及消费统计数据

煤矸石是煤炭开采和洗选过程中的副产物，排放量占原煤产量的 10%～15%，是中国目前排放量最大的工业固废。近年来，煤炭产量不断增加，煤矸石产生量随之显著增加。据统计，2020 年我国产生煤矸石 7.29 亿 t，是 1995 年 1.47 亿 t 的 4.96 倍。根据煤炭需求与产量预测，"十四五"期间每年产生量仍维持在 6 亿～8 亿 t，预计到 2025 年，我国煤矸石产生量约为 8 亿 t。从分布区域来看，我国煤矸石的总体排放特点是"北多南少，西多东少"。从 2018 年我国主要产煤地区煤矸石新增产生量统计数据来看，内蒙古、山西、陕西、新疆等 9 个煤炭主产区新产生煤矸石 5.79 亿 t，占全国年新增总产生量的 87.38%；仅晋、陕、内蒙古 3 个省份（自治区）煤矸石产生量就达到全国的 66.38%，如图 2-5 所示。

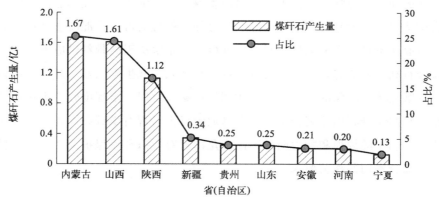

图 2-5　2018 年主要产煤地区煤矸石新增产生量及全国占比

煤矸石的综合处置途径多样，主要集中在筑路、采空区回填、土地复垦、煤矸石发电和生产建材产品等方面。2020 年，我国煤矸石综合利用量 5.07 亿 t，占总产量的 72%，其中有 2.78 亿 t 用于采空区回填、筑路和土地复垦（55%），1.5 亿 t 用于发电（30%），6000 万 t 应用于建材生产（12%），1500 万 t 用于有价元素提取和生产化工产品（3%），如图 2-6 所示。在建筑领域，煤矸石被用来制备水泥、混凝土骨料及墙体材料等。国家发改委等多部门联合发布的《煤矸石综合利用管理办法（2014 年修订版）》中强调将煤矸石发电、生产建材、井下充填和回收矿产品等作为主攻方向，鼓励煤矸石大宗利用和高附加值利用。2021 年发布的《关于"十四五"大宗固体废弃物综合利用的指导意见》中也为持续提高煤矸石的综合利用水平指明了方向。

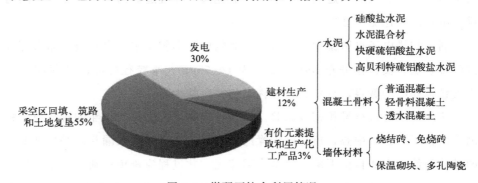

图 2-6　煤矸石综合利用情况

混凝土作为消耗最大的建筑材料,全球每年对混凝土的需求接近 75 亿 m^3,其中包含 130 亿 t 骨料。为了降低天然骨料的消耗和生产成本,寻找各种类型的合适的固体废弃物来替代天然骨料制备混凝土逐渐成为研究热点。煤矸石因其岩相特点,质地坚硬,经过破碎、筛分加工处理后可用作混凝土骨料。利用煤矸石取代不可再生的天然骨料生产混凝土,是解决天然骨料供应不足以及提高煤矸石利用率的有效途径,具有一定的经济效益和生态效益。煤矸石做骨料是一种既经济又环保的煤矸石规模化利用策略,可以一定程度弥补天然资源的不足。我国煤矸石固体废物堆存量和排放量巨大,现有煤矸石无害化处置与资源化综合利用的规模和能力明显不能满足国家对生态环境保护及"双碳"目标下煤炭综合利用的相关要求。

2.2 电石渣

电石渣是生产聚氯乙烯等工业产品时产生的废料,主要的成分是氢氧化钙,且含有少量的杂质。我国以往对电石渣的处理方法主要是堆放或者填埋。电石渣呈白灰色、灰色,干粉状,具有刺激性气味。

2.2.1 基本物理性能

本试验采用的电石渣均取自晋中市某化工厂生产乙炔后的工业废料。其自然含水量较高,呈深灰色,易凝结成团,将电石渣样品置于 105~110℃ 烘箱中烘干后,呈白色粉末,具有刺激性气味,易出现较大的扬尘,在自然条件下风干后,应对其采取一定的防尘措施,避免其对环境造成污染。天然电石渣与烘干电石渣对比见图 2-7。

通过扫描电子显微镜观察电石渣样品的微观形貌发现,电石渣样品有部分的团聚现象,其粒径分布范围较宽,为 1~65μm,小粒径样品的数目明显多于大粒径样品的数目,且特大粒径样品的数目较少。

按规范规定进行堆积密度试验。试验过程如下:①关闭漏斗的排放口,将测量筒置于其出口中心,再将已干燥的待测电石渣试样倒入漏斗。②打开漏斗的排放阀使电石渣自由下落,直至全部流完。此过程应避免振动。③用直尺刮去测量筒中多余的电石渣,刮料时直尺与测量筒上口平面约成 45°角,相互垂

图 2-7　天然电石渣与烘干电石渣对比

直刮四次。此过程应防止压实测量筒中的电石渣,并避免振动。④称量测量筒中电石渣的质量。试验结果表明,随着样品存放时间不同,其堆积密度值不同,但差异不是很大,基本为 0.83g·mL^{-1} 左右。

2.2.2　电石渣化学成分

根据国标 GB/T 176—2017《水泥化学分析方法》中第 7 条 X 射线荧光分析方法（XRF）分析电石渣化学成分,XRF 是测定 SiO_2、Fe_2O_3、Al_2O_3、CaO、MgO 等成分的一种检测方法,在剥离溶片或压片上测量待测元素特征 X 射线的强度,根据校准曲线或校正方程来分析,计算出待测成分的含量。X 射线光谱仪主要由 X 射线管和探测系统两部分组成。试验结果如表 2-3 所示。

表 2-3　电石渣化学成分组成

成分	CaO	SiO_2	Al_2O_3	ZnO	Fe_2O_3	MgO	SO_3	TiO_2	其它	烧失量
含量/%	91.08	4.26	2.36	0.79	0.40	0.34	0.34	0.08	0.35	29.1

根据表 2-3 的试验结果,电石渣主要成分为 CaO,含量高达 91.08%,SiO_2 和 Al_2O_3 次之,电石渣中 MgO 的含量仅为 0.34%,当 0≤MgO 含量≤5% 时为钙质消石灰,当 MgO 含量＞5% 时为镁质消石灰,根据 XRF 试验结果,电石渣属于钙质消石灰。

2.2.3　电石渣钙镁含量分析

根据 JTG 3441—2024《公路工程无机结合料稳定材料试验规程》中 T 0813—1994 试验方法,对于无机结合料中 MgO 含量低于 5% 的低镁石灰,可以采用简易测定方法进行钙镁含量的测定，电石渣中 MgO 含量仅为 0.34%，故可以采用简易测定方法对电石渣的有效氧化钙和氧化镁含量进行分析，测定电石渣存放周期为 0 天、15 天、30 天、45 天、60 天、90 天时的钙镁含量和含水量。

图 2-8 试验结果表明，电石渣存放 0 天也即刚产出时其钙镁含量为 76%，含水量为 47%，可以满足Ⅰ级消石灰的使用要求，但是其含水量较高；存放 45 天左右时，其钙镁含量下降至 62%，此时含水量为 11%，可以满足Ⅱ级消石灰的使用要求；90 天后其钙镁含量会稳定在 56% 左右，含水量在 6% 左右，趋于稳定。在 0～60 天时，其钙镁含量基本呈直线下降，说明其内部的反应是一个比较均匀的过程。

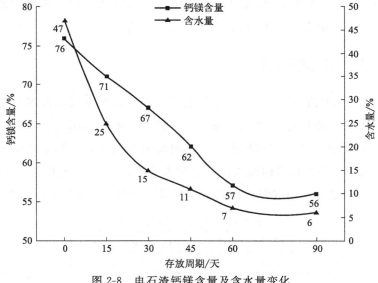

图 2-8　电石渣钙镁含量及含水量变化

综上所述，根据室内试验结果，若使用电石渣作为稳定材料用于改良土，其存放周期不应超过 45 天，若存放周期超过 45 天，则不满足规范中消石灰钙镁含量的规范使用要求。

相同环境下，电石渣有效钙镁含量随时间的增加而减少。主要原因为：电石渣中有效成分 $Ca(OH)_2$ 与空气中酸性气体 CO_2 在水的参与下，发生酸碱中和反应，降低钙镁含量。总的来说，室外暴晒环境中电石渣有效钙镁含量衰减最大，其次是室内暴露环境中，室外洒水环境中则最小。因此，考虑到电石渣

活性的衰减,对其使用提出了以下要求:

① 使用前必须测其有效钙镁含量,当大于等于55%时方可使用。堆放时间过长的电石渣不宜使用。

② 电石渣含水量较大,其有效钙镁含量衰减较慢且不易引发扬尘污染,易于拌和,因此,堆放时应予以覆盖,夏季施工时适当洒水保湿。

2.3 铁尾矿

2.3.1 尾矿的定义

所谓尾矿,是选矿厂在特定的经济技术条件下,将矿石磨细、选取"有用组分"后排放的废弃物,也就是矿石选出精矿后剩余的固体废物。其中含有一定数量的有用金属和矿物,可视为一种"复合"的硅酸盐、碳酸盐等矿物材料,并具有粒度细、数量大、成本低、可利用率大的特点。据不完全统计,我国目前金属矿山堆积的尾矿在40亿t以上。目前,尾矿的利用率很低,大部分尾矿作为固体废料排入河沟或抛置于矿山附近有堤坝的尾矿库中,这对环境造成很大的污染。因此,尾矿具有二次资源与环境污染的双重特性。

目前,尾矿经回收有用矿物后,国内外各行业研究机构和研究人员主要将尾矿资源化综合利用集中在以下几个方面:利用尾矿筑路,制备建筑材料,作采空区填料,作为硅铝质、硅钙质、钙镁质等主要非金属矿用于生产高新制品等。

2.3.2 铁尾矿的现状

我国是世界第一大钢铁生产国和消费国,铁矿石进口量长期占需求量的80%左右,始终面临着铁矿石供给对外依存度高的问题。未来一段时间内,要突破原料供给壁垒,迅速增加自给产能,必然会导致更多铁尾矿的产生。目前,我国铁尾矿的累积量已达到60亿t,各地区企业和高校在铁尾矿源头减量化、资源化、无害化方面进行了多方向的研究攻关,取得了显著的科研成果并实现了技术转化生产。但是,我国铁尾矿的综合利用率仍在20%左右,距离我国尾矿综合利用率的平均水平32.7%,以及2021年国家发改委在

《"十四五"循环经济发展规划》中提出的大宗固废60％综合利用率目标有较大距离。此外，我国在铁尾矿资源化利用方面还存在着产品附加值不高等问题。因此，未来很长一段时间内，铁尾矿的综合处理仍是我国矿山尾矿处理的重点问题。

2.3.3 我国不同地区矿山尾矿的特点

我国幅员辽阔，不同地区的矿山尾矿在矿物组分和化学成分上有较大差异。辽宁鞍本地区、河北一些地区以及四川攀枝花地区为我国铁矿资源储量及产量较大的地区。表2-4为我国上述地区铁尾矿以及国内其它典型尾矿的主要元素含量情况。与其它尾矿相比，铁尾矿具有硅含量高、铁含量高的特点。辽宁鞍本地区为我国铁矿石储量最丰富的地区，其铁尾矿中硅以石英为主，且有害金属含量低。四川攀枝花地区是国内第二大铁矿区，铁尾矿中硅含量相对较低，但铁元素和钛元素含量相对较高。

表2-4 我国不同地区和不同类型尾矿主要元素含量特征　　　　　％

尾矿类型	产地	主要组成元素含量(质量分数)				有价金属(质量分数)	
		SiO_2	Al_2O_3	CaO	MgO	Fe	其它
铁尾矿	辽宁省	79.05	1.84	0.34	1.17	10.54	—
铁尾矿	河北省	80.00	4.10	2.01	1.98	5.41	—
铁尾矿	四川省	38.93	10.75	5.46	11.04	14.64	4.81(TiO_2)
铜尾矿	江西省	66.65	14.49	3.52	2.08	3.80	0.059(Cu)
粉煤灰	内蒙古自治区	34.87	50.97	2.25	0.13	1.91	—
煤矸石	内蒙古自治区	36.90	38.98	0.00	0.03	0.33	—

表2-5为我国鞍山地区某选矿厂不同工艺阶段排放铁尾矿的粒度组成和主要元素含量。由表2-5可知，重选工艺阶段排出的铁尾矿粒度相对较粗，D50可以达到105.46μm。强磁铁尾矿和再选铁尾矿粒度最细，一般达到38μm以下，有部分相对较粗的颗粒可以达到100μm以上。在化学成分方面，浮选铁尾矿和重选铁尾矿的铁含量较高，达到14％～20％，相应的二氧化硅含量较低。强磁铁尾矿以及再选铁尾矿中的铁含量较低，一般低于10％，相应的二氧化硅含量可以达到80％左右。因此，在实际应用中，应根据不同应用领域

对原料粒度和成分的要求，选择不同工艺阶段的尾矿进行利用。采用永磁强磁选预富集、弱磁选-磨矿-弱磁选-反浮选流程回收强磁性矿物，获得了铁品位 64.61% 的铁精矿。刘兴全等对某厂贫磁铁矿尾矿进行了铁回收试验，采用 2 次磁选-1 粗 1 精 3 扫闭路反浮选流程，获得了品位 65.43%、金属回收率 14.80% 的精矿。

表 2-5　鞍山地区选矿厂不同工艺阶段排放铁尾矿粒度和组分分析

分选工艺阶段尾矿	粒度/μm			主要成分/%（质量分数）	
	D10	D50	D90	Fe	SiO_2
浮选铁尾矿	12.32	57.17	134.72	14~18	72
重选铁尾矿	12.29	105.46	234.55	15~20	70
强磁铁尾矿	3.12	36.24	113.82	7~9	81
再选铁尾矿	4.61	32.10	116.36	9~11	78

2.3.4　不同铁尾矿掺量的水稳碎石耐久特性

2.3.4.1　水泥稳定铁尾矿碎石干缩性能试验

水泥稳定基层材料的干缩量过大，会导致基层裂缝增多，从而对道路的使用寿命产生影响。为研究水泥掺量、铁尾矿碎石掺量以及养生龄期对水泥稳定铁尾矿碎石干缩性能的影响，按照详细配合比设计方案，预制不同铁尾矿掺配试块，进行干缩试验，对试件进行观察并记录数据，计算处理后，结果如图 2-9 所示。

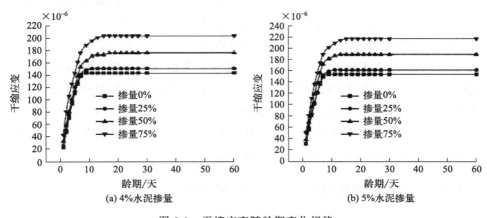

图 2-9　干缩应变随龄期变化规律

从图 2-9 中可以看出，水泥稳定铁尾矿碎石的干缩应变随着试验天数的增加而不断增加，呈现非线性生长的规律；相同水泥掺量下，铁尾矿碎石掺量越大，干缩应变越大。不同铁尾矿碎石掺量的混合料试验开始 1～10 天的干缩应变的增长较大，10～30 天干缩应变的增长趋于平缓，30 天之后干缩应变基本没有变化。对比图 2-9(a) 和 (b) 还可以看出，水泥稳定铁尾矿碎石混合料的干缩应变随着水泥掺量的增多而增大，因为当使用较多的水泥时，水泥水化产生的水化产物也较多，与细集料形成胶结料裹敷在粗集料表面，使混合料中的大孔隙增多，从而导致干缩应变增大，因此在使用水泥稳定铁尾矿碎石的过程中应控制水泥的掺入剂量。干缩系数随龄期变化规律见图 2-10。

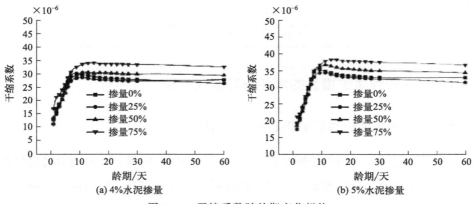

图 2-10　干缩系数随龄期变化规律

从图 2-10 可以看出，不同铁尾矿碎石掺量的混合料随着试验天数的增加，干缩系数在试验开始 1～10 天增长较快，10 天之后，干缩系数的变化趋于平缓并略有减小。从图 2-10 可知，当水泥掺量为 4% 时，铁尾矿碎石掺量 0%～75% 的水泥稳定铁尾矿碎石最大干缩系数为 30.13×10^{-6}、28.85×10^{-6}、30.71×10^{-6}、34.13×10^{-6}，掺量 25% 的混合料的最大干缩系数最小。当水泥掺量为 5% 时，铁尾矿碎石掺量 0%～75% 的水泥稳定铁尾矿碎石最大干缩系数为 35.07×10^{-6}、34.17×10^{-6}、36.47×10^{-6}、37.98×10^{-6}，掺量 25% 的混合料的最大干缩系数最小。综合对比图 2-10(a) 和 (b) 可知，铁尾矿掺量为 25% 的混合料表现出较好的抗干缩性能。

2.3.4.2　水泥稳定铁尾矿碎石冻融性能试验

为研究铁尾矿碎石的掺量、冻融循环次数和水泥掺量对水泥稳定铁尾矿碎石混合料抗冻性能的影响，按照配合比设计方案，预制不同铁尾矿掺配试块，进行抗冻性试验，得出混合料冻融后的无侧限抗压强度，根据结果分析出该材料的抗冻性能。以铁尾矿掺量为 75%、水泥掺量 5% 为例，对水泥稳定铁尾矿混合料在不同冻融循环次数下的形状外观进行对比分析，如图 2-11 所示。

(a) 0次　　　　　　(b) 1次　　　　　　(c) 3次　　　　　　(d) 5次

图 2-11　N 次冻融循环后试件形态

由图 2-11 可以看出，随着冻融循环次数的增加，试件出现脱落、掉渣越来越严重的现象。当冻融循环次数为 1 次时，试件只是顶部边缘混合料有些许脱落；当冻融循环次数为 3 次时，混合料中部及底部已有明显脱落趋势；当冻融循环次数为 5 次时，试件底部已经出现大面积脱落，相较冻融循环次数 3 次时混合料脱落严重。具体试验结果见表 2-6。

表 2-6　冻融循环试验结果

冻融循环	水泥掺量 4%				水泥掺量 5%			
	铁尾矿掺量 0%	铁尾矿掺量 25%	铁尾矿掺量 50%	铁尾矿掺量 75%	铁尾矿掺量 0%	铁尾矿掺量 25%	铁尾矿掺量 50%	铁尾矿掺量 75%
0 次强度/MPa	7.25	6.68	5.51	3.50	8.87	8.5	8.19	4.91
1 次强度/MPa	7.06	6.45	5.24	3.28	8.66	8.28	7.79	4.76
1 次冻融残留强度比/%	97.4	96.6	95.1	93.9	97.6	97.4	97.3	96.9
3 次强度/MPa	6.85	6.04	4.65	2.68	8.39	7.83	7.23	3.93
3 次冻融残留强度比/%	94.5	90.4	84.4	76.5	94.7	92.1	88.3	79.9
5 次强度/MPa	6.16	4.93	3.54	1.57	7.72	6.72	5.51	2.39
5 次冻融残留强度比/%	85.0	73.8	64.3	44.9	87.0	79.1	67.3	48.7

冻融残留强度比（BDR）随冻融循环次数变化规律见图 2-12。

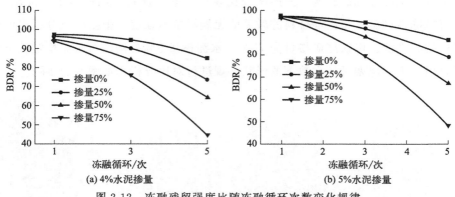

图 2-12 冻融残留强度比随冻融循环次数变化规律

从图 2-12 中可以看出，在同一水泥掺量下，铁尾矿碎石掺量一定时，水泥稳定铁尾矿碎石的冻融残留强度比随着冻融循环次数的增加而不断减小，但是在不同的铁尾矿碎石掺量下，铁尾矿碎石掺量越大，水泥稳定铁尾矿碎石随着冻融循环次数的增大，冻融残留强度比变小的速率越大。从表 2-7、表 2-8 可以看出，无侧限抗压强度变化率随着冻融循环次数增加不断增大，增大幅度越来越大，说明冻融次数越多对试件抗压能力破坏越大。

不同铁尾矿碎石掺量混合料的无侧限抗压强度随着冻融循环次数增加的具体变化率结果见表 2-7、表 2-8。

表 2-7 冻融循环对无侧限抗压强度影响分析（4%水泥掺量）

铁尾矿掺量/%	无侧限抗压强度/MPa		变化率/%	无侧限抗压强度/MPa	变化率/%	无侧限抗压强度/MPa	变化率/%
	0 次	1 次		3 次		5 次	
0	7.25	7.06	2.62	6.85	5.52	6.16	15.03
25	6.68	6.45	3.44	6.04	9.58	4.93	26.20
50	5.51	5.24	4.90	4.65	15.61	3.54	35.75
75	3.5	3.28	6.29	2.68	23.43	1.57	55.14

表 2-8 冻融循环对无侧限抗压强度影响分析（5%水泥掺量）

铁尾矿掺量/%	无侧限抗压强度/MPa		变化率/%	无侧限抗压强度/MPa	变化率/%	无侧限抗压强度/MPa	变化率/%
	0 次	1 次		3 次		5 次	
0	8.87	8.66	2.37	8.39	5.41	7.72	12.97

续表

铁尾矿掺量/%	无侧限抗压强度/MPa		变化率/%	无侧限抗压强度/MPa	变化率/%	无侧限抗压强度/MPa	变化率/%
	0 次	1 次		3 次		5 次	
25	8.5	8.28	2.59	7.83	7.88	6.72	20.94
50	8.19	7.97	2.69	7.23	11.72	5.51	32.72
75	4.91	4.76	3.05	3.93	19.96	2.39	51.32

从表 2-7、表 2-8 还可以看出，冻融循环次数一定时，随着铁尾矿碎石掺量的增加，无侧限抗压强度的变化率逐渐增加。当水泥掺量为 4%，铁尾矿碎石掺量分别为 0%、25%、50%、75% 时，经受 5 次冻融循环后其无侧限抗压强度变化率分别为 15.03%、26.20%、35.75%、55.14%。当水泥掺量为 5%，相同条件下的无侧限抗压强度变化率分别为 12.97%、20.94%、32.72%、51.32%，表明铁尾矿碎石掺量越高，水泥稳定铁尾矿碎石受冻融循环的影响越显著。综合对比表 2-6～表 2-8 可知，经受 5 次冻融循环后，水泥稳定铁尾矿碎石强度损失明显，当铁尾矿掺量达到 75% 时，经受 5 次冻融循环后其 BDR 小于 50%。说明较高掺量的铁尾矿会对水泥稳定铁尾矿碎石的抗冻性能产生不利的影响。根据《公路工程抗冻设计与施工技术指南》中对于中、重冻地区，路面半刚性基层混合料的抗冻性能应满足养生 28 天后，经受 5 次冻融循环其残留强度比不小于 50% 的要求，水泥稳定铁尾矿碎石中铁尾矿掺量达到 75% 时，其抗冻性能不能满足中、重冻地区的使用需求。

2.3.4.3 结论

① 对于不同养生龄期的混合料，在相同的水泥掺量的情况下，抗压强度随着铁尾矿碎石掺量的增大而不断减小。铁尾矿掺量为 25% 的水泥稳定碎石 7 天无侧限抗压强度下降 8.6%，铁尾矿掺量为 75% 的水泥稳定碎石 7 天无侧限抗压强度下降 61.59%。单从抗压强度这一指标来看，铁尾矿掺量为 25% 的水泥稳定碎石抗压强度，可以满足重载交通初期强度要求。

② 从干缩性能试验来看，相同水泥掺量下，铁尾矿碎石掺量越大，干缩应变和干缩系数越大。铁尾矿掺量越高，1～10 天的干缩系数的增长越快，10 天之后，干缩系数的变化趋于平缓并略有减小。结果表明，铁尾矿掺量为

25%的混合料表现出较好的抗干缩性能。从抗冻性能来看，当水泥掺量及冻融循环次数一定时，水泥稳定铁尾矿碎石的冻融残留强度比随着铁尾矿碎石掺量的增加而不断减小，当铁尾矿碎石掺量为75%，冻融循环5次时，混合料冻融残留强度比小于50%，其抗冻性能不能满足中、重冻地区的使用需求。

③ 综合对比铁尾矿掺量为0%、25%、50%、75%的水泥稳定碎石无侧限抗压强度、劈裂强度、干缩性能、冻融残留强度比发现，铁尾矿废弃物可以替代部分矿石作为路面基层材料，结果表明铁尾矿掺量为25%的水泥稳定碎石，可以用于重载交通基层。

铁尾矿可以应用到公路的路面基层、底基层和路基填料层这些层面。路基填料铁尾矿可替代砂石作为路基填料。一般铁尾矿强度大、脆性高，作为填料使用时要注意粒型和规格，例如控制其在破碎阶段产生的针片状颗粒含量，以免最终产品质量下降、损失强度。而在加工并处理好级配后，就可以依据工程所需的密实程度和强度要求，直接将不同铁尾矿用作填料主体或填隙碎石。部分要求路基密实的则要搭配黏性土、石灰等提高铁尾矿填料黏聚力并填补颗粒间空隙。而为应对湿陷性黄土地等特殊路段，有时还要考虑加筋或进行强夯。而将铁尾矿应用于路面基层和底基层时则免不了进行二次处理，这是由于一方面铁尾矿产品在密度、粒径、元素、物相、硬度和耐久性等方面的物化和力学性质证明铁尾矿具备代替常规路面材料的可能，但另一方面铁尾矿在实际路用性能如各类稳定性、抗拉强度、重金属污染等方面存在不足之处，例如铁尾矿一般金属元素含量高、活性强，这会导致其配制出的混合料产品水稳定性较差。而这些问题就需要采取添加辅料和调整物料掺比等方式来进行弥补。铁尾矿在路面基层和底基层的具体应用则相差不大。以路面基层为例，铁尾矿在刚性基层、半刚性基层和柔性基层三类常见路面基层中均有应用，其中在刚性基层主要是参与各类混凝土和配筋混凝土的制备。

而在半刚性基层方面，常单独使用或混用石灰、水泥和粉煤灰作为铁尾矿的胶结剂并在固化后路用，其中石灰可以优化混合料的抗压和抗剪能力，水泥的水化物能与矿粒团聚然后凝结硬化，形成更加稳定的空间网状骨架结构，而在确定水泥掺量后添加低掺量的粉煤灰可以提高混合料密实度并稳定其强度。试验中还可以使用10%左右掺量的土凝岩替代水泥作为固化剂来赋予铁尾矿半刚性材料特性以提升强度、增强路用性能。赵飞等人试验发现，同等条件下水泥改性产品的抗压强度效果整体上好于土凝岩。这一成果为道路材料的强度性能优化提供了重要参考。仉健则发现，相较于水泥，土凝岩能更好地改良铁尾矿的干缩性能。这表明在应对铁尾矿干缩问题上，土凝岩具有独特的优势。而为满足路用材料应对复杂气候能力的硬性要求，刘晶磊等依次研究了干湿循环和冻融循环作用下常见固化剂对铁尾矿无侧限抗压强度方面的改善情况，确定了两种情况下稳定产品强度所需的循环次数，还比较分析了固化剂掺量、养护时间、压实率、循环次数这些生产因素的关联和程度。铁尾矿在柔性基层方面的应用常与沥青相关，张宝虎等采用体积法设计了一种75%掺量的铁尾矿沥青混凝土，通过试验确定新型沥青混凝土的抗车辙变形能力优于石灰岩质集料，其短板低温抗裂和水稳定性方面也能满足现行行业规范要求。田知文则针对铁尾矿沥青混合料给出了掺加消石灰和硅烷偶联剂两项改进方法，可以增加黏性、增强韧性、增强骨架，进而改善高温稳定性和低温抗裂性。曹丽萍等进一步通过运用关联沥青、硅烷偶联剂和铁尾矿三者的模型反复模拟试验，揭示了硅烷偶联剂是利用物理吸附增进了铁尾矿和沥青间黏附的机理。邹宗民等通过试验研究发现，对于石灰岩混合料和玄武岩混合料这两类微表处集料，向前者中添加15%的铁尾矿砂时可以在耐磨能力和水稳定性上获得最大的提升，而在后者中添加铁尾矿砂只会降低该混合料的各项性能。

2.4 钢渣

2.4.1 基本特性

钢渣是炼钢工业中用石灰石作为熔剂提取生铁中的 SiO_2、Al_2O_3 等杂质后而形成的废渣。由于钢渣中含有 C2S（硅酸二钙）、C3S（硅酸三钙）等水硬性矿物以及铝硅玻璃体，因而具有一定的胶凝性能。钢渣碱度较高，并含有少量 f-CaO（游离氧化钙），在矿渣少熟料水泥中掺入少量钢渣，有时可以弥补因熟料掺量少而造成的水泥碱度下降的缺陷。因此，有必要研究钢渣掺量对矿渣少熟料水泥性能的影响规律。图 2-13 是堆积如山的废弃钢渣。

图 2-13 堆积的废弃钢渣

2.4.1.1 钢渣的物理性质

来自钢厂的钢渣经过热闷处理,在筛分后按照粒径大小进行分级处理,粒径大于 250mm 的钢渣通过破碎、磁选以后送入堆放场进行陈化;粒径在 80~250mm 之间的钢渣破碎后再进行磁选;筛分后小于 80mm 的部分送入钢渣处理厂将钢渣进行深加工成粒径不同的钢渣产品。如图 2-14 所示。

图 2-14 水拌和后的钢渣

表 2-9 钢渣的筛分情况

粒径/mm	19	16	13.2	9.5	4.75	2.36	1.18	0.6	0.3	0.15	0.075
通过率/%	100	99.1	95.76	85.26	51.27	25.38	16.34	11.10	6.55	4.94	3.37

从钢渣的筛分情况(表 2-9)可以看出,所用钢渣粒径在 16mm 以下,且 9.5~16mm 之间的钢渣含量很少,粒径为 4.75~9.5mm 的钢渣占了很大一部分。本试验将钢渣掺入到碎石中,替代一部分碎石,由于粒径在 0~

10mm 之间的钢渣占了一大部分，钢渣的掺入会较多地取代 0~5mm 和 5~10mm 的碎石，随着钢渣掺量的增加，0~5mm 和 5~10mm 的碎石掺量会逐渐减少，直至完全取代 5~10mm 的碎石。钢渣物理性能试验结果见表 2-10。

表 2-10 钢渣物理性能试验结果

试验项目		试验结果	技术要求	试验规程
密度试验	4.75~16mm 表观相对密度	3.248	≥2.6	T 0304—2005
	4.75~16mm 吸水率/%	1.3	≤2	
	2.36~4.75mm 表观相对密度	3.281	≥2.6	
	2.36~4.75mm 吸水率/%	1.7	≤2	
压碎值/%		13.2	≤22	T 0316—2005
洛杉矶磨耗值/%		17.4	≤26	T 0317—2005
粗集料针片状含量/%		2.1	≤18	T 0312—2005
水洗法 0.075mm 以下含量/%		2.4	≤1.0	T 0310—2005

2.4.1.2 钢渣的化学性质

钢渣的主要成分有钙镁橄榄石（$CaO\text{-}RO\text{-}SiO_2$）（R 代表镁、铁、锰的氧化物形成的固溶体总称）和氧化铁相、硅酸二钙（$2CaO \cdot SiO_2$）、硅酸三钙（$3CaO \cdot SiO_2$）、铁酸钙（$CaO \cdot FeO$）、铁酸二钙（$2CaO \cdot Fe_2O_3$）、f-CaO、RO 等，但是因为在冶炼钢材过程中，炼钢工艺、原材料、成品钢有所不同，钢渣中所含成分在含量上存在很大差异。日本对钢渣的研究时间较长，他们研究发现，钢渣具有较好的水硬性能，能与水反应生成胶凝物质。并且钢渣里面含有相当量的氧化钙，能与水反应生成高碱度的氢氧化钙，使钢渣的 pH 值变大，因此钢渣也具有一定的防腐蚀性能。对本研究所用钢渣进行检测，所用钢渣主要化学成分见表 2-11。

表 2-11 钢渣的主要化学成分   %

CaO	MgO	Fe_2O_3	Al_2O_2	SiO_2	M-Fe	T-Fe
38.29	8.15	30.33	2.92	14.03	0.48	21.42

2.4.1.3 SEM 试验结果与分析

首先对钢渣原始材料（即未与水拌和反应）进行扫描电镜试验，观察未与水反应的钢渣的结构，图 2-15 是将样品放大了 500 倍所成的像，图 2-16 是把样品放大了 3000 倍所成的像。

图 2-15　放大 500 倍的钢渣

图 2-16　放大 3000 倍的钢渣

从图 2-15 所成的 500 倍的图像可以看出，在低倍数下，可以清晰地看到钢渣颗粒的分布情况。从图中可以看出，钢渣颗粒整体大致呈椭圆形，相比于普通碎石来讲，棱角性不是很好。随着倍数的放大，就能看到单一钢渣颗粒的大致形貌。在被放大到 3000 倍后，就能看到钢渣颗粒粗糙的表面。从图 2-16 可以看出，钢渣颗粒表面布满了大大小小的孔隙，数量较多。虽然普通碎石表面也有孔隙，但是相比于钢渣而言还是很少的。钢渣的吸水率要比碎石大很多，这正是因为钢渣表面的孔隙比碎石多。而钢渣表面的孔隙多少直接影响到混合料的强度。通常来说，集料表面的孔隙越多，集料之间的嵌挤能力和相互吸附能力就会越强。由于钢渣自身孔隙较多，所以能更好地与结合料紧密结合，且钢渣颗粒之间的嵌挤能力也会提高，有利于增加混合料的强度。

2.4.2 钢渣矿渣水泥中钢渣掺量的影响

配制成废弃混凝土钢渣矿渣水泥进行水泥性能检验，结果如图 2-17、图 2-18 所示。

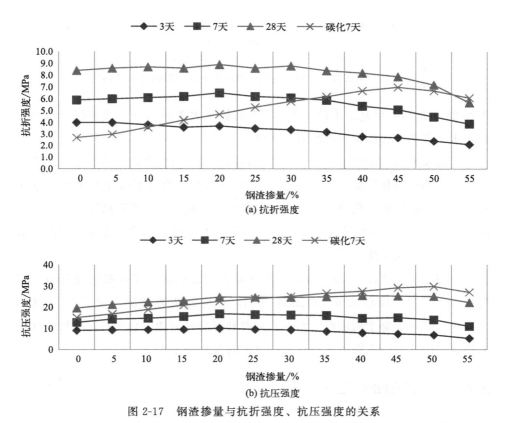

图 2-17 钢渣掺量与抗折强度、抗压强度的关系

由图 2-17 可见，在熟料掺量 5%、矿渣掺量 32%、石膏掺量 8% 不变的条件下，钢渣掺量从 0% 增加到 30%，同时废弃混凝土掺量从 55% 减少到 25% 时，废弃混凝土钢渣矿渣水泥各龄期的抗折强度基本维持不变。但钢渣掺量大于 30% 以后，废弃混凝土钢渣矿渣水泥各龄期的抗折强度显著下降。

对废弃混凝土钢渣矿渣水泥抗压强度而言，当钢渣掺量从 0% 增加到 30% 时，3 天抗压强度基本维持不变，7 天和 28 天抗压强度显著上升。当钢渣掺量从 30% 增加到 50% 时，废弃混凝土钢渣矿渣水泥 3 天抗压强度有所下降，7

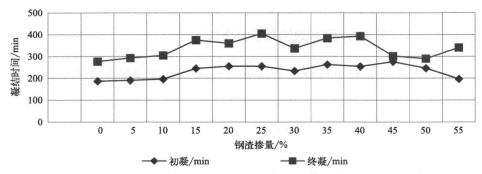

图 2-18　钢渣掺量对废弃混凝土钢渣矿渣水泥凝结时间的影响

天和 28 天抗压强度基本维持不变。当钢渣掺量大于 50％时，废弃混凝土钢渣矿渣水泥各龄期的抗压强度均显著下降。

提高废弃混凝土钢渣矿渣水泥中的钢渣掺量，可显著改善废弃混凝土钢渣矿渣水泥的抗碳化性能。当钢渣掺量大于 30％后，废弃混凝土钢渣矿渣水泥碳化 7 天的抗压强度超过了碳化前的 28 天抗压强度，并随着钢渣掺量的进一步增加，7 天碳化强度继续提高。钢渣掺量大于 50％后，废弃混凝土钢渣矿渣水泥的 7 天碳化强度开始下降。

由图 2-18 可见，钢渣掺量对废弃混凝土钢渣矿渣水泥的凝结时间有一定的影响，当钢渣掺量从 0％增加到 20％，相应的废弃混凝土从 55％下降到 35％时，废弃混凝土钢渣矿渣水泥的初凝和终凝时间均明显变长，继续增加钢渣掺量，废弃混凝土钢渣矿渣水泥的凝结时间变化不大。

2.4.3　钢渣的处理工艺

目前国内钢渣主要处理工艺有：热泼法、风淬法、滚筒法、粒化轮法、热闷法。其中热泼法、滚筒法、热闷法最为常用，在此对其工作原理和优缺点进行简单介绍。

(1) 热泼法

① 渣线热泼法。将钢渣倾翻，喷水冷却 3～4 天后使钢渣大部分自解破碎，运至磁选线处理。此工艺的优点在于对钢渣的物理状态无特殊要求、操作简单、处理量大。

其缺点为：占地面积大，浇水时间长，耗水量大；处理后渣铁分离不好，回收的钢渣含铁品位低；污染环境；钢渣稳定性不好，不利于尾渣的综合利用。

② 渣跨内箱式热泼法。该工艺的翻渣场地为三面砌筑并镶有钢坯的储渣槽，钢渣罐直接从炼钢车间吊运至渣跨内，翻入槽式箱中，然后浇水冷却。此工艺的优点在于占地面积比渣线热泼法小、对钢渣的物理状态无特殊要求、处理量大、操作简单、建设费用比热闷装置少。

其缺点为：浇水时间 24h 以上，耗水量大；污染渣跨和炼钢作业区；厂房内蒸汽大，影响作业安全；钢渣稳定性不好，不利于尾渣综合利用。

(2) 滚筒法

高温液态钢渣从溜槽流淌下降时，被高压空气击碎，喷至周围的钢挡板后落入下面水池中。此工艺的优点在于流程短，设备体积小，占地少，钢渣稳定性好，渣呈颗粒状，渣铁分离好，渣中 f-CaO 含量小于 4%（质量分数，下同），便于尾渣在建材行业的应用。

其缺点为：对渣的流动性要求较高，必须是液态稀渣，渣处理率较低，仍有大量的干渣排放，处理时操作不当易产生爆炸现象。

(3) 热闷法

待熔渣温度自然冷却至 300～800℃时，将热态钢渣倾翻至热闷罐中，盖上罐盖密封，待其均热半小时后对钢渣进行间歇式喷水。急冷产生的热应力使钢渣龟裂破碎，同时大量的饱和蒸汽渗入渣中与 f-CaO、f-MgO 发生水化反应使钢渣局部体积增大，从而令其自解粉化。

此工艺的优点在于：渣平均温度大于 300℃时均适用，处理时间短（10～12h），粉化率高（粒径 20mm 以下者达 85%），渣铁分离好，渣性能稳定，f-CaO、f-MgO 含量小于 2%，可用于建材和道路基层材料。

其缺点为：需要建固定的封闭式内嵌钢坯的热闷罐及天车厂房，建设投入大，操作程序要求较严格，冬季厂房内会产生少量蒸汽。

2.4.4 钢渣利用现状

工业相对发达的国家，因其技术较为先进，对钢渣的研究利用起步也较早，已经有了相当成熟的钢渣处理技术和经验。这些国家对钢渣的研究历史久远，他们对钢渣的综合利用，大多数集中于工业原料、水泥原材料、农业化肥、市政和公路建设（图 2-19）、作为土壤调节剂等，一些国家将钢渣磨细成粉，与水泥进行相应比例的拌和，运用到建筑行业当中，取得了不错的效果。近几年来，国外越来越重视对钢渣的综合利用，各国对钢渣的利用率也在逐渐增大。根据调查，日本、美国、德国等十几个发达国家将钢渣应用在公路建设上的比例已经超过了50%，其中美国的利用率已经达到了80%以上，日本为69%，德国为43%。这些国家把钢渣运用到道路的不同层位当中，根据钢渣处理工艺不同，应用的方法和公路等级也有所不同。这些国家每三年都会召开一次国际性会议，讨论研究钢渣作为新材料的综合利用情况。

图 2-19 钢渣铺筑路面

德国是对钢渣研究比较早的一个国家，对钢渣的处理和应用已经积累了较多的经验。他们非常注意对钢渣的回收再利用，并且研究出了很多新的技术、方法以及设备。他们主要是将钢渣应用到房屋建筑和公路建设当中，而且用量很大，同时还将钢渣应用到铁路填料和农业化肥中。在道路工程中应用也很广，从道路路基到路面基层以及沥青混合料面层，都有广泛应用，技术也相当成熟。虽然德国每年的钢渣产量都在逐年上升，但是其钢渣利用率也在逐年提高，据统计，只有不到10%的钢渣由于某些原因不能被利用，另外有4%左右的钢渣能被利用而尚未被利用，占用了一些土地资源，其它的钢渣均被合理地利用了起来，而且效果良好。德国形成了完善的钢渣利用系统，不仅节约了大量的自然资源和很多施工成本，而且保护了水土资源，这说明德国在钢渣利用方面已经非常娴熟。

瑞典利用钢渣改性技术将其用于水泥生产中；在加拿大，经过处理的钢渣主要用于道路建设；在阿拉伯地区，钢渣被用作混凝土掺合料以生产高性能混凝土。

我国在过去十年中一直是钢铁产量和年增长率最高的国家。2022年，全球粗钢产量达到了18.315亿t，其中我国的粗钢产量为10.13亿t，占据了全球总产量的55.3%。统计资料显示，我国钢铁产量近十年平均每年增长约8.87%，而钢铁生产过程中必然产生钢渣废料，其大约为粗钢产量的10%～15%，每年产生超过1亿t的钢渣，其中大约有7000万t被废弃和堆积。如今，我国累计堆积的钢渣尾渣已经超18亿t，占用的土地面积已经超过了133km^2。然而，钢渣的资源化利用率一直未能得到有效提高，近年来钢渣的资源化利用率一直低于30%。这与《关于"十四五"大宗固体废弃物综合利用的指导意见》要求达到的60%的指标仍有较大差距。由于钢渣有较好的抗压性能、耐久性能及粗糙度等特性，可在混合料中替代天然集料，利用到道路工程中。20世纪90年代，国内首次将钢渣应用到道路工程中。人们对钢渣在道路工程中的应用做了许多研究。张鹏等对钢渣的材料性能和掺钢渣混合料的配合比设计进行了研究，结果表明将钢渣陈化处理后代替粗集料应用在混合料中能促进钢渣的再生利用，减小其对环境的影响。余亮等通过研究掺钢渣混合料强度影响因素，发现水泥掺量对掺钢渣混合料的强度影响最显著，钢渣掺量次之，级配影响最小。葛浩通过研究钢渣在SMA-13沥青路面中的应用得出，钢渣能显著提高路面的抗变形能力。2015年，新疆中合大正冶金科技有限公司与新疆交通建设集团合作运用钢渣摊铺了国道G312，并取得了成功，"钢渣集料在高等级公路建设中的规模化应用"填补了新疆地区使用钢渣集料修路的空白，形成了一套适合于新疆地区的钢渣修路工法。广西路建工程集团将钢渣作为路面基层材料，成功铺筑水泥钢渣微粉稳定钢渣路面基层试验段，钢渣利用率可达70%以上，且该路面基层材料与常规水泥稳定碎石相比，路用性能更优、水稳定性更好，还可节省造价。沪昆高速公路改扩建工程昌金段的新余东互通部分路面的铺设采用高性能钢渣SMA沥青混合料技术，用钢渣代替传统的玄武岩等石料，各项指标均符合设计要求，且在高温抗变形能力、抗水损害能力等方面表现更为优异。总之，废弃钢渣应用于道路工程可解决钢铁产业可持续发展过程中的固废利用难题，促进交通建设领域的绿色环保发展。

2.5 CFB灰

2.5.1 基本特性

(1) 定义

循环流化床燃烧技术是一种高效的清洁燃烧技术。在循环流化床锅炉中，燃料（如煤、生物质等）在流化状态下燃烧。流化气体（通常是空气）以一定的速度通过燃料床层，使燃料颗粒处于悬浮并剧烈混合的状态。在燃烧过程中，矿物质等不可燃成分经过一系列复杂的物理和化学变化后形成灰分。这些灰分一部分在炉膛底部排出，另一部分细灰颗粒则随烟气被带出炉膛，经过旋风分离器等设备分离后循环利用，未被利用的部分最终排出系统，这些灰统称为CFB灰。其形成过程见图2-20。

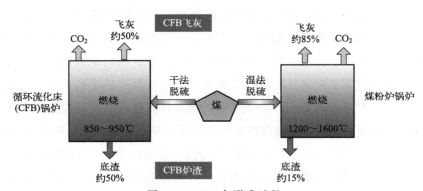

图2-20 CFB灰形成过程

与普通煤粉炉灰相比，CFB灰具有多种特性。首先，CFB灰的含碳量相对较高。这是因为循环流化床锅炉的燃烧温度相对较低（一般在850～950℃左右），而煤粉炉燃烧温度较高，有利于碳的完全燃烧。其次，CFB灰的细度小，一般在10～100μm之间，使其具有较高的活性。CFB灰的结构疏松多孔，含有大量与外界相互连通的气孔，使其具有较好的吸附性能和透气性能。此外，CFB灰的颗粒形态和矿物组成也有所不同。CFB灰的颗粒形状可能更加不规则，而且由于其特殊的燃烧和循环过程，矿物在高温下的结晶程度等也与煤粉炉灰存在差异，见表2-12。

表 2-12 CFB 灰与煤粉炉灰特性对比

类型	煤粉炉灰	CFB 灰	
燃烧温度/℃	1200～1600	850～950	
飞灰∶底渣	85∶15	50∶50	
脱硫方式	尾部湿法	炉内干法+尾部半干法	
灰渣量/吨煤	0.15～0.25	0.45～0.6	
矿物组成	石英、莫来石、非晶相、硫酸盐、f-CaO	石英、脱水黏土矿物、氧化钙、碳酸钙、无水硫酸钙、亚硫酸钙、非晶相	
需水量比	<110	>100	
三氧化硫含量/%	<3.0	0.3～36.2	≤4 占 60%
游离氧化钙含量/%	F 类<1.0,C 类<4.0	0～16.8	≤2 占 64%

(2) 化学成分

CFB 炉渣是低热值燃料煤矸石等在循环流化床锅炉燃烧发电后产生的残渣，其化学组成见表 2-13。

表 2-13 CFB 炉渣的化学组成

成分	比例/%	成分	比例/%
LOSS(烧失量)	3.7	K_2O	1.2
Al_2O_3	29.3	Na_2O	0.2
SiO_2	46.6	MgO	0.6
CaO	7.1	P_2O_5	0.1
Fe_2O_3	3.6	TiO_2	1.0
SO_3	6.4	总计	99.8

CFB 炉渣与普通煤粉炉灰相比含有较多的 $CaSO_4$ 和游离的 CaO。游离的 CaO 可激发脱硫灰渣中的 SiO_2 和活性 Al_2O_3，生成具有一定水硬性的凝胶类物质，所以 CFB 炉渣具有一定的自硬性。

(3) 物理特性

CFB 炉渣呈砂状，具有连续级配，最大粒径 10mm，疏松多孔性质，堆积密度仅 1100～1300kg/m³。CFB 飞灰细度较大，表面积可达 600～1000m³/kg，其中 Fe_2O_3 含量较高，故而颜色偏红，飞灰具有较好的水化活性，在潮湿空气中即可变硬板结。CFB 炉渣级配见表 2-14。CFB 炉渣颗粒形貌见图 2-21。

表 2-14　CFB 炉渣级配

粒径/mm	通过率/%	粒径/mm	通过率/%
9.5	99	0.6	57
4.75	89	0.3	46
2.36	73	0.15	28
1.18	65	0.075	11

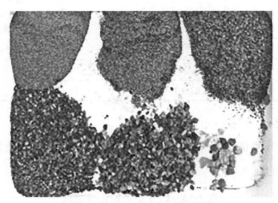

图 2-21　CFB 炉渣颗粒形貌

（4）活性指数

CFB 灰活性指数是衡量灰渣质量的关键指标。活性指数越高，说明灰渣中能够参与化学反应，形成具有胶凝性能产物的成分越多。在建筑材料生产中，高活性指数的灰渣可以更好地替代部分水泥，因为它能与其它物质反应生成类似水泥水化产物的胶凝物质，从而保证建筑材料的质量。CFB 灰活性指数见表 2-15。

表 2-15　CFB 灰活性指数

检测批次	外观	试验结果	活性指数/%			
		f-CaO	3 天	7 天	14 天	28 天
1	紫红色	1.91	81.4	86.9	90.7	—
技术要求		≤7.0	—	—	—	≥70

2.5.2　CFB 灰利用难题

2020 年，生态环境部发布的《2020 年全国大、中城市固体废物污染环境防治年报》显示：2019 年，工业企业的粉煤灰产生量已达到 5.4 亿 t，综合利用量为 4.1 亿 t，综合利用率已达到 74.7%。近年来 CFB 技术在国内得到了广泛应用，流化床锅炉灰渣年排放量已达 1.8 亿 t 以上，当前流化床锅炉灰渣利用率不高，发达国家的利用率仅能达到 30% 左右，不能利用的灰渣只能堆放处理，不仅占用大量土地，而且对堆积处的地下水和周边空气造成严重污染，急需提高其综合利用率。粉煤灰最为常见且经济的用途是：混凝土掺合料、水泥混合材料、烧制建筑用砖等。循环流化床锅炉灰渣与粉煤灰同属于燃煤过程中的工业废渣，CFB 灰其需水量、烧失量偏高，特别是经过炉内喷钙产生的固硫灰、SO_3、f-CaO 含量均高于粉煤灰，有些数据指标超过 GB/T 1596《用于水泥和混凝土中的粉煤灰》中Ⅲ级灰的要求。CFB 灰具有吸水性强，硫、钙含量高，弱膨胀等特性，基于此，大部分人认为其利用价值不高，利用难度大，综合利用率低，如图 2-22 所示。

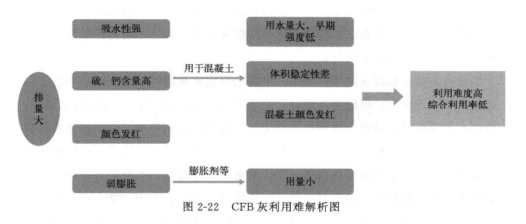

图 2-22 CFB 灰利用难解析图

(1) 吸水性强

首先，CFB 灰具有较大的比表面积。其颗粒粒径分布较广，包含很多细小的颗粒，这些细颗粒使灰渣的总表面积增大。其次，CFB 灰中含有许多亲水性的矿物质成分，比如氧化钙（CaO）、二氧化硅（SiO_2）等，其中氧化钙可以与水发生化学反应生成氢氧化钙 $[Ca(OH)_2]$，这个过程会吸收大量的水。二氧化硅表面也有许多羟基（—OH）基团，这些基团能够通过氢键与水分子结合，从而使灰渣表现出较强的吸水性。然后，CFB 灰内部存在丰富的孔隙结构。这些孔隙有微孔、介孔和大孔等多种类型。微孔的尺寸非常小，水分子可以在孔隙内部通过毛细作用被吸附和储存。就好像海绵的微小孔隙能够吸水一样，灰渣的孔隙也能够大量吸收和储存水分。

吸水性强会导致灰渣在储存过程中容易受潮结块。一旦结块，会给灰渣的后续处理和运输带来不便。CFB 灰用于建筑材料（如作为混凝土掺合料），其强吸水性可能会改变混凝土的水灰比。水灰比是影响混凝土强度等性能的重要因素。当灰渣吸收了过多的水后，会导致混凝土实际的水灰比增大，从而降低混凝土的强度和耐久性。

(2) 硫、钙含量高

循环流化床（CFB）锅炉所使用的燃料（如煤、生物质等）本身含硫量高，那么燃烧后产生的 CFB 灰中硫含量自然也会比较高。燃烧过程中脱硫工艺也会影响灰渣硫含量。CFB 锅炉常采用炉内喷钙脱硫技术，通过向炉膛内喷入石灰石（$CaCO_3$）来吸收燃烧产生的二氧化硫（SO_2），反应生成硫酸钙（$CaSO_4$）等物质，这些含硫产物会留在灰渣中，导致灰渣硫含量升高。同时，这些钙的化合物会残留在灰渣中，使得灰渣钙含量升高。燃料本身也可能含有一定量的钙元素。例如，某些含钙量高的煤种，其矿物质中的钙在燃烧后会留在灰渣中，增加灰渣的钙含量。

高硫灰渣在堆放或使用过程中，可能会因雨水冲刷等原因，使其中的硫以硫酸盐等形式溶出，硫酸钙等含硫化合物在水中溶解后会释放出硫酸根离子，增加水体的酸性，导致土壤和水体酸化。当灰渣用于生产水泥时，过多的硫会导致水泥的安定性变差，因为硫会与水泥中的某些成分发生反应，产生膨胀等不良现象，影响水泥制品的质量。在作为水泥混合材时，氧化钙可以参与水泥的水化反应，提高水泥的早期强度。但钙含量过高也会带来问题，在混凝土中使用时，过多的钙可能会导致混凝土的碱-集料反应加剧。碱-集料反应是指混凝土中的碱（主要是氢氧化钠和氢氧化钾）与集料中的活性二氧化硅反应，生成膨胀性的产物，使混凝土结构产生裂缝。而且高钙灰渣如果用于土壤改良，可能会改变土壤的酸碱度，影响土壤微生物的生长环境。

(3) 膨胀性

各类灰的膨胀性差异主要源于固硫剂的加入。为保证炉内脱硫效率，会加入过量的固硫剂（$CaCO_3$），固硫灰中 CaO 增多，CaO 水化形成 $Ca(OH)_2$，体积膨胀约 95%；炉内脱硫生成无水石膏（$CaSO_4$），遇水形成二水石膏（$CaSO_4 \cdot 2H_2O$），体积会膨胀 25%；$CaSO_4$ 水化后期形成的 $CaSO_4 \cdot 2H_2O$ 和固硫灰中的水化铝酸钙发生水化反应，生成钙矾石，体积膨胀 125%以上。以上 3 种水化物质的生成所导致的巨大膨胀量会引起基体开裂甚至粉化。

(4) 成分复杂且不稳定问题

CFB 灰的成分受燃料种类和燃烧条件的影响较大。不同的煤种或者生物质燃料燃烧产生的灰渣成分差异明显，而且即使是同一种燃料，由于燃烧工况的变化（如温度波动、流化速度变化等），灰渣成分也会有所不同。这种成分的复杂和不稳定性使得其在一些对成分要求严格的应用（如高质量陶瓷生产）中难以使用。CFB 灰中可能含有重金属（如汞、铅、镉等）和其它有害物质（如二氧化硫的吸附产物）。这些有害物质在灰渣的利用过程中可能会渗出，对环境和人体健康造成危害。例如，当灰渣用于建筑材料时，随着时间的推移，有害物质可能会溶出，污染土壤和地下水。

2.5.3 CFB 灰的综合利用

(1) CFB 灰用作水泥生料或熟料

CFB 灰（循环流化床锅炉灰渣）含有一定的硅、铝等成分，其成分特点使它可以作为生产硅酸盐水泥的辅助原料。由于 CFB 灰具有较高的烧失量，一般都在 10% 以上，最高达 20% 以上，若用作水泥生料，煅烧时可释放热量、减少能耗，有助于生产。若用作熟料直接掺入，则严重影响产品的质量，因为高含量的碳会影响一些外加剂的使用效果，使外加剂的作用降低甚至消失，同时还增加需水量。因此 CFB 灰用作水泥熟料就必须经过再煅烧，把 CFB 灰在 1200℃ 以上高温煅烧，使原矿物成分分解重结晶，生成 C3S、C2S、C3A、C4AF 等水硬活性矿物成分。

(2) 以 CFB 灰为原料生产钙矾石轻质高强建材

CFB 灰由于燃烧温度较低，Si、Al 活性相对较高，因而在蒸养条件下能够与石灰和石膏进行很好的反应，从而生产出具有较高强度的建材制品。试验原料为 CFB 灰、石膏、石灰及少量的活性激发剂。将原料按比例混合后加入一定量的水，搅拌后制成砂浆，经过注模成型、脱模、常压下蒸汽养生后得到成品。对制品进行抗压、抗折强度和表观密度测试。结果显示，在 CFB 灰掺加量分别为 60%、70% 和 80% 时，制得材料的抗折强度均大于 5MPa，抗压强度大于 20MPa，可以满足普通承重墙体材料的强度要求。其表观密度小于 1.2g/cm^3，属于轻质高强建筑材料。

(3) 以 CFB 灰为注浆材料治理采空区

山西省作为产煤大省，地下煤矿被开采后造成的采空区，对高速公路和其它地面建筑物的建设和安全使用有很大的威胁，工程实践证明，采空区治理最常用的手段仍是以注浆为主。目前应用于采空区注浆回填的材料主要是水泥浆类材料，这些材料应用于采空区注浆工程时，不同程度地存在析水率高、稳定性差和结石率低等性能缺陷。尤其是对空洞型采空区进行注浆充填施工时，由于填补空间大、深度大、环境复杂，采用传统注浆材料和工艺所需的注浆量非常大，工程造价方面难以接受，因此，降低注浆材料的造价具有重要的经济意义。利用电厂循环流化床粉煤灰与钢渣微粉基材耦合机理，研发出的复合改性钢渣微粉/CFB灰全固废类绿色注浆充填材料，不仅解决了CFB灰应用于采空区注浆中黏度过高的问题，还大大降低了处治材料的成本。

（4）CFB炉渣改良土

基于煤系固体废弃物——CFB灰处治土用于路基填筑的研究，CFB飞灰、CFB炉渣处治土用于台背回填等路基填筑工程，可达到与低掺量水泥处治土、石灰处治土相同的效果，经处治后土体CBR值可满足各等级公路路堤、路床填筑要求，同时消纳大量CFB灰，可达到降低资源消耗、保护环境的目的。CFB灰的掺入可使土体容重降低，膨胀率也有所降低，表明CFB改良土自重小，且不易遇水软化膨胀。CFB炉渣的掺入可显著提高土体的CBR值，炉渣掺量大于30%时，土体CBR值大幅提高至30%以上，远超回填材料承载比要求。当压实度为设计值96%时，素土CBR值为13.8%，CFB炉渣改良土的CBR值为28.3%，提高2倍多，完全满足台背回填CBR值的设计要求，对于试验段工程用土，可采用30%炉渣进行改良。隰吉公司在公路工程施工过程中，大力践行绿色发展理念，积极打造绿色公路，利用CFB飞灰改良土铺筑上路床，实现了生态效益和经济社会效益的统一。隰吉公司组织监理单位、试验检测中心、咨询单位、施工单位共同开展了试验段试铺工作。

CFB灰处治土新型材料的开发，一方面解决了CFB灰无法低成本高效率处理的难题，促进了煤炭清洁利用的发展；另一方面减少了台背回填对沙砾或者水泥等材料的消耗，同时减少了灰渣堆存和生产加工水泥等材料时造成的环境污染，有利于资源节约和环境保护。

CFB灰处治土机理见图2-23，CFB灰处治土摊铺见图2-24，CFB灰处治土碾压见图2-25，CFB灰处治土效果见图2-26。

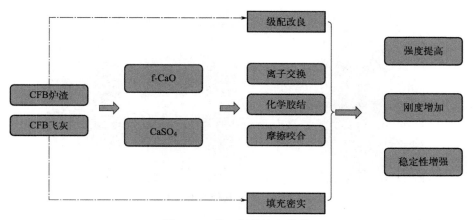

图 2-23 CFB 灰处治土机理

图 2-24 CFB 灰处治土摊铺

图 2-25 CFB 灰处治土碾压

图 2-26 CFB 灰处治土效果

2.6 建筑垃圾

2.6.1 建筑垃圾定义

《城市建筑垃圾管理规定》(2005)对建筑垃圾的定义进行了说明：本规定所称建筑垃圾，是指建设单位、施工单位新建、改建、扩建和拆除各类建筑物、构筑物、管网等以及居民装饰装修房屋过程中所产生的弃土、弃料及其它废弃物。(图 2-27)。

《建筑垃圾处理技术规范》(CJJ 134—2009)对建筑垃圾的范围进行了规

图 2-27 建筑垃圾

范性界定：建筑垃圾是指对各类建筑物和构筑物及其辅助设施等进行建设、改造、装修、拆除、铺设等过程中产生的各类固体废物，主要包括渣土、废旧混凝土、碎砖瓦、废沥青、废旧管材、废旧木材等。2019年重新对该规范进行了修订，对建筑垃圾进行了重新定义：工程渣土、工程泥浆、工程垃圾、拆除垃圾和装修垃圾等的总称，包括新建、扩建、改建和拆除各类建筑物、构筑物、管网等以及居民装饰装修房屋过程中所产生的弃土、弃料及其它废弃物，不包括经检验、鉴定为危险废物的建筑垃圾。

本节研究的是可以用于生产再生集料的建筑垃圾，考虑到建筑垃圾中的可利用成分和建筑垃圾的产生量，本节中所指的建筑垃圾仅为建筑施工和建筑拆除工程所产生的废弃物，即建筑施工垃圾和建筑拆除垃圾。

2.6.2 建筑垃圾分类与组成

(1) 建筑垃圾的分类

① 国际分类。根据生成建筑废弃物的建筑活动的性质，国际上通常将其分为五类，即交通工程废弃物、挖掘工程废弃物、拆卸工程废弃物、清理工程废弃物和扩建翻新工程废弃物。

按照废弃物可再生性和可利用价值通常将其分为三类：a. 可直接利用的材料；b. 可再生或可以用于热回收的材料；c. 没有利用价值的废弃物。

② 中国分类。李鸿运将建筑垃圾按来源进行了分类，见表2-16。

表2-16 建筑垃圾按来源分类

分类	主要成分	利用特点
建筑施工废弃物	混凝土、砖块、砂石、砂浆、装饰材料、管线、木屑等	成分复杂且比例不明确，环境污染性较强，分类回收利用难度大
道路开挖废弃物	沥青混凝土、混凝土块、砖块、破碎砌块等	其物理组成成分与道路类型和等级相关，部分材料可以实现现场再生
旧建筑物拆除废弃物	混凝土块、砖块、木料、玻璃、钢筋、非铁金属、塑料制品等	产生量大，可回收利用的部分较多，环境污染性较强，成分比例与建筑物的结构形式有关
土地开挖废弃物	表层和深层弃土	产生量大，物理成分简单，污染性小，回收利用难度小

续表

分类	主要成分	利用特点
建材生产废弃物	建材生产及运输过程中产生的废弃物、不合格产品等	其产生伴随整个生产和运输过程,具有持续性,成分简单,主要与建材性质有关,可通过采用先进的生产工艺和科学管理减少其产生量

为了保证建筑废弃物的无害化处理及提高建筑废弃物的处置效率,建筑垃圾按照组成成分又可分为惰性组分和非惰性组分,具体分类如图 2-28 所示。

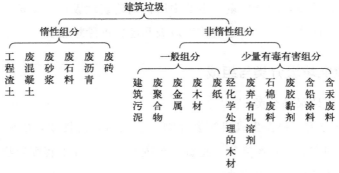

图 2-28 建筑垃圾按组分分类

国内学者李小卉根据建筑垃圾的物理成分对其进行了分类,以便用于建筑垃圾污染治理和综合利用研究,其物理成分分类见表 2-17。

表 2-17 建筑垃圾按物理成分分类

类别	污染特性	处置和利用
弃土	扬尘和占用大量土地,影响市容	可采用直接填埋处置法,多用于填坑、覆盖、造景等
混凝土碎块	有一定化学污染,有扬尘,影响市容	不可用直接填埋法处置,可再生利用
废混凝土	有一定化学污染,有扬尘,影响市容	不可用直接填埋法处置,可再生利用
废砂浆	有一定化学污染	不可用直接填埋法处置
沥青混凝土碎块	有一定化学污染,有扬尘,影响市容	不可用直接填埋法处置,可再生利用
废砖	扬尘和占用土地,影响市容	可采用直接填埋处置法,可再生利用

续表

类别	污染特性	处置和利用
废砂石	扬尘和占用土地,影响市容	可采用直接填埋处置法,也可集中存放,作为备料
木材	有一定的生物污染,影响市容	焚烧处理或利用
塑料、纸	混入农田影响耕种和作物生长,影响市容	焚烧处理,可再生利用
石膏和废灰浆	化学污染严重,影响市容	不可用直接填埋法处置
废钢筋等金属	有一定的化学污染性	可再生利用

(2) 建筑垃圾的组成

本节研究的建筑垃圾主要是指建筑施工和建筑拆除垃圾,分别对这两类建筑垃圾的组成成分和比例进行分析。

① 建筑施工垃圾。建筑施工垃圾主要来源于土石方工程中的弃土,钢筋混凝土工程中的废金属、废混凝土、废桩头、废木材,以及砌筑工程中的废砂浆、废砖头等。吴贤国对不同结构形式的建筑工地中建筑施工垃圾组成比例进行了调研分析,其结果见表 2-18。

表 2-18 建筑施工垃圾的组成比例

垃圾成分	施工垃圾组成比例/%		
	砖混结构	框架结构	框剪结构
碎砖	30~50	15~30	15~30
砂浆	8~15	10~20	10~20
混凝土	8~15	15~30	15~35
桩头	—	8~15	8~20
包装材料	5~15	5~20	10~20
屋面材料	2~5	2~5	2~5
钢材	1~5	2~8	2~8
木材	1~5	1~5	1~5
其它	10~20	10~20	10~20
合计	100	100	100

从表 2-18 可以看出,在建筑施工垃圾中,碎砖和混凝土的比重相对较大;尤其是在砖混结构中,碎砖的比例最大可达到 50%,而碎砖、砂浆、混凝土三者的比例最大可达到 80%;在框架和框剪结构中,碎砖、砂浆、混凝土三者的比例也可达到 50%以上。

② 建筑拆除垃圾。根据经验数据，每平方米建筑产生的建筑施工垃圾约为 0.05～0.06t，产生的建筑拆除垃圾约为 1.3t，单位建筑拆除过程中产生的垃圾比施工过程产生的垃圾高出 20 多倍。建筑拆除垃圾中各成分的比例主要与建筑物各材料的使用比例有关，以香港特别行政区的数据为参考，见图 2-29。

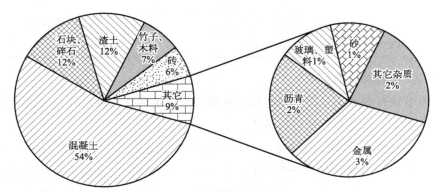

图 2-29　建筑拆除垃圾的组成比例

从图 2-29 可以看出，在建筑拆除垃圾中，混凝土的比重最大，远高于其在建筑施工垃圾中的比例；其次，石块、碎石和渣土占了 25% 的比重，砖的比例还不到 10%。

2.6.3　建筑垃圾利用现状

我国城市化快速发展和城中村旧建筑拆迁，使每年建筑垃圾产生量急剧增加（图 2-30），根据前瞻产业研究院数据，我国每年排放建筑垃圾总量在 15.5 亿～24 亿 t 之间，占城市垃圾的比例约为 40%，存量建筑垃圾已达到 200 多亿 t。以山西省太原市为例，2015 年、2016 年、2017 年建筑垃圾年产生量分别是 2100 万 t、2600 万 t、4100 万 t，三年就产生了 8800 万 t 建筑垃圾。与此同时，我国建筑垃圾利用率仅为 5%～10%。韩国、日本、德国等国家的建筑垃圾资源化率已经高达 90%。

我国对建筑垃圾的处理，基本处于无序管理状态，建筑垃圾的处理方式仍处在相对粗放的填埋及堆放阶段。大多数城市的建筑垃圾中只有 10% 被运往指定的消纳场所。对于堆放的建筑垃圾，按 1 万 t 的建筑垃圾占地 2 亩（约 1333m²）计（堆高 5m），目前，我国每年建筑垃圾产生量约为 15 亿 t，一年

续表

类别	污染特性	处置和利用
废砂石	扬尘和占用土地,影响市容	可采用直接填埋处置法,也可集中存放,作为备料
木材	有一定的生物污染,影响市容	焚烧处理或利用
塑料、纸	混入农田影响耕种和作物生长,影响市容	焚烧处理,可再生利用
石膏和废灰浆	化学污染严重,影响市容	不可用直接填埋法处置
废钢筋等金属	有一定的化学污染性	可再生利用

(2) 建筑垃圾的组成

本节研究的建筑垃圾主要是指建筑施工和建筑拆除垃圾,分别对这两类建筑垃圾的组成成分和比例进行分析。

① 建筑施工垃圾。建筑施工垃圾主要来源于土石方工程中的弃土,钢筋混凝土工程中的废金属、废混凝土、废桩头、废木材,以及砌筑工程中的废砂浆、废砖头等。吴贤国对不同结构形式的建筑工地中建筑施工垃圾组成比例进行了调研分析,其结果见表 2-18。

表 2-18 建筑施工垃圾的组成比例

垃圾成分	施工垃圾组成比例/%		
	砖混结构	框架结构	框剪结构
碎砖	30~50	15~30	15~30
砂浆	8~15	10~20	10~20
混凝土	8~15	15~30	15~35
桩头	—	8~15	8~20
包装材料	5~15	5~20	10~20
屋面材料	2~5	2~5	2~5
钢材	1~5	2~8	2~8
木材	1~5	1~5	1~5
其它	10~20	10~20	10~20
合计	100	100	100

从表 2-18 可以看出,在建筑施工垃圾中,碎砖和混凝土的比重相对较大;尤其是在砖混结构中,碎砖的比例最大可达到 50%,而碎砖、砂浆、混凝土三者的比例最大可达到 80%;在框架和框剪结构中,碎砖、砂浆、混凝土三者的比例也可达到 50% 以上。

② 建筑拆除垃圾。根据经验数据，每平方米建筑产生的建筑施工垃圾约为 0.05~0.06t，产生的建筑拆除垃圾约为 1.3t，单位建筑拆除过程中产生的垃圾比施工过程产生的垃圾高出 20 多倍。建筑拆除垃圾中各成分的比例主要与建筑物各材料的使用比例有关，以香港特别行政区的数据为参考，见图 2-29。

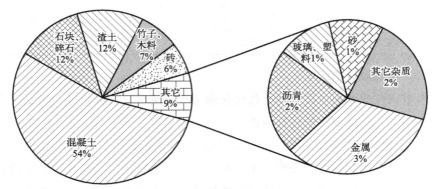

图 2-29 建筑拆除垃圾的组成比例

从图 2-29 可以看出，在建筑拆除垃圾中，混凝土的比重最大，远高于其在建筑施工垃圾中的比例；其次，石块、碎石和渣土占了 25% 的比重，砖的比例还不到 10%。

2.6.3 建筑垃圾利用现状

我国城市化快速发展和城中村旧建筑拆迁，使每年建筑垃圾产生量急剧增加（图 2-30），根据前瞻产业研究院数据，我国每年排放建筑垃圾总量在 15.5 亿~24 亿 t 之间，占城市垃圾的比例约为 40%，存量建筑垃圾已达到 200 多亿 t。以山西省太原市为例，2015 年、2016 年、2017 年建筑垃圾年产生量分别是 2100 万 t、2600 万 t、4100 万 t，三年就产生了 8800 万 t 建筑垃圾。与此同时，我国建筑垃圾利用率仅为 5%~10%。韩国、日本、德国等国家的建筑垃圾资源化率已经高达 90%。

我国对建筑垃圾的处理，基本处于无序管理状态，建筑垃圾的处理方式仍处在相对粗放的填埋及堆放阶段。大多数城市的建筑垃圾中只有 10% 被运往指定的消纳场所。对于堆放的建筑垃圾，按 1 万 t 的建筑垃圾占地 2 亩（约 1333m^2）计（堆高 5m），目前，我国每年建筑垃圾产生量约为 15 亿 t，一年

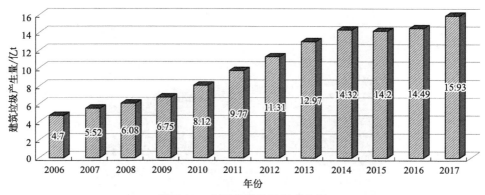

图 2-30 中国建筑垃圾年产生量

对土地资源的占用将超过 30 万亩（200km²）。建筑垃圾填埋处理方法也具有严重的弊端：其一，在清运、堆放过程中，粉尘、灰沙到处飞扬，污染环境；其二，填埋的方式占用国家土地，浪费土地资源；其三，建筑垃圾中的油漆、涂料等含有有害物质，填埋后不易被分解，这样又对地下水造成污染；其四，填埋方式还会破坏土壤结构，造成地表沉降。

过去五十年，中国已经生产了至少 200 亿 m³ 的黏土砖产品，约占建筑垃圾总量的 50%。而近十年中国旧城改造范围持续扩大，拆除的旧建筑以砖混结构为主，废弃混凝土（RCA）、砂浆和压碎黏土砖（CCB）是建筑拆除垃圾的主要成分。压碎黏土砖因其强度低、吸水性高和多孔性，限制了其再利用的范围。如何最大限度地利用压碎黏土砖是建筑垃圾再生利用中的难题。为此，部分学者开展了再生混合集料（RCA 和 CCB）应用于路面基层和路堤填料等方面的研究工作。

由于中外建筑拆除垃圾成分的差异，国外研究 RCA 代替天然集料的文献较多，有关再生混合集料代替天然集料的相关文献很少。尽管一些学者研究了再生混合集料替代天然集料在水泥稳定路面基层或底基层混合料中的应用，但不同学者的研究结果差别很大。国内也进行了建筑垃圾在道路路基填筑和路面基层方面的现场试验研究，比较典型的工程有：世博园园区道路路基和下基层工程试验；西咸北环高速公路工程试验；四川内遂高速公路路基试验；京新高速公路（北京市五环路—六环路路段）填筑路基试验；沧州市千童大道道路基层和黄骅市神华大街底基层试验；昆明长水国际机场 4 号市政道路路面基层试验；临汾工业园园区路面基层级配碎石试验段（图 2-31）。

图 2-31 建筑垃圾用于路面基层级配碎石现场试验段

2.7 废旧轮胎

2.7.1 废旧轮胎利用现状

随着我国经济社会的快速发展，公路客货运输业需求和家用汽车保有量急剧攀升，随之而来的是废旧轮胎数量的大幅增长。轮胎废弃物是一种难降解的高分子材料，是一种影响人类健康、危害生态环境的有害垃圾。越积越多的废旧轮胎露天堆放，不但占用了大量的土地，而且极易引发火灾（图 2-32）。越来越多的废旧轮胎形成"黑色污染"堆积如山。它们占用土地，妨害植被生长，滋生蚊虫，传播疾病，引发火灾，损害人体健康。即使投入巨资进行填埋和焚烧处理，也会带来无法消除的二次污染，破坏自然环境，成为严重阻碍现代社会持续发展的黑色垃圾。

废旧轮胎常见的处理方式主要包括填埋处理、能量回收、裂解回收、翻新再利用和高值化回收利用等方面。高值化回收利用指将废旧轮胎通过研磨技术制备成胶粉，经活化、脱硫改性处理后制备成高性能胶粉/聚合物复合材料、高性能胶粉/混凝土复合材料、高性能胶粉/沥青复合材料等。

我国从 20 世纪 80 年代起着手研究将橡胶粉（胶粉）加入沥青中对沥青进行改性，最近十几年我国高速公路发展迅猛，很多科研工作者都参与到了橡胶

图 2-32　废旧轮胎的堆积及引发的火灾

粉改性沥青的研究中，通过相关科学试验取得了一些新的成果，总结出了制备橡胶粉沥青的简单加工工艺，并将制备的橡胶粉改性沥青用于试验路的铺筑，取得了良好的效果（图 2-33）。

图 2-33　废旧轮胎资源化利用

2001 年春，原交通部公路科学研究所首次在钢桥桥面铺装中采用 30%（相对于沥青用量）的胶粉，该桥面经受了 4 个夏季的超重交通考验，基本保持完好，各项性能指标保持优良。同年，原交通部公路科学研究所主持的西部科技项目"废旧橡胶粉用于筑路的技术研究"，对胶粉沥青及胶粉沥青混合料（包括胶粉沥青混合料和胶粉改性沥青混合料）的路用性能及力学特性开展了全面、系统的研究。该项目采用室内试验研究和现场实体工程同步开展的研究方案，结合以往的研究经验，从试验路配合比设计的研究入手，在实践中总结经验和教训，主要研究了以下几方面的技术性能指标。

① 路用胶粉技术指标的研究。从微观特性入手，采用电镜的手段，对不同目数、不同粉碎工艺的胶粉微观形状进行分析，提出适合路用的胶粉粉碎工艺。然后对比国外路用胶粉的要求，着重研究胶粉的纤维含量和天然橡胶含量对胶粉沥青混合料性能的影响，结合室内试验研究结果和国外的一些标准提出了我国路用硫化胶粉的推荐指标。

② 胶粉沥青性能指标研究。采用常规性能指标和美国 SHRP 项目研究成果的一些沥青指标进行胶粉沥青的性能研究，全面研究了胶粉的掺入对沥青的高低温性能、弹性性能、抗老化性能的改善情况，确定了胶粉的掺量、目数、胶源、加工工艺和基质沥青对胶粉沥青性能改善的影响程度。结合国外胶粉沥青技术标准、大量胶粉沥青的试验结果和我国的具体情况，提出胶粉沥青技术标准的推荐稿。

③ 胶粉沥青混凝土物理、力学性质和路用性能分析。开展胶粉沥青混合料的全套试验，进行混合料的配合比设计研究；进行胶粉混合料马歇尔指标的分析研究；进行胶粉混合料的路用性能研究（高温性能、低温性能、水稳性能、疲劳性能）；对胶粉沥青混合料的力学作用机理进行了分析。全面研究胶粉沥青混合料的力学作用机理和工作性能，提出胶粉混合料技术标准的推荐稿。

④ 胶粉沥青混凝土生产工艺的研究。在广东、山东、河北、四川、贵州等地，涉及华南地区、西南地区、轻冰冻地区，三个气候片区，修筑总长近 30km 的试验路和实体工程。胶粉使用的目数有 40、80、120 目；胶粉掺量有：外掺 10%、20%、30%；添加工艺有：人工添加法和机械添加法；采用的混合料级配有：SAC10、OGFC10、SMA10、SMA13、SUP10、SAC16 等；公路等级有：高速、一级、二级及城市道路。对大量的施工实践经验进行了全面、具体的分析，总结了施工经验和教训，提出胶粉沥青混合料设计施工技术指南推荐稿。为我国今后在道路工程中大规模推广应用胶粉技术奠定了基础。该项目在 2004 年 7 月通过原交通部的验收和鉴定，研究成果总体达到国际先进水平。

2007 年，原交通部科技推广项目"橡胶粉在筑路工程中应用"由原交通部公路科学研究所承担，"废胎胶粉在沥青路面中应用技术交流会"由原交通部科教司等机构在北京联合召开。奥运娱乐场所附近道路、北京机场高速公路工程等大量选用橡胶粉沥青混合料进行建设。

2009 年，刘少文、李智慧等利用自己制作的回弹恢复试验仪和传统的弹性恢复试验设备，对胶粉掺量和种类对胶粉改性沥青的影响进行了研究，并分析了其弹性恢复能力。试验结果表明：沥青的拉伸变形远远大于胶粉颗粒，拉断的端口既非黏性破坏又非脆性破坏，所以胶粉沥青不能像 SBS 改性沥青那样在弹性性能方面充分表现。

除了对橡胶沥青的研究，我国在 20 世纪 70 年代也开始了对聚合物改性沥青的研究，但在当时研究改性的目的以提高沥青的温度敏感性为主。"七五"期间，SBR 改性沥青在原重庆公路科学研究所研制成功，并很快在实际工程中得到应用。进入 20 世纪 90 年代，为了适应高等级公路的快速发展，学者们先后投入了对塑料、SBS 等多种改性剂的应用研究，改性沥青相比于基质沥青的优越性逐渐被人们熟知，在全国很多实际公路建设工程中都有应用。

国外对改性沥青的研究是从在沥青中添加橡胶粉开始的。改性沥青的应用距今已有百年历史，橡胶改性沥青的使用最早可追溯到 19 世纪，英国在 1873 年，已经有专利提到橡胶改性沥青，曾有人列举了 1943 年以前发表的论述聚合物改性沥青的专利和论文，合计 116 篇。

1898 年，法国也开始在沥青中掺配天然橡胶。1902 年，法国修筑了掺有橡胶的沥青路面。在第二次世界大战中，橡胶沥青路面已经在荷兰铺设，经受住了繁重的军事运输，成功地使用了 19 年，并完好地保存下来，引起了人们对沥青改性的极大兴趣。

在多孔隙路面的发源地——法国，截止到 1995 年，橡胶沥青多孔隙混凝土路面累计已经摊铺了超过 1000000m^2。Alain Sainton 总结多年 PAC 路面室内研究和实际应用效果表明：橡胶粉改性 PAC 比普通 PAC 在保持持久排水性能、抵抗重交通、抗剪切和抵抗不良气候影响等方面有明显的优势。

英国于 1937 年也铺设了掺有橡胶的碾压式沥青混凝土用作表面磨耗层，在其它一些路段的沥青表面层中，磨细的橡胶屑在沥青中呈分散状态，而不是与沥青融合在一起，这种磨耗层使用了 22 年，到 1959 年仍处于良好状态。在南非，废胎胶粉沥青的应用是非常成功的。南非与美国加利福尼亚州都有通车 20 多年没有较大损坏的橡胶沥青路面。废旧轮胎橡胶粉被广泛应用于沥青混合料、应力吸收层以及应力吸收中间层等领域。目前南非有超过 60% 的道路使用废胎胶粉改性沥青路面。根据他们对废旧轮胎橡胶粉改性沥青的研究经验，认为对于重交通的使用环境，橡胶粉沥青混凝土占据更大的优势。

1990—1993 年，弗吉尼亚州用 McDonald 法（掺量约 18%）和 Rouse 法（掺量 5%～10%）建设了 5 段试验路。在经过最长 4 年的行车作用后，性能检测表明，添加橡胶粉的路段比对比路段的车辙要明显小、抗滑性能略强，但抗裂方面并没有很大的区别。1990—1992 年，在环境部和交通部等部门的资助和管理下，加拿大安大略省修建了 11 段橡胶粉改性试验路（包括全新、橡胶改性路面再生、一般路面冷再生添加剂等），1996 年提交了评估报告，从路面使用性能、混合料设计和生产问题、路面建设初始费用、全寿命评估路面费用、环境影响等方面评价了橡胶粉路用效果。美国阿拉斯加州在 1983—1986 年又用 PlusRide 铺设了 8 段单车道总计 45km 的路面，并于 1988 年首次应用了湿法。1996 年，Saboundjian 采用弯曲梁疲劳试验、约束试件温度应力测试和佐治亚轮辙试验，对这些使用达 7～17 年的路面及对比路段进行了使用性能评价。

葡萄牙和瑞典等国家，在废胎胶粉改性沥青路面方面也进行了很多研究。其中，瑞典在美国亚利桑那州设计规范基础上，针对本国气候特点和地质条件，将废胎胶粉改性沥青道路修筑技术成功地应用到本国内。近十年来，瑞典公路管理局已铺筑了超过七条试验路段，通过跟踪试验结果发现，废胎胶粉改性沥青路面具有良好的路用性能。

相比于欧洲国家，日本的沥青改性研究起步较晚，但成就相当显著。日本在 20 世纪 80 年代开发了"筑波 1 号"改性沥青，性能非常不错。在此基础上又开发出了改进型沥青Ⅰ型和Ⅱ型，并用"筑波 1 号"改性沥青在 1985 年铺设了 25 条试验路，次年又铺设了 18 条，并把这一成果用于跨海公路大桥上。

日本东洋橡胶公司和鹿岛道路公司共同研究发现，将 3%～5% 的废旧轮胎粉加入沥青后用来铺路，具有以下优越性能：

① 即使在很低温度下，路面仍具有一定的弹性，因此，车辆行驶时车轮即可破坏掉路面上结的冰层，从而起到抑制路面结冰的作用，增大轮胎与路面之间的滑动阻力；

② 降低车辆的行驶噪声；

③ 提高路面的耐磨性能。

此外，国外一些学者也对橡胶粉改性沥青进行了广泛的研究。其中，Ghavibazoo A 等人认为改性沥青的改性剂对沥青性能的影响起着决定性的作用。在橡胶改性沥青中，废胎胶粉在 160℃ 的温度下，通过吸收沥青中芳烃等轻分子组分而膨胀，并在 190～220℃ 的高温作用下脱硫和降解，这些作用对橡胶改性沥青的性能有不同程度的影响。通过低温弯曲蠕变和差热分析试验，测定了改性沥青的低温力学性能、玻璃化转变温度与胶粉脱硫、降解的关系。结果表明，其低温梁刚度和蠕变速率是以两种不同的方式发展的，影响这两个参数的因素也不同，在一定条件下，橡胶粉改性沥青低温性能的优化是可行的。

Dong Fuqiang 等人通过研究废胎胶粉/SBS 改性沥青的常规性能，认为胶粉掺量和剪切时间对其性能有着重要的影响。结果表明，胶粉掺量为 20％时，其性能最好；剪切时间超过 1.5h 时，废胎胶粉/SBS 改性沥青的黏度开始逐渐降低。随着胶粉掺量的增加，软化点升高、高温性能提升、针入度降低，但延伸度变化不大。加入稳定剂后，黏度随之增加，黏度是影响废胎胶粉/SBS 改性沥青施工和易性的重要指标。

Liu Hanbing 等人对废胎胶粉改性沥青的制备工艺进行了研究，研究了剪切温度、剪切时间和剪切速率等制备工艺参数对废胎胶粉改性沥青性能的影响，为其制备提供了参考。结果表明，在合理的制备工艺下不仅有利于废旧材料的回收利用，而且还可以提高废胎胶粉改性沥青的性能。

Zhang Ronghui 等人为解决沥青路面高温车辙问题，提出了用废旧橡胶粉和塑料来制备废旧聚乙烯复合改性沥青。通过高效的脱硫、预膨胀、双螺杆挤出等设备，对橡胶复合材料进行了合成。并对其混合料进行了梁式重复弯曲疲劳试验、弯曲拉伸强度试验和动态模量试验等。通过与 SBS 改性沥青混合料的性能进行对比可知，废旧聚乙烯复合改性沥青混合料具有良好的抗车辙性能和抗疲劳性能。

Ming Liang 等人从流变性能、黏度性能、微观结构以及储存稳定性等方面出发，对基质沥青和废胎胶粉/SBS 改性沥青进行了对比研究。结果表明，与基质沥青相比，废胎胶粉/SBS 改性沥青在黏弹性上有显著的改善；用胶粉代替部分 SBS 生产废胎胶粉/SBS 改性沥青是可行的。由于样品顶部的 SBS 颗粒结合和底部胶粉颗粒的沉降，废胎胶粉/SBS 改性沥青在储存时出现了离析现象，贮存稳定性差，在生产后必须迅速使用。

Wang Shifeng 等人基于红外光谱分析法，从主要官能团的特征峰在热老化前后变化和分布的情况，对再生橡胶（HRR）/SBS 改性沥青的抗老化性能进行了研究；并利用动态剪切流变仪对其流变特性进行了测定。结果表明，在 SBS 改性沥青中添加 HRR 后，经过短期老化和紫外线老化后，针入度增加。HRR 的加入使 SBS 与沥青的相容性得以提高，从而提高了延度，具有更好的热稳定性和抗老化性，结果与微观观察具有一致性。在 SBS 改性沥青中掺加 HRR 不仅是一种有效的回收废旧橡胶的方法，而且提高了沥青的抗老化性和物理性能。

Shen J 等人从废胎胶粉和沥青之间有许多不同特性的角度出发，对废胎胶粉改性的作用机理进行了研究。动态剪切流变等试验研究表明，废胎胶粉改性沥青的性能主要受环境、胶粉的比表面积以及颗粒尺寸大小等方面的影响。

Yu Xin 等人通过动态剪切流变试验、Cole-Cole 曲线分析、荧光显微镜观察和红外光谱分析等方法，研究了废胎胶粉/SBS 改性沥青（主要由基质沥青、胶粉、SBS 和硬质沥青组成）的流变性能、感温性能、相容性和微观结构分布等。结果表明，胶粉、SBS 和硬质沥青对复合改性沥青的性能有着较大影响。与基质沥青相比，在沥青中加入胶粉和 SBS 后，废胎胶粉/SBS 改性沥青的黏度提高。当硬质沥青不断加入时，复合改性沥青的流变破坏温度降低，对温度更加敏感，和易性得到提高。此外，复合改性沥青在制备过程中的形态发生了明显的变化，加入胶粉、SBS 和硬质沥青后，其相形态由分散聚合物和连续沥青相转变为两个交联的分散聚合物沥青连续相。沥青与 SBS 之间确实存在化学反应，硬质沥青可以促进化学反应的进行。

2.7.2　废胎胶粉基本特性

废胎胶粉常用做沥青的改性剂，这是因为废胎胶粉的主要化学成分有合成橡胶、天然橡胶、可塑剂、炭黑及灰分等。天然橡胶、合成橡胶具有较强的弹性和韧性，分子结构一般为线型、支链型或交链型，经硫化后，橡胶分子形成三维空间网状结构，橡胶的弹性、韧性、强度及耐磨性都得到显著提高。废胎胶粉是由废轮胎经过粉碎、打磨、脱硫等工艺制得的黑色粉末状材料。不同的生产工艺生产的废胎胶粉对沥青性能的影响也不同，国内外生产废胎胶粉的工艺大概有以下几种：

（1）室温粉碎法

在常温下，利用专用剪切设备对废轮胎橡胶进行粉碎。在这种工艺下生产的废胎胶粉表面较为粗糙，呈海绵状。在目前的胶粉工业中，室温粉碎法是主要的废胎胶粉生产方法。

(2) 化学试剂法

先对废轮胎橡胶进行粗碎,然后用化学药品或水对粗胶粉进行预处理,之后再将处理过的胶粉投入圆盘胶体磨,粉碎至更细的胶粉。这种胶粉表面凹凸不平,呈毛刺状态,增大了其比表面积,有利于进行反应。

(3) 低温磨制法

将废轮胎橡胶在低温下催化后再进行机械粉碎的方法,这样生产出来的废胎胶粉的粒径相对于室温粉碎法更小,表面更为光滑,但比表面积较小。

生产工艺会影响胶粉的形状与表面状态,这主要是加工时作用于胶粉的力不同而造成的。室温粉碎法主要是剪切力作用,生产的胶粉颗粒形状不规则,表面凹凸,成毛刺状;低温磨制法主要是冲击力作用,生产的胶粉颗粒形状规则,表面平滑,呈锐角状态;化学试剂法生产的胶粉比表面积比前两者的大。生产工艺的要求是为了控制胶粉颗粒的表面状态,室温粉碎法是世界上胶粉生产的主要方法,在技术经济指标上优于另外两种方法,一般认为表面呈毛刺状态的胶粉用于生产橡胶沥青会有更好的性能。

粒径是废胎胶粉的主要技术指标之一,由于粉碎机、筛分设备的种类以及工艺的不同,废胎胶粉会存在一定的粒径范围,而不完全是单一粒径。路用的胶粉粒径一般用目来区分:目数越大,则胶粉颗粒越细;目数越小,则胶粉颗粒越粗。

按目数的大小可以将废胎胶粉分为三类:

① 粗胶粉 0.425mm(40 目)以下;

② 细胶粉 0.425~0.18mm(40~80 目);

③ 微细胶粉 0.18~0.075mm(80~200 目)。

根据已有研究成果,可用于橡胶沥青的合理胶粉粒度范围为 20~100 目。橡胶粉中天然橡胶含量的不同,严重影响橡胶沥青的性质。一般将橡胶粉划分为斜交胎胶粉与子午胎胶粉两种,根据已有研究成果,斜交胎胶粉天然橡胶含量更高一些,因此胶粉应优先选取斜交胎胶粉。本试验选用的废旧轮胎橡胶粉的细度有四种:20 目、40 目、60 目、80 目(图 2-34)。技术指标见表 2-19。

表 2-19 废胎胶粉的技术指标

技术指标	过筛率/%	相对密度	水分/%	灰分/%	纤维含量/%	金属含量/%
检测结果	98	1.072	0.1	2.0	0.05	0.01

图 2-34　废胎胶粉

2.8　旧沥青路面铣刨材料

2.8.1　铣刨的定义和分类

定义：为了提高路面平整度，铣掉上层不平整部分以提高下层平整度（以路面基层没有大的问题为前提）。一般应用在公路的中修及比较大范围的旧路面破坏松散部分，还有就是在旧路面上局部有壅（堆积的土）包油包病害处，铣掉不平整部分再铺新层以提高路面平整度。或为了新旧面的更好结合，起到良好的拉毛作用。旧沥青路面铣刨材料是含有沥青、碎石及砂等材料的混合材料，与新材料组成的路面结构层材料不同。

分类：铣刨分水泥混凝土路面铣刨、桥面铣刨和沥青路面铣刨。水泥混凝土路面铣刨分为新水泥路面的拉毛及面层错台的铣平，及旧路面改造进行铣刨，增强新旧接合面的衔接质量（增强摩阻力），如铣刨掉旧的松散层等。桥面铣刨是为了解决桥面防水混凝土表面浮浆影响后铺结构层质量的问题。为了提高其使用寿命，现流行进行桥面精铣刨，即待防水混凝土达到设计强度后将其表面采用精铣刨（6mm 左右）和刻槽处理，并用高压气流吹去表面杂尘，之后立即采用乳化沥青下透、封孔来提高使用寿命。沥青路面铣刨（图 2-35）主要指：沥青混凝土面层的小面积开挖翻新及用于清除路面的拥包、波浪、网裂、车辙等。

图 2-35 沥青路面的铣刨

2.8.2 沥青路面的铣刨

高速公路沥青路面铣刨宜使用能自动控制铣刨深度的大型铣刨机进行。施工前先根据路面病害的实际情况，确定铣刨范围，再实地放出铣刨线样。然后根据需铣刨工程数量确定使用铣刨机数量，在需铣刨路段的一端按顺序进行铣刨。铣刨尽量一次完成，中间除特殊原因外不得停顿。铣刨出的废料由铣刨机输送带直接输送至运输车辆，再由运输车辆统一运至指定地点废弃，不得随意倾倒以免造成环境污染。由于铣刨机铣刨出的沥青废料颗粒较为均匀，具有很高的经济价值，可以作为沥青热再生的原料，也可以作为泥结碎石路面的原材料，因此铣刨废料必须进行统一收集和管理，再根据情况进行综合利用，见图 2-36～图 2-38。

2.8.3 旧沥青路面铣刨材料的性质

旧沥青路面铣刨材料是含有沥青、碎石及砂等材料的混合材料，与新材料组成的路面结构层材料不同。路面沥青混合料经过机械铣刨和人工破碎后主要是作为骨料被重新利用，是一种含有沥青材料并具有一定级配的特殊骨料，与新材料性能有所不同。研究结果表明，旧沥青路面铣刨材料中细料含量偏少，这主要是由于沥青的黏附作用，使细料被沥青黏结及被大块团粒裹

图 2-36 旧路面拉毛、波浪、拥包铣刨图

图 2-37 铣刨机、装料车就位图

覆造成的。而抽提沥青后对矿料进行颗粒筛分,发现细料含量明显增多,这主要是由于旧沥青路面经受车辆荷载的长期作用,造成矿质集料发生破碎细化。旧料抽提试验结果还表明,由于路面经过多年使用,沥青面层在使用期内经历过多次维修,所以含有较多的沥青结合料。

  旧沥青路面铣刨材料中沥青材料长期在自然因素的作用下,其中的轻质油分减少,胶质及沥青质材料相对增多,已经受过氧化作用,所以性能趋于稳定,再生利用后不会迅速变质,能够保持稳定并起到骨料的作用。

图 2-38　路面再生机

2.8.4　沥青路面铣刨的优点

沥青路面铣刨是道路建设中的一项重要工程，它的优点受到广泛认可。

首先，沥青路面铣刨可以提高道路表面的抗滑性，可以有效降低交通事故的发生率。比如，当道路表面湿滑时汽车轮胎可以更好地抓地，从而减少因车辆轮胎打滑而发生事故的可能性。

其次，沥青路面铣刨可以改善路面的质量，从而延长其使用寿命。铣刨可以把路面上的沥青层拉平，消除路面的凹凸不平，使路面平整，这样就可以有效地减少沥青路面的磨损，从而延长路面的使用寿命。

然后，沥青路面铣刨还可以改善路面的排水性能，从而防止路面积水。铣刨可以把路面表面的沥青层拉平，使路面表面有一定的坡度，从而改善路面的排水性能，防止路面积水，减少污染。

最后，沥青路面铣刨可以提高路面的舒适性，使驾驶者更加舒适。铣刨可以把路面上的沥青层拉平，使路面表面更加平滑，从而有效地减少汽车行驶时的摇摆和颠簸，使驾驶者更加舒适。

总之，沥青路面铣刨具有提高抗滑性、改善路面质量、提高路面排水性能和提高路面舒适性等优点，受到广泛认可。因此，沥青路面铣刨是一项重要的道路建设工程，应该得到重视和加强。

第3章
固废流态固化土资源化利用

3.1 流态固化土特点

3.2 流态固化土固化机理

3.3 固化剂试验的原材料

3.4 固化剂优配试验

3.5 试验结果分析

3.6 工程应用经济和社会效益分析

3.1 流态固化土特点

山西省是我国的煤炭大省。统计数据显示,山西全省含煤面积 6.2 万 km^2,占全省面积的 40.4%;全省预测煤炭资源总量 6000 多亿 t,约占全国的 30%。山西地处黄土高原,地形沟壑纵横,在一些公路及其它大型工程的建设中产生了大量的弃土,需要另行寻找弃土场;同时山西省也是我国的工业大省,每年排放 CFB 灰(渣)800 万 t、铁尾矿 1000 万 t(图 3-1)等。目前,上述废弃物主要采用储灰场储存、填埋方式处置,不仅费用高,且面临无地可埋的窘境,在节能减排、环保等方面社会压力巨大,亟待研究高效规模化再利用的新途径。

图 3-1 工业固废堆积

注浆法已被广泛应用于地下采空区灾害防治领域,是处置采空区的一种重要手段,其处置效果不仅取决于注浆工艺和设备,还依赖于注浆材料性能。目前,水泥基充填材料的应用最广,但由于其凝结时间长、生产能耗大、成本高,且需消耗大量优质石灰石资源,为了可持续发展,当前亟需开发绿色环保注浆材料。

在国家"双碳"目标下,交通运输部在《绿色交通"十四五"发展规划》中提出,推动山西、陕西、内蒙古等地区应用煤渣、粉煤灰等作为公路路基材料,推动河北、山东、江苏等省份应用炼钢炉渣和城市建筑废弃物等作为公路路基材料。但是大宗固废要实现在道路、铁路工程中大规模有效应用,需开展大量有效试验研究和长期应用监测。

流态固化土是一种新型岩土工程材料,通过就地取土,利用当地的工业固废，掺入相适应的固化剂以及必要的外加剂和水，经过拌和制备出可泵送的、大流动性的拌和物，经浇筑或填筑、养护后，具有一定强度、水稳定性、低渗透性，并能保持长期稳定。就地取材的流态固化土具有经济性好、力学性能满足充填要求的优势，同时固结体自密实，能满足灌注浆的要求，经济和社会效益显著。

流态固化土具有流动性大、充填无死角、自硬性好、无须振捣夯实、固结后抗渗性强、体积稳定等特点，在各种地下空间回填工程应用中展现出了良好的技术优势。美国、日本和德国对流态固化土的研究比较早，并形成了比较完整的应用体系与应用场景。我国对流态固化土的研究目前仍处于起步阶段。流态固化土的工程应用范围从肥槽、基槽逐渐发展至路面基层、复合地基等，消纳建筑固废、工业固废的能力逐渐增强，是一种绿色、环保、经济、便利的施工技术（图 3-2）。为拓宽流态固化土的工程应用场景，有待进一步从流态固化土组成设计、施工性能、可行性分析等方面进行综合研究。流态固化土的工程应用及相关性能要求见表 3-1。

(a)

(b)

图 3-2 基坑回填（a）和地下空洞回填（b）

表 3-1 流态固化土的工程应用及相关性能要求

工程应用类别	工作性要求	强度要求	其它要求
管廊、建筑等基槽、空洞或其它狭窄空间的回填	根据工程需要确定，扩展度宜≥300mm	根据工程需要确定，28天无侧限抗压强度≥0.4MPa	当与裸露的钢结构或钢筋直接接触时，56天固化土的水溶性氯离子含量≤1.5kg/m³
市政管线填埋	根据工程需要确定，扩展度宜≥200mm	根据工程需要确定，28天无侧限抗压强度≥0.4MPa	当埋设的管道有防腐、隔热、阻抗等要求时，应进行专门设计

续表

工程应用类别	工作性要求	强度要求	其它要求
低等级道路、临时道路的底基层，临时地坪的底层	根据工程需要确定，扩展度宜≥200mm	根据工程需要确定，7天无侧限抗压强度≥1.0MPa	水稳定性系数≥80%，其它指标根据工程需要确定
建筑物地基、道路地基/路床	根据工程需要确定，扩展度宜≥200mm	根据工程需要确定，28天无侧限抗压强度≥0.8MPa	符合相关标准、规范要求

拌和均匀后的预拌流态固化土扩展度为 80～200mm，预拌流态固化土硬化后强度为 0.5～10MPa。预拌流态固化土可以根据使用的要求调整配合比，以便调整其强度及流动性。

流态固化土早期强度较高，固化时间短，工期快，具有极强的流动性，施工质量可控，其良好的流动性可以将狭窄空间和异形结构空间的所有空隙填实。流态固化土具有自密性的特点，施工时不需要采用大型夯实和碾压设备，减少了施工对结构层的影响和破坏；浇筑时不对防水层造成破坏，因此在回填时不需要采用夯实回填的方法对回填基槽的地下结构外墙防水进行保护，既节省了建设成本又解决了有些狭小空间无法进行保护施工的问题。由于固化剂对土颗粒的填充、胶结作用，流态固化土具有抗渗性，既可防止地下水对固化土本身的破坏，同时还可以使固化土与基础结构紧密结合，防止地表水沿基础结构与回填结构的界面下渗。流态固化土回填基槽可以解决采用灰土回填时存在的对土的要求高、作业面较小难夯实、夯实质量不稳定、与基础结构界面结合不好、干法施工无法保证遇水后发生沉陷等问题，其在基槽回填的效果可以达到素混凝土的效果，但其造价远低于采用混凝土回填。施工时采用集中搅拌，现场浇筑时材料为液态，不会产生扬尘污染，绿色环保。

流态固化土作为一种质量可控的低强度岩土工程材料，其适用范围广、性能稳定、价格低廉、施工及维修方便，广泛应用于水利、公路、环境、堤坝、矿洞等工程领域。可用作劲性复合桩和基坑围护桩工程，或者管廊和地铁基坑肥槽回填、市政管网埋设回填、市政工程狭窄或异形空间回填、矿山工程中采空区充填、民用建筑基坑肥槽回填、路基的地基处理和施工道路回填材料等。对于填筑工程，往往采用大流态的预拌固化土，可泵送或溜槽浇筑，自密实无须振捣成型。

3.2 流态固化土固化机理

固化土的固化机理根据固化剂种类不同而不同,基本分为以下四种。

(1) 无机类固化剂的固化机理

无机类固化剂为粉体固化剂,大多是通过水泥、粉煤灰、工业废料等无机材料和某些酸、碱、盐类激发剂(如氯盐、硫酸盐、氢氧化钠等),或者含有表面活性剂的激发剂制备而成。无机土壤固化剂中的 C2S 等物质在激发剂的作用下,能迅速与土壤中的水反应生成 $Ca(OH)_2$ 和水化硅酸钙(C-S-H)凝胶。同时,其内部活性 SiO_2 和 Al_2O_3 在碱性激发剂和新生成的 $Ca(OH)_2$ 等碱性物质的作用下,进一步生成 C-S-H 与水化铝酸钙(C-A-H),C-A-H 与硫酸盐类激发剂生成钙矾石(AFt)。这些产物填充了土壤内部空隙,提高了土壤的密实度,加强了土颗粒之间的连接,同时附着在土颗粒表面,相互交叉形成空间骨架,并将其黏结成一个整体,从而提高了固化土的强度。其中 C-S-H 凝胶、AFt 是提高固化土强度的主体,起到土壤固化的作用(图 3-3)。有的还能生成膨胀性物质,填充土体的孔隙,细化孔径结构,进一步提高土体稳定性。此外,无机固化剂与水发生反应后释放大量的钙、铝等高价阳离子,并与土壤胶体颗粒表面的钠、钾、铝离子进行离子交换,大大减小了土壤胶体颗粒的双电层厚度,破坏了土颗粒表面的结合水膜,促进了土颗粒絮凝并团聚成更大的颗粒,从而实现固结。

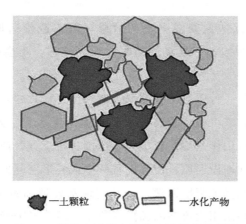

图 3-3 无机化学反应固化土壤机理示意图

(2) 有机类固化剂的固化机理

有机类固化剂目前主要分为聚合物类、树脂类和高分子材料类等，由其中的一种或多种配制而成。有机类固化剂多为液态，大多数有机类固化剂对土壤含水率的要求十分严格，如果土壤的含水率过高，则达不到理想的固化效果。有机类固化剂由大量表面带有亲水基团的长链组成，固化剂溶液与土壤混合后，亲水基团通过氢键及阳离子交换作用与土颗粒形成紧密的连接结构。而主链上具有的疏水性长链通过扩散、渗透和缠绕在土颗粒表面及空隙内形成网状膜结构，增强土颗粒间的连接，最终在土颗粒表面形成具有一定厚度的弹性网状膜土体结构，将分散土颗粒相互连接成一个整体，且固化剂也能够充分填充砂粒之间的孔隙，使砂粒之间的连接更为紧密，见图3-4。

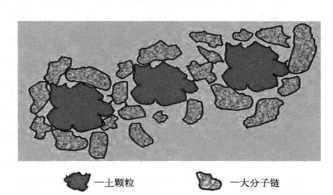

图 3-4 有机化学反应固化土壤机理示意图

(3) 离子类固化剂的固化机理

离子类固化剂主要从强离子交换作用和表面活性剂疏水作用两方面对土壤进行固结。固化剂溶液与土壤混合后能够迅速离子化，释放大量的阴阳离子，并与土颗粒表面附近的阳离子进行离子交换作用，使得固化剂溶液中的 K^+、Na^+ 被土颗粒捕获，浓度提高；而土颗粒表面的 Mg^{2+}、Ca^{2+} 浓度逐渐降低，从而降低了双电层的厚度，导致土颗粒表面结合水膜厚度变薄，土颗粒之间的引力增大，颗粒之间相互靠近，堆积成更大的团聚体。离子类固化剂中的表面活性剂具有二重性，由"亲水头"和"疏水尾"组成，"亲水头"与土颗粒表面捕获的阳离子形成化学链，"疏水尾"则环绕着土颗粒形成一个油性层来阻止水分进入，如图3-5所示，从而将土体的"亲水性"变为"憎水性"，使土体更易于压实，改善了土体的抗剪强度、密实度，减小了土体的孔隙比。

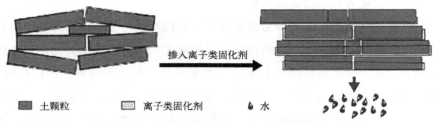

图 3-5　表面活性剂减小土颗粒对水的亲和力

（4）酶类（生物酶类）固化剂的固化机理

生物酶类固化剂是由有机质发酵而成的多酶基产品，其对土壤的固化主要是物理催化作用。固化剂加入土壤后，附着于土颗粒内部，与土壤中的金属阳离子发生交换反应，破坏了土壤的双电层结构，提高了土壤的黏聚性，同时促进了土壤中菌类的活动，释放出 H^+，在土颗粒表面形成明显的 pH 值梯度，改变了土壤的原始结构，提高了土壤的抗渗性。土颗粒中大量的有机分子与生物酶结合形成中间反应酶，然后被黏土离子取代吸附，使得黏土的双电层结构破碎，从而降低了土颗粒的亲水性，形成防水土层，经过压实后使土壤失去再吸水的能力，并且压实后再遇水也不会对土体的机械效应产生影响。同时，生物酶对土壤中的黏性矿物颗粒具有吸附作用，将土体内的颗粒相互结合在一起，土壤中的粗大孔隙数量减少，细小孔隙数量增多，使土体颗粒间的凝聚程度提高和相互作用力增强。图 3-6 是生物酶类固化剂添加前后土体的变化情况，可以发现添加生物酶后土体孔隙减小，密实度提高。

固化剂分类及优缺点对比见表 3-2。

表 3-2　固化剂分类及优缺点对比

一级分类	二级分类	举例	优点	缺点	适用范围
无机类	水泥系类	硅酸盐水泥、高铝水泥、矿渣水泥、钢渣水泥，此外还可以往水泥中添加功能材料或其它无机材料	力学性能和稳定性都很好，土质适宜性高	用量大、运输成本高、养护龄期长，且对环境资源有很大负面影响	适用于黏土、粉土、砂土等各类土壤，适用范围广泛
	石灰系类	生石灰、熟石灰、电石渣等，此外还可在此基础上掺入其它固化材料			
	碱激发类	碱-矿渣、碱-磷渣、碱-硅粉、碱-石膏-粉煤灰、碱-石膏-矿渣、碱-矿渣-粉煤灰等			

续表

一级分类	二级分类	举例	优点	缺点	适用范围
有机类	聚合物类	聚乙烯醇、聚丙烯酰胺、丙烯酸盐等	浓度高、用量少、运输成本低、施工方便	固化剂成本高,部分高聚物难降解,对环境不友好	适用于黏土、粉土、膨胀土、黄土等
	树脂类	环氧树脂等			
离子类	离子交换类	EN-1(美国)、ROADBOND(澳大利亚)、ISS2500(南非)、ROADPACKER PLUS(加拿大)、CBR PLUS(南非)、LPC-600(美国)	施工方便、成本较低	需要大量的水,不适用碱性土质	适用于酸性土壤,如黏土、膨胀土、黄土、红黏土等
酶类	生物酶类	微生物或昆虫分泌提取物或类似的人工合成物质等,如派酶(Perma-Zyme)土壤固化剂、泰然酶固化剂等	无毒无害,能有效提高土壤强度	使用周期较短、水稳定性差、成本较高	适用于细粒黏土,含一定有机质的黏土;不适用于淤泥、粗粒土

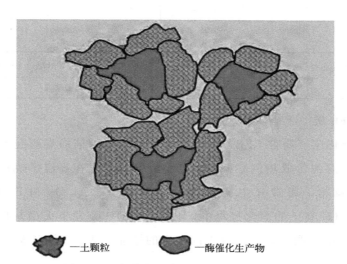

■—土颗粒　　　—酶催化生产物

图 3-6　生物化学反应固化土壤机理示意图

3.3　固化剂试验的原材料

山西省黄土富集地区的 CFB 灰、矿渣及钢渣等工业废渣较多,其中矿渣及钢渣已经在建材领域广泛应用,CFB 灰主要成分与粉煤灰相似。因此按照

"因土""因用"和"因地"等原则,以水泥、CFB灰、高炉矿渣、钢渣和电石渣作为主固化剂原材料,以取自山西杏花村的黄土和铁尾矿粉作为主材,优选配制固废流态固化土的固化剂组分。各种原材料作用机理及其各项检测指标如下。

(1) 水泥

水泥与水发生水化反应,产生水化硅酸钙(C-S-H)、水化铝酸钙(C-A-H)等具有胶凝作用的水化产物,胶结疏松的土颗粒生成络合物,从而形成相对稳定的网状结构,这是固化土强度的主要来源。本试验采用的水泥为某水泥公司生产的 P·O 42.5 普通硅酸盐水泥,表 3-3 和表 3-4 为试验用水泥基本参数。

表 3-3 水泥的物理力学性能指标

密度 /(g/cm³)	比表面积 (m²/kg)	凝结时间/min		抗压强度/MPa		抗折强度/MPa	
		初凝	终凝	3天	28天	3天	28天
2.97	350	120	212	26	47	3.5	7.8

表 3-4 水泥主要化学成分

化学成分	SiO_2	Al_2O_3	CaO	Fe_2O_3	SO_3	MgO	Na_2O	K_2O
含量/%	17.81	5.36	67.35	3.84	2.13	1.44	0.21	0.51

(2) CFB灰

循环流化床(简称CFB)锅炉燃烧技术是一种洁净燃煤技术,常被用于煤矸石、煤泥等低热值燃料的发电。CFB灰是煤在高温燃烧冷却后的一类粉状颗粒物,通常其主要化学组成为 SiO_2、Al_2O_3 和 Fe_2O_3。活性 SiO_2 和 Al_2O_3 在土的固化过程中,会与 $Ca(OH)_2$ 发生火山灰反应,生成 C-S-H 和 C-A-H 凝胶,从而改善固化土的性能。表 3-5 为试验用 CFB 灰基本参数。

表 3-5 CFB灰的物理及化学指标

密度	游离氧化钙	细度(45μm筛余)	三氧化硫	含水量	SiO_2、Al_2O_3 和 Fe_2O_3 总质量分数
2.52g/cm³	0.64%	23.4%	6.33%	0.8%	59.95%

(3) 高炉矿渣

高炉矿渣是炼铁时从高炉中排出的一类工业废渣,含有较多的 SiO_2、

Al_2O_3 和 CaO，其主要化学组成见表 3-6。矿渣在一定条件下与水反应，经过水化、激发和离子交换等一系列作用形成具有水硬活性的 C-S-H 和 C-A-H 凝胶；降低矿渣的粒径能够提升其填充孔隙的能力，进而提高固化土的力学性能。

表 3-6　高炉矿渣主要化学成分

名称	SiO_2	Al_2O_3	CaO	Fe_2O_3	MgO	MnO	SO_3
高炉矿渣	32.5%	7.8%	38.4%	1.4%	6.5%	0.3%	0.7%

（4）钢渣

钢渣是冶金过程中伴随产生的一类固体废弃物，其主要化学组成见表 3-7。其中，CaO、SiO_2 和 Al_2O_3 的含量较高，在碱性 $Ca(OH)_2$ 的作用下能够水化生成 C-S-H、C-A-H 等胶凝性水化物，在合理掺量下可有效提高固化土的强度。

表 3-7　钢渣主要化学成分

名称	SiO_2	Al_2O_3	CaO	Fe_2O_3	MgO	MnO	SO_3
钢渣	14.7%	2.4%	54.3%	10.7%	5.8%	1.2%	0.1%

（5）电石渣

电石渣是电石水解制取乙炔过程中产生的废渣，其成分绝大部分是 $Ca(OH)_2$，其主要化学组成见表 3-8。其能够为火山灰反应提供充足的碱性物质，充分发挥反应物的活性。电石渣是良好的激发剂，在碱性电石渣的激活下，矿渣和粉煤灰的活性能够大幅度被激发。

表 3-8　电石渣主要化学成分

名称	SiO_2	Al_2O_3	CaO	Fe_2O_3	MgO	SO_3
电石渣	5.3%	2.1%	65.7%	0.6%	0.4%	0.7%

（6）铁尾矿粉

铁尾矿粉是选矿后产生的固废经破碎处理后的一种固废资源。随着矿产资源的大量开发和利用，矿石日益贫乏，铁尾矿废弃物作为二次资源再利用逐渐受到世界各国的重视，国内也相继出现了以铁尾矿砂替代天然砂的技术，被广泛地应用于各种混凝土工程中。试验用铁尾矿粉的指标见表 3-9。

表 3-9　铁尾矿粉主要指标

细度模数	泥块含量	密度	云母	氯化物	硫化物	轻物质
1.3	0.90%	2.91g/cm³	0.07%	0.008%	0.43%	0.13%

3.4　固化剂优配试验

3.4.1　主要组分的优配试验

以山西杏花村黄土为固化对象，初选水泥（以下简称 A）、CFB 灰（以下简称 B）、高炉矿渣粉（以下简称 C）、钢渣粉（以下简称 D）和电石渣（以下简称 E）作为固化剂中主要组分进行优配。以水泥作为基础，与各组分先进行二元混合，对比各组分对于固化土强度的贡献率，再以水泥和 CFB 灰的二元混合物作为主要组分，与其余组分进行三元混合，选配出三元混合下的最优比例，最后综合分析各优选固化剂的性能成本和普遍适用性，从而确定各组分的优配方案，制备出固化黄土的专用Ⅰ型固化剂。试验过程中各组试验的固化剂掺量均为 16%。为进一步验证优配结果，将优配的固化剂与市面所售的用量较大的两种固化剂（SV-MSQ 型和 RD-43 型）及纯水泥的固化效果进行对比，试验过程中各固化剂掺量均为 12%（采用纯水泥时，为保证同等对照强度，掺量为 20%），出机扩展度控制在 160~220mm 范围内，以 7 天及 28 天抗压强度作为评价指标，各组对比试验配合比见表 3-10 和表 3-11。

表 3-10　固化剂优配试验的配合比

组号	用量/kg						
	土	组分 A	组分 B	组分 C	组分 D	组分 E	水
1	12	1.344	0.576	0	0	0	5.9
2	12	1.344	0	0.576	0	0	5.9
3	12	1.344	0	0	0.576	0	5.9
4	12	1.344	0	0	0	0.576	5.9
5	12	0.864	0	0.826	0.154	0.077	5.9
6	12	0.941	0.403	0.576	0	0	5.9
7	12	0.941	0.403	0	0.576	0	5.9
8	12	0.941	0.403	0	0	0.576	5.9

表 3-11 对比试验的配合比

组号	用量/kg				
	土	水泥	SV-MSQ 型	RD-43 型	水
9	12	2.40	0	0	5.9
10	12	0	1.44	0	5.9
11	12	0	0	1.44	5.9

3.4.2 铁尾矿粉对比试验

为探索铁尾矿粉资源化再生途径和探讨铁尾矿粉对固化土性能的影响,因铁尾矿粉的成分与黄土差异较大,所以按照Ⅰ型固化剂的试验思路,针对铁尾矿粉这种材料另开展了固化剂优配试验,确定适合固化铁尾矿粉的Ⅱ型固化剂各组分比例,并对Ⅱ型固化剂开展不同掺量铁尾矿粉的流态固化土对比试验。试验时,相同条件下,铁尾矿粉分5个等级掺量依次代替黄土制备流态固化土。每组试验单独调整用水量,使扩展度控制在160~220mm范围内。试验配合比见表3-12。

表 3-12 不同掺量铁尾矿粉试验的配合比

组号	用量/kg				铁尾矿粉掺量
	土	铁尾矿粉	固化剂	水	
12	12	0	1.92	5.9	0%
13	9.6	2.4	1.92	5.5	20%
14	6	6	1.92	4.7	50%
15	2.4	9.6	1.92	3.8	80%
16	0	12	1.92	3.2	100%

3.4.3 固化剂优配试验结果

3.4.3.1 试验过程

拌和设备采用DT15型振动搅拌试验机,振动搅拌时间为120s,检测指标为扩展度、沉缩比、悬浮性、7天及28天抗压强度,试验过程见图3-7~图3-9。

3.4.3.2 试验结果

以Ⅰ型固化剂为例,其组分优选试验结果如表3-13和图3-10、图3-11所示。

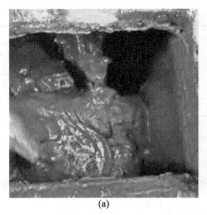
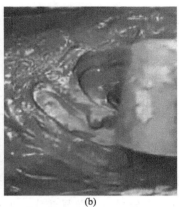

图 3-7 （a）固化土振动搅拌和（b）新拌流态固化土

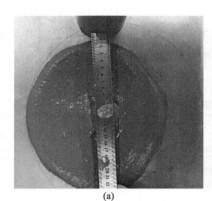

图 3-8 （a）扩展度试验和（b）试件成型

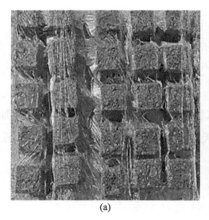

图 3-9 （a）试件养护和（b）抗压强度检测

表 3-13 固化剂组分优选试验结果

试验组号	检测指标				
	扩展度/mm	沉缩比/%	悬浮性/%	7天抗压强度/MPa	28天抗压强度/MPa
1	220	96.4	2.52	0.49	0.76
2	215	96.9	2.23	0.67	1.20
3	225	95.6	3.24	0.63	0.98
4	195	96.1	3.21	0.39	0.59
5	215	97.8	1.67	0.94	1.66
6	220	97.8	1.89	1.01	1.67
7	200	96.4	3.09	0.70	0.87
8	225	97.2	2.87	0.34	0.57

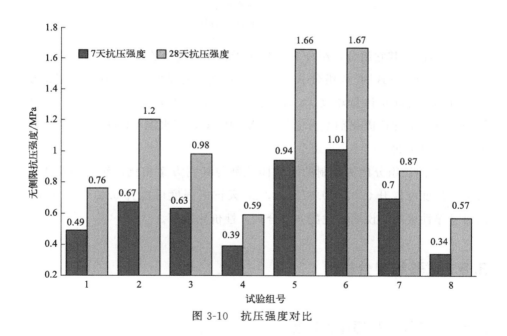

图 3-10 抗压强度对比

由表 3-13 和图 3-10、图 3-11 可知：

① 同质量占比的双组分固化剂性能：A+C＞A+D＞A+B＞A+E；

② 同质量占比的三组分固化剂性能：A+B+C＞A+B+D＞A+B+E；

③ 同质量占比的多组分固化剂性能：A+B+C＞A+C+D+E＞A+C＞A+D＞A+B+D＞A+B＞A+E＞A+B+E；

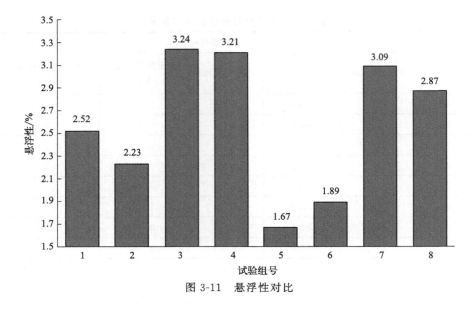

图 3-11 悬浮性对比

④ 相比于其它组分，组分 E 不适用于杏花村黄土的固化；

⑤ 组分 A＋B＋C 与组分 A＋C＋D＋E 配制的固化剂性能相近，但组分 E 掺量过小，自动化计量难度大，且组分 D 对流动扩展度有明显的降低作用，故杏花村黄土优选固化剂组分方案为 A＋B＋C，即水泥∶CFB 灰∶高炉矿渣粉＝49∶21∶30；

⑥ 按照该组分比例配制的 Ⅰ 型固化剂与其它方案相比，流态固化土的 7 天抗压强度可提升 0.07～0.67MPa，28 天抗压强度可提升 0.01～1.10MPa，同时悬浮性更佳，说明该优配方案合理，性价比最高。

3.5 试验结果分析

3.5.1 铁尾矿粉适用性试验

按照 Ⅰ 型固化剂的试验思路，针对铁尾矿粉另开展了固化剂优配试验，确定适合固化铁尾矿粉的 Ⅱ 型固化剂各组分比例为水泥∶CFB 灰∶高炉矿渣粉＝45∶32∶23，并对 Ⅱ 型固化剂开展不同掺量铁尾矿粉的流态固化土对比试验，验证 Ⅱ 型固化剂对铁尾矿粉的适用性。试验结果见表 3-14 和图 3-12、图 3-13。

表 3-14　不同掺量铁尾矿粉试验

试验组号	铁尾矿粉掺量	检测指标				
		用水量/%	扩展度/mm	悬浮性/%	7天抗压强度/MPa	28天抗压强度/MPa
12	0%	49.2	210	2.8	0.67	1.28
13	20%	45.8	210	3.4	0.80	1.31
14	50%	39.2	200	4.3	1.28	2.51
15	80%	31.7	220	4.7	2.29	4.52
16	100%	26.7	230	5.1	2.96	4.75

注：用水量为达到相同扩展度所需水的质量占干土和铁尾矿粉质量之和的比例。

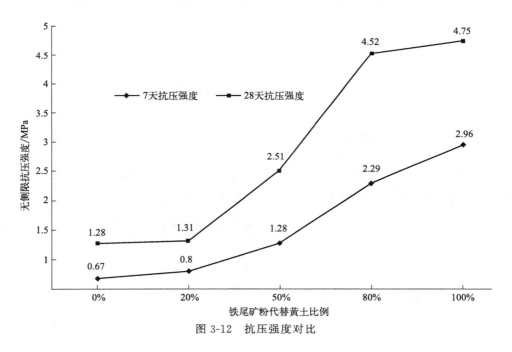

图 3-12　抗压强度对比

由表 3-14 和图 3-12、图 3-13 可知：在相同固化剂掺量下，随着铁尾矿粉掺量逐渐增大，为保证同等的扩展度，用水量逐渐降低，7 天和 28 天抗压强度逐渐增大。当铁尾矿粉掺量为 20% 时，各项指标与 0% 掺量时相差不大；当掺量超过 50% 时，各项指标与 0% 掺量时的差别逐渐明显；当掺量为 100% 时，抗压强度增长显著。可见，在铁尾矿粉富集地区，可结合工程实际情况应用铁尾矿粉，抗压强度指标非常可靠。此时，因悬浮性较差，需注意填充质量控制，但与其它填充方式相比，优势仍然非常明显。

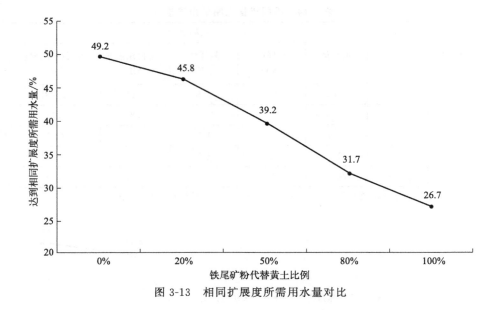

图 3-13　相同扩展度所需用水量对比

3.5.2　自研固化剂的环保性检测

为了保证使用自研固化剂生产的固化土能够满足生态环境的要求，现对两种固化剂中的重金属离子含量进行检测，结果见表 3-15。

表 3-15　固化剂中可溶性重金属离子含量检测结果

检测项目		检测结果/(mg/kg)
Ⅰ型固化剂	铅(Pb)含量	44
	镉(Cd)含量	4
	铬(Cr)含量	31
	汞(Hg)含量	<0.1
Ⅱ型固化剂	铅(Pb)含量	44
	镉(Cd)含量	4
	铬(Cr)含量	41
	汞(Hg)含量	<0.1

根据检测结果，两种固化剂中可溶性重金属离子含量符合三级土壤标准，可以保障农林业生产的植物正常生长，说明自研固化剂绿色环保，满足生态环境的要求。

3.5.3 自研固化剂的水稳定性试验

为了比较不同固化剂种类对流态固化土水稳定性的影响,以杏花村黄土为例,固化剂采用自研的Ⅰ型固化剂,掺量为12%,对照组采用P·O 42.5水泥,用水量为40%,共4组试验,见表3-16。

表3-16 杏花村黄土样水稳定性试验工况排列表

工况序号	土/kg	固化剂/kg	水/kg	搅拌方式	搅拌时间/s	固化剂种类
A2	15	1.8	6.0	振动搅拌	120	Ⅰ型
A5	15	1.8	6.0	普通搅拌	120	
A7	15	1.8	6.0	振动搅拌	120	P·O 42.5 水泥
A8	15	1.8	6.0	普通搅拌	120	

水稳定性主要评价结石体浸水后强度的变化情况,标养28天后最后一天浸水养护和正常标养28天的强度相比,强度损失率越小,结石体受水影响越小,结石体在水下越稳定。试验结果见表3-17和图3-14。

表3-17 水稳定性试验结果

工况序号	28天初始强度/MPa	28天浸水24h强度/MPa	强度损失率/%
A2	0.84	0.76	9.5
A5	0.71	0.63	11.3
A7	0.72	0.64	11.1
A8	0.66	0.58	12.1

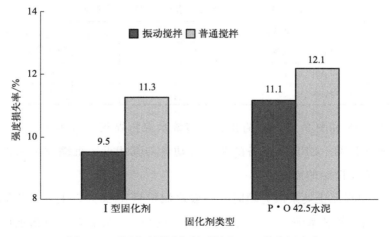

图3-14 使用不同固化剂时浸水24h强度损失率

由表 3-17 和图 3-14 可知：相同试验条件下，与采用 P·O 42.5 水泥相比，采用 Ⅰ 型固化剂时，固化土浸水 24h 后 28 天强度损失率更小，水稳定性有明显改善。普通搅拌时，采用 Ⅰ 型固化剂，黄土制备的固化土 28 天强度浸水 24h 后损失率为 11.3%，比采用 P·O 42.5 水泥时降低了 6.6%；振动搅拌时，采用 Ⅰ 型固化剂，黄土制备的固化土 28 天强度浸水 24h 后损失率为 9.5%，比采用 P·O 42.5 水泥时降低了 14.4%。

3.5.4　自研固化剂综合性能对比试验

灌注充填法作为采空区地基处理中比较成熟的方法，是采空区治理上使用最为广泛的采空区地基处理方法，它是以充填采空区及其覆岩层中的空洞和裂隙为主，对材料的细度、强度要求较低，主要以充填注浆为目的。目前工程采用的填充浆液一般为水泥粉煤灰和水泥黏土类浆液，虽然材料来源广泛、浆液配制方便，但其沉缩比较低，且主要胶凝材料为水泥，成本较高。采用固化剂＋CFB 灰浆液代替水泥＋粉煤灰浆液制备大流态固化土，代替水泥土类浆液，可以在满足填充性能要求的前提下，降低成本、消纳固废。

① 充填用的水泥粉煤灰浆液，水固比通常在 (1∶1)～(1∶1.5) 之间，水泥占固体比例在 8%～12%。选取水固比 1∶1.5，水泥∶粉煤灰＝1∶9 为试验配合比，相同配合比下采用 Ⅰ 型固化剂代替水泥，CFB 灰代替粉煤灰进行对比试验，其试验配合比及结果见表 3-18 和图 3-15。

表 3-18　不同配合比充填浆液对比试验结果

组号	用量/kg					扩展度/mm	沉缩比/%	7 天抗压强度/MPa	28 天抗压强度/MPa
	固化剂	CFB 灰	水泥	粉煤灰	水				
17	0	0	1.2	10.8	8	720	85.2	0.55	1.11
18	1.2	10.8	0	0	8	710	87.6	0.51	1.23

由表 3-18 和图 3-15 可以看出：与传统水泥粉煤灰浆液相比，相同配合比下，自研固化剂＋CFB 灰制备的浆液流动性与其相近，沉缩比和后期强度更高，满足填充性能的需求。

② 采用水泥土类浆液充填时，一般水泥掺量在 20% 以上，在相同掺量下以固化剂完全代替水泥，对不同比例的黄土和 CFB 灰混合主材掺加固化剂制备大流态固化土，进行性能对比试验，并在填有碎石的模具中进行浇筑，试验

其充填性能及浇筑后结石体强度。试验配合比及结果见表 3-19 和图 3-16～图 3-18。

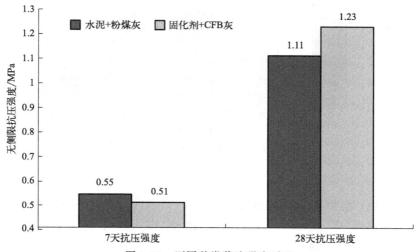

图 3-15　不同种类浆液强度对比

表 3-19　大流态固化土中不同 CFB 灰占比试验结果

组号	用量/kg				CFB 灰占比/%	扩展度/mm	沉缩比/%	浆液		冒落结石体
	黄土	CFB 灰	固化剂	水				7 天抗压强度/MPa	28 天抗压强度/MPa	28 天抗压强度/MPa
19	9.6	—	2.4	9.1	0	690	93.7	0.63	1.29	1.73
20	7.68	1.92	2.4	8.95	20	730	92.3	0.68	1.35	2.04
21	4.8	4.8	2.4	8.68	50	720	91.3	0.81	1.63	2.45
22	1.92	7.68	2.4	8.42	80	725	90.2	0.86	1.69	2.68
23	—	9.6	2.4	8.12	100	735	86.4	0.97	1.87	2.71

由表 3-19 和图 3-16～图 3-18 可知：

① 对于大流态固化土，随着黄土比例增大、CFB 灰比例变小，达到相同扩展度所需用水量增大，强度降低，但沉缩比提高；当全部采用 CFB 灰并用自研固化剂制备浆液时，扩展度和不同龄期强度均较佳，但结石率不足 90%。

② 拌和后的浆液浇筑在填有碎石的模具中，浆液能够通过碎石间隙从而充满模具，且脱模后试件完整，说明通过调整配合比可以使生产的流态固化土通过碎石较多的冒落带，从而填充密实，且固结后具有一定强度，可以满足采空区填充需求。

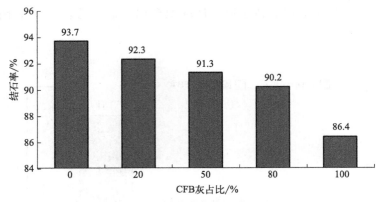

图 3-16　不同种类浆液沉缩比对比

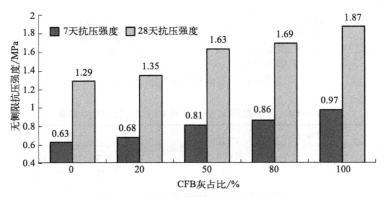

图 3-17　不同种类浆液抗压强度对比

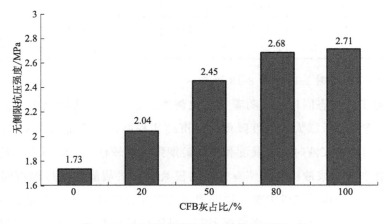

图 3-18　不同种类浆液结石体抗压强度对比

3.5.5 小结

结合就近地材选取固化剂原材料,通过多轮试验优配出适合黄土与铁尾矿粉两种材料的固化剂（Ⅰ型和Ⅱ型），并以Ⅰ型固化剂为例与市售固化剂及水泥进行了对比，分析自研固化剂性能及经济优势，结论如下：

① Ⅰ型固化剂最优组分及比例为：水泥：CFB 灰：高炉矿渣粉＝49：21：30，Ⅱ型固化剂最优组分及比例为：水泥：CFB 灰：高炉矿渣粉＝45：32：23。按照该组分配方生产的固化土与其它方案相比，抗压强度及悬浮性最优，同时，该固化剂中重金属离子含量满足生态环境对农作物生长的要求，可以直接用于土壤和铁尾矿粉固化。

② 自研固化剂成本及性能优势明显，与纯水泥相比，生产性能相同的流态固化土，其掺量更低，性能更好，成本可降低 40% 以上；与市售固化剂相比，相同掺量下，Ⅰ型固化剂生产的固化土性能更优，成本可降低 50% 以上。

③ 自研固化剂水稳定性良好。在振动搅拌时，与采用 P·O 42.5 水泥相比，采用Ⅰ型固化剂时，固化土 28 天强度浸水 24h 后损失率降低，水稳定性有明显改善。

④ 自研固化剂对多种材料适应性良好。当以铁尾矿粉作为填料采用Ⅱ型固化剂进行固化时，铁尾矿粉掺量越大，达到相同扩展度所需用水量越低，固化后强度越高；以黄土和 CFB 灰为填料时，随着黄土比例增大，达到相同扩展度所需用水量增大，强度略有降低，但沉缩比提高；当用 CFB 灰作为主材时，扩展度和不同龄期强度均较佳，沉缩比略低。

⑤ 自研固化剂对多种浇筑环境适应性良好。通过调整配合比制备出的大流态固化土，可以通过采空区碎石较多的冒落带，并且填充密实，固结后具有一定强度，可以满足采空区工程应用填充需求；通过复配其它增稠组分，可实现水下浇筑不分散的效果，适用于某些地下水位较高的充填工程。

3.6 工程应用经济和社会效益分析

目前，常规的回填工程仍旧采用传统灰土回填施工方案，采空区回填则一般采用水泥粉煤灰浆液或者水泥固化土浆液等填料。相对上述回填施工，流态固化土施工有着优越的施工便利性和良好的经济与社会效益。

3.6.1 施工便利性

灰土回填施工时,所需填筑材料为石灰和土。石灰为常用的建筑材料,方便采购运输。但施工时,灰土需要拌和、摊铺和碾压,对工艺及现场协调施工要求较高。当填土面积较大时,需要选择大型的碾压设备进行碾压,施工质量较易控制;当回填面积较小或进行异形基坑回填时,需要人工回填,回填效率低,质量不易控制。

与传统灰土回填施工方式相比,流态固化土回填施工,所需固化剂材料为水泥、CFB灰、高炉矿渣粉和钢渣粉,其中:水泥为常用的建筑材料,方便采购运输;CFB灰、高炉矿渣粉和钢渣粉为当地常见的工业固废,取用方便。对于施工机具,流态固化土相关设备与技术已趋于成熟,有配套的拌和浇筑设备供施工使用。由于固化土为流动态,施工过程中只需将流态固化土在回填区进行泵送或溜槽输送回填,浇筑过程中所需工人少,施工周期短,且不受限于施工场地空间大小,非常适用于采空区的回填。

3.6.2 经济与社会效益

① 对于常规的回填工程,与灰土回填相比,在估算造价时,回填土通常以二八灰土28天的无侧限抗压强度取1.2MPa为标准,土样为现场就地取材。造价按照每立方米计算,二八灰土定额标准价格为120元/m^3,灰土机械回填价格为8元/m^3,人工夯填价格为14元/m^3。流态固化土价格根据固化剂的价格而定。固化每吨土所需固化剂为46.3元,浇筑1m^3固化土所需固化剂为1.56t,合72.2元/m^3。将流态固化土与灰土的工程成本进行比较,结果如表3-20所示,为方便计算,按照10000m^3的总量计算。

表3-20 灰土回填和流态固化土施工成本明细

计价内容		灰土回填			流态固化土回填		
		单价/元	数量	总价/万元	单价/元	数量	总价/万元
材料	填土	120	10000m^3	120.0	72.2	10000m^3	72.2
机械	拌和设备	1023	120 台班	12.3	540	150 台班	8.1
	推土机	645.3	35 台班	2.3	—	—	—

续表

计价内容		灰土回填			流态固化土回填		
		单价/元	数量	总价/万元	单价/元	数量	总价/万元
机械	手扶振动压路机	265	45 台班	1.2	—	—	—
	压路机	656	60 台班	3.9	—	—	—
人工	技工	300	520 天	15.6	300	310	9.3
	普工	200	425 天	8.5	200	80	1.6
合计		—	—	163.8			91.2

② 对于采空区的回填，采用水泥固化土浆液进行施工，和采用自研Ⅰ型固化剂生产的流态固化土相比，施工工艺类似，主要成本差别在于固化剂材料。目前，P·O 42.5 水泥价格约为 400 元/t，但达到相同的固化效果需要提高掺量到 20%，所以固化每吨土所需固化剂价格为 80 元。采用 SV-MSQ 型固化剂，单价为 780 元/t，掺量需 12%，固化每吨土所需固化剂价格为 93.7 元。采用 RD-43 型固化剂，单价为 967 元/t，掺量需 12%，固化每吨土所需固化剂价格为 116.04 元。而采用自研Ⅰ型固化剂，成本约 385 元/t，掺量需 12%，固化每吨土所需固化剂价格为 46.3 元。较水泥及其它固化剂在性能与成本方面均有着明显的优势。

③ 当采用水泥粉煤灰浆液作为填充材料时，参照施工定额对水泥粉煤灰浆液施工工艺进行造价分析。其中，施工配合比按照水泥：粉煤灰：水＝8：92：50 进行计算，则填充 10000m³ 的成本为 195.5 万元（表3-21），高于流态固化土的 91.2 万元。

表 3-21 水泥粉煤灰浆液施工成本明细

计价内容	数量	单价	总价/万元
水泥	910t	0.0400（万元/t）	36.4
粉煤灰	10440t	0.0009（万元/t）	93.96
拌和	35 台班	0.2143（万元/台班）	7.5
浇筑	5670 工日	0.0058（万元/工日）	32.886
运输	154 台班	0.1194（万元/台班）	18.421
养生	1100 工日	0.0058（万元/工日）	6.38
合计	—		195.527

通过以上对比可以看出：

① 在使用灰土进行回填时，通常需要将槽底场地整平，便于机械回填压

实。场地整平过程中，对于异形场地或者小型场地，大型的施工机械无法清理整平，需要人工整平，增加隐性的施工成本。同时，在基础回填过程中，受限于每次灰土的摊铺厚度不能超过300mm，人工填土不能超过200mm，在异形空间填筑处或边界处压实度难以保证；而对于水泥粉煤灰浆液施工，通常采用厂拌施工工艺，需要浇筑、运输及养生，同样增加成本。

② 采用流态固化土回填时，对基地的平整度较灰土而言要求较低，在槽底建筑垃圾清理之后，不需要再进行整平。在固化土拌和好之后可直接进行浇筑，每次回填厚度最大达2m，达到初凝条件后可进行再次回填，大大减少了施工时间。在流态固化土的固化剂成分中，CFB灰、高炉矿渣粉和钢渣粉均为工业固体废弃物，因此，自研固化剂价格低于市场普通土壤固化剂和水泥的价格，造价为72.2元/m^3。按照上述成本计算方法，使用流态固化土的施工方案造价比灰土回填低44%，比水泥粉煤灰浆液施工低53%。

③ 采用灰土回填不仅成本较高且占用土地资源。对于具有腐蚀性或重金属含量高的土壤，不能直接进行回填，需将挖土外运废弃并外购新土，增加成本的同时也不利于生态环境的可持续发展。若采用自研固化剂制备的流态固化土回填，在获得固化土良好工程性质的同时，也促进了CFB灰、高炉矿渣粉和钢渣粉等工业固体废弃物的有效利用。另有研究表明，流态固化土对Hg、As、Cr三种离子均具有固化稳定的作用，在达到一定养护龄期之后，可以抑制流态固化土中重金属离子渗出，使固化土中重金属离子不会对周围环境造成危害，有利于环境的可持续发展。

3.6.3 展望

日本自1992年起连续5年以"开发控制建筑副产品产生和回收利用的技术"，将施工过程中的土、泥浆等渣土类建筑垃圾制备成流态固化土，应用于地下空间的回填，相继制定了相应的质量和设计标准及施工管理方法，比如LSS流化土、LSS施工方法等。德国在1999年规定流态固化土可代替传统回填材料，并出台了相应的标准。美国自20世纪90年代，也开始逐步推广流态固化土技术。我国对此技术研究起步较晚，再加上我国地缘辽阔、土质离散性大，相比于混凝土，流态固化土原料中的土壤黏度大、颗粒细、含水率变化大，采用传统搅拌设备很难将其与固化剂拌和均匀，导致工程质量可控性差，性能不稳定且消耗固化剂剂量大、成本高。同时，国外的土壤固化材料大多为水泥基胶凝材料,价格昂贵且对国内土壤适用性差。为了提高工程回填质量及高效环保处置冗余工程渣土及部分工业固废,自 2017 年起,流态固化土以其优异的自硬性、和易性、力学性能及对原料的包容性逐步代替传统回填料被应用到建筑、市政、轨道交通、水利等工程回填部位,其不仅提高了工程综合质量,还为城市渣土、建筑和工业固废的高值化、高质化、规模化再生利用开辟了新的途径。

2018 年,德通智能科技股份有限公司承接长株高速黄花互通改扩建项目,开始对渣土制备压实型固化土振动搅拌质量提升关键技术及其成套智能化设备进行研究(图 3-19)。在互通内现场取土,对预处理土振动搅拌进行性能改良,制备成压实型固化土对路基分层填筑,解决了新老路面搭接不融合及新老路基沉降不均造成的路面拉裂等问题。

图 3-19 压实型固化土连续振动搅拌生产实况

2021 年 11 月,山西交通科学研究院与长安大学联合开展课题研究,提出以山西黄土为主材,以山西主要工业固废配制固化剂,制备流态固化土代替传统水泥粉煤灰浆液用于采空区回填治理,以达到降本增效的目的。但在项目开展中,山西省交通新技术发展有限公司承接了治理山西牛金山隧道口黄土填筑后期沉降变形大,易造成明洞结构变形、开裂的工程问题。经过分析现有 CFG 桩、水泥桩和预制静压桩等传统工艺的特点和现场工况及前期科研成果,决定以履带式长螺旋桩钻出土为原料制备流态固化土代替水泥粉煤灰碎石,用于黄土基础加固。经实际工程验证,长螺旋流态固化土桩体质量可控,承载能力强,桩体性能均一,无软芯,土壤基本无外运,是一项绿色环保的新工艺,具有较好的市场前景,见图 3-20。

(a) 流态固化土制备站

(b) 流态固化土浆液

(c) 桩体桩头完整

(d) 桩体芯样

图 3-20 流态固化土用于采空区回填

我国因采矿活动造成的采空区塌陷、地下水疏干、地质地貌景观破坏等问题,已严重危害矿区人民正常的生产生活,制约了当地经济社会的可持续发展。据统计,全国 113108 座矿山中,采空区面积约为 134.9 万公顷,采矿活动占用或破坏的土地面积 238.3 万公顷,采矿引发的矿山次生地质灾害累计 12366 起,造成直接经济损失 166.3 亿元,人员伤亡约 4250 人,面临的地质环境形势十分严峻。采空区的综合治理问题迫在眉睫。

随着我国地下空间技术的进步和煤矿开采规模的逐渐扩大,采空区回填的工程量越来越大,对回填质量和施工效率的要求越来越高。采空区治理新材料新技术,具有绿色高效、高质耐久的显著优势。流态固化土技术与桩基技术、护坡技术等结合,将形成新的工程应用技术,前景良好,市场规模巨大,将产生显著的经济和社会效益。

第4章
电石渣和粉煤灰的资源化利用

4.1 资源化利用的背景
4.2 材料性能分析
4.3 混合料的机理分析

4.1 资源化利用的背景

20世纪20年代起,西方一些发达国家就曾针对粉煤灰的物理化学组成及工程应用开展了探索性研究,在工程应用方面,主要包括粉煤灰用于路基填筑、用作混凝土材料、用于筑坝和地貌改造等。20世纪80年代,我国开始使用粉煤灰填筑路基,粉煤灰填筑路基试验也于20世纪90年代开始进行。

赵少强等选用郑州—西安铁路三门峡段黄土,在黄土中掺入不同配比的粉煤灰制成不同龄期的试件,通过对试件进行击实试验、压缩试验、无侧限抗压强度试验、三轴剪切试验和冲刷试验得到各掺合比不同龄期试件的力学参数,分析出粉煤灰掺入量对改良黄土的影响,为客运专线路基填料选择提供科学指导。骆亚生等通过室内试验结果研究了掺入不同比例黄土后粉煤灰黄土混合土的工程特性,说明了掺入量对混合土变形及强度的影响。杜延军等通过对比电石渣和生石灰物理化学特征的异同,提出了采用电石渣稳定过湿黏土作为路基填料。覃小纲等将工业废料电石渣用于高速公路路基的过湿黏土填料改良,并与生石灰改良土进行了对比研究。Sakonwan等以硅酸盐水泥和电石渣为促进剂,对常温固化的底灰地质聚合物的性能进行了研究。陈永贵等分析了浸泡条件对电石渣/偏高岭土固化铜污染土稳定性的影响。刘满超等利用粉煤灰、矿渣粉、电石渣和复合激发剂制备了低成本的复合胶凝材料。Dulaimi等探索了电石渣以不同比例替代传统石灰作为热拌沥青混合料填料的潜力。高朋等研究了磷石膏掺量、土质种类等因素对电石渣-粉煤灰稳定土强度的影响情况。

目前,常用的湿陷性黄土处理方法有土垫层或灰土垫层处理方法、强夯法、挤密桩法、预浸水法、黄土改良法等。其中土垫层或灰土垫层处理方法常用于处理1~3m的湿陷性黄土,处理深度不深;强夯法虽然设备简单,施工方便,但是振动和噪声大,而且周边砌体或混凝土因受振动而产生裂缝;挤密桩法受原有工程状况影响大,施工工期相对较长,浮尘量较大,经济投入大;预浸水法耗水量较大,处理时间长;黄土改良法通过掺入其它材料使黄土的物理力学性能得到较大提高,不影响施工进度,经济投入较低。

为满足工程建设需要,目前我国常采用石灰、水泥、粉煤灰、各类固化剂以及化学试剂等对黄土进行改良处理。对黄土进行改良,使改良黄土能够满足公路路基填料的要求，从而达到节约资源和降低施工成本的目的，加快黄土地区公路的建设。

粉煤灰是燃煤电厂排放量较大的工业固体废弃物之一，不仅占用了大量农田，而且对环境造成了严重的污染。山西作为产煤大省，粉煤灰每年的排放量很大且逐年增加，在公路工程建设中充分合理利用粉煤灰，具有重要的社会意义与工程价值。粉煤灰与其它改良材料相比成本低廉，并具有自重轻、强度高、比表面积大和吸水性强，可与黄土进行稳定的水化反应等良好的工程特性。因此使用粉煤灰来改良黄土的工程性质，具有绿色环保和成本节约的双重效益。

电石渣作为电石水解获取乙炔气后的废渣，主要成分是 $Ca(OH)_2$。2019年，中国聚氯乙烯产能为 2518 万 t，每生产 1t 聚氯乙烯就会产生电石渣浆 1.5~1.9t，年电石渣排量将近 5000 万 t。电石渣浆含水量高且碱性大（pH>12），长期堆放会严重侵蚀土壤，并且污染水源。电石渣中通常含有 50%~70% 的 $CaO+MgO$，与消石灰的氧化钙和氧化镁含量相当，理论上可以与消石灰一样具有稳定黄土的作用。

依托国道 108 线襄汾-曲沃-侯马过境改线工程，调研山西省内粉煤灰和电石渣的分布范围及类型，对粉煤灰、电石渣、粉煤灰/电石渣进行化学活性综合评价及活性激发，进行粉煤灰和电石渣复合稳定黄土研究。针对粉煤灰稳定黄土、电石渣稳定黄土、粉煤灰和电石渣复合稳定黄土三种类型，利用多因素多水平大体量正交试验，研究不同胶凝材料（粉煤灰、电石渣、粉煤灰和电石渣复合胶凝材料）的掺量、拌和工艺（厂拌与就地拌两种工艺对比）、压实度、养护条件等对黄土性能的影响，选择性能最佳的稳定黄土类型。依据路床技术指标要求，研究粉煤灰稳定黄土、电石渣稳定黄土、粉煤灰和电石渣复合稳定黄土的性能是否满足路床技术要求，并开展施工工艺研究，进行工程应用的技术经济分析。进行工程示范，并对示范工程进行跟踪观测，最终形成技术标准和专利，为下一步技术的推广应用奠定基础，为黄土改良和两种工业废弃物的再利用提供新思路。

(1) 主要研究内容

① 探索粉煤灰路堤填筑无侧限抗压强度、回弹模量随龄期（1 天、3 天、7 天、14 天）变化规律。

② 探索粉煤灰路堤无侧限抗压强度、回弹模量随压实度（压实系数）

(0.90、0.92、0.94、0.96）变化规律。

③ 探索粉煤灰路堤无侧限抗压强度、回弹模量随养护条件（标准养护、自然养护）变化的影响规律。

④ 探索粉煤灰路堤无侧限抗压强度、回弹模量随泡水条件（泡水1天、不泡水）变化的影响规律。

（2）主要工作成果

① 粉煤灰的含水率影响卸料、贮藏等操作，GB/T 1596—2017 和 GB/T 50146—2014 都规定不得超过 1%，对Ⅲ级粉煤灰不作规定。对高钙粉煤灰来说，含水率还会明显影响粉煤灰的活性，并造成固化结块。

② 通过液塑限试验测得塑性指数 I_p 为 20.1。

③ 通过击实试验确定该粉煤灰的最佳含水率为 34.6%，最大干密度为 $1.28g/cm^3$。

④ 不泡水条件下，分析养护条件对强度的影响。压实度不变，养护条件不变，龄期越大，强度值越大，且自然养护的强度值大于标准养护的强度值。压实度越大，各个龄期的强度越大。同一个龄期下，自然养护与标准养护的试件强度差值随压实度增大而增大。路堤部分与路床部分在各个龄期的强度值变化不大，可能是由于路床部分试件成型时材料质量损失较大，也可能由于试件脱模后膨胀较大，实际压实度低于 96% 而趋于 94%。

⑤ 各龄期内的压实度对强度的影响。压实度相同，自然养护条件下，不泡水，试件强度随龄期增长而增大，尤其是 3～7 天之内，强度增长较快。压实度相同，标准养护条件下，不泡水，试件强度随龄期增长而增大。

⑥ 无侧限抗压强度试件泡水后吸水率的变化规律。在同一个龄期内，试件吸水率随压实度增大而下降。自然养护条件下，试件吸水率随压实度增大下降较快，即吸水较少；标准养护的试件吸水率在 90 区较大是由试件压实度小、孔隙多造成的，试件在 92 区以后吸水缓慢是由于试件在湿度为 96% 的条件下本身含有较多水分，因此吸水偏少。

⑦ 粉煤灰试件的回弹模量与龄期成正比关系，随龄期增长而增大；粉煤灰试件的回弹模量与压实度成正比关系，随压实度增大而增大；龄期 1 天的粉煤灰试件，由于龄期较短，强度形成较为缓慢，不同压实度下的回弹模量基本一致。

4.2 材料性能分析

市场调研山西省内电石渣生产厂家、类型、产量，调研依托工程区域范围内粉煤灰生产厂家、类型、产量等。

经调研，山西省内生产电石渣的厂家只有山西榆社化工股份有限公司，电石渣年产量约 90 万吨。山西榆社化工股份有限公司成立于 1982 年，早年电石渣作为固体废弃物没有开发出再利用途径，厂家将电石渣进行掩埋，电石渣储存量也很大（图 4-1）。

图 4-1 电石渣储存现场照片

经调研，工程区域范围内共有两家热电公司生产粉煤灰：晋控电力侯马热电分公司和临汾河西热电有限公司。两家热电公司的产量及售价如表 4-1 所示。

表 4-1 粉煤灰调研表

生产厂商	年产量/万 t	单价/(元/t)
晋控电力侯马热电分公司	100	15
临汾河西热电有限公司	80	17

4.2.1 粉煤灰性能分析

晋控电力侯马热电分公司生产的粉煤灰有三种类型：1#、2#、3#。其中，1#为厂家生产的未经分析机分选的原灰；2#为经过分析机分选出的偏粗的粗灰；3#为经过分析机分选出的偏细的细灰。临汾河西热电有限公司生产的粉煤灰只有一种，定为4#。如图4-2所示。

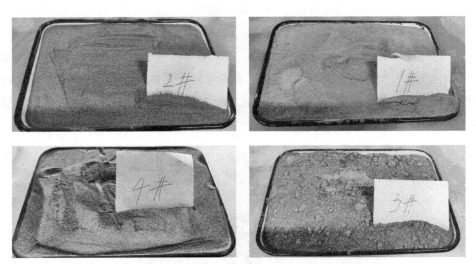

图4-2 粉煤灰试样

对两家生产厂商的粉煤灰进行原材料检测，根据试验结果优选合适的粉煤灰。

（1）物理力学性能研究分析

1）需水量比试验

依据《用于水泥和混凝土中的粉煤灰》（GB/T 1596—2017）附录A粉煤灰需水量比试验方法，对收集的四种粉煤灰进行需水量比试验，并对试验结果进行分析。

试验方法：拌制对比胶砂，并测定对比胶砂的流动度。将对比水泥和粉煤灰按质量比7∶3混合，拟定加水量，拌制试验胶砂，并测定试验胶砂流动度，当试验胶砂流动度达到对比胶砂流动度的±2mm时，记录此时的加水量，并按照公式 $X=\dfrac{m}{125}\times 100$（$X$ 为需水量比，125 为基准水泥净浆达到规定流动度时的用水量，m 为掺粉煤灰水泥净浆达到相同流动度时的用水量）计算需水量比。试验结果见表4-2。

表 4-2 粉煤灰需水量比试验结果

序号	粉煤灰生产厂商	材料名称	用量/g	流动度/mm			需水量比/%
				测值1	测值2	平均	
1	—	水泥 P·O 42.5	250	157	146	151.5	—
		水	125				
2	晋控电力侯马热电分公司	水泥 P·O 42.5	175	158	147	152	114
		1#	75				
		水	143				
3	晋控电力侯马热电分公司	水泥 P·O 42.5	175	152	152	152	114
		2#	75				
		水	143				
4		水泥 P·O 42.5	175	155	150	152.5	102
		3#	75				
		水	127				
5	临汾河西热电有限公司	水泥 P·O 42.5	175	146	148	147	112
		4#	75				
		水	127				

根据试验结果，依据《用于水泥和混凝土中的粉煤灰》（GB/T 1596—2017）中粉煤灰理化性能要求，晋控电力侯马热电分公司生产的 1# 粉煤灰和 2# 粉煤灰满足Ⅲ级粉煤灰要求，3# 粉煤灰满足Ⅱ级粉煤灰要求；临汾河西热电有限公司生产的 4# 粉煤灰满足Ⅲ级粉煤灰要求。

2）含水率测定

依据《公路土工试验规程》JTG 3430—2020（T 0103—2019 烘干法），分别测定收集的四种粉煤灰的天然含水率。

试验方法：称取称量盒质量 m_0；取代表性试样不少于 50g 放入称量盒，立即盖好盒盖，称质量 m_1；揭开盒盖，将试样和盒放入烘箱烘至恒重，在干燥器内冷却，盖好盒盖，称质量 m_2；计算含水率 $w=[(m_2-m_1)/(m_2-m_0)]\times 100\%$。

试验结果见表 4-3。

粉煤灰的含水率影响卸料、贮藏等操作，GB/T 1596—2017 和 GB/T 50146—2014 都规定不得超过 1%，对Ⅲ级粉煤灰不作规定。对高钙粉煤灰来说，含水率还会明显影响粉煤灰的活性，并造成固化结块。试验收集的四种粉煤灰含水率均满足规范要求。

表 4-3 粉煤灰天然含水率

粉煤灰	晋控电力侯马热电分公司						临汾河西热电有限公司	
	2#		1#		3#		4#	
盒号	1	2	3	4	5	6	7	8
盒+湿土质量/g	62.43	63.07	62.76	63.13	63.1	62.89	58.78	60.13
盒+干土质量/g	62.14	62.76	62.44	62.83	62.81	62.63	58.44	59.81
盒质量/g	11.89	11.86	11.84	11.86	11.88	11.87	11.23	11.45
水质量/g	0.29	0.31	0.32	0.3	0.29	0.26	0.34	0.32
干土质量/g	50.25	50.9	50.6	50.97	50.93	50.76	47.21	48.36
含水率/%	0.57	0.61	0.63	0.58	0.56	0.51	0.72	0.66
平均含水率/%	0.59		0.61		0.54		0.69	

注：每次使用前均应测定试样的实际含水率。

3) 安定性试验

依据《水泥标准稠度用水量、凝结时间、安定性检验方法》(GB/T 1346—2011) 安定性测定方法（标准法），对收集的四种粉煤灰安定性进行检测。

试验方法：对比水泥和粉煤灰按质量比 7:3 制备试验样品，按标准稠度用水量测定方法（标准法）制备标准稠度净浆，并将标准稠度净浆装入雷氏夹内，移至标准养护箱内养护 24h；测量雷氏夹指针尖端距离 A，接着将试件放入沸煮箱内，加热 $30\min \pm 5\min$ 至沸并恒沸 $180\min \pm 5\min$；待箱体冷却后，取出试件，测量雷氏夹指针尖端距离 C，计算两个试件 ($C-A$) 的平均值。试验结果见表 4-4。

表 4-4 粉煤灰安定性试验结果

粉煤灰	晋控电力侯马热电分公司			临汾河西热电有限公司
	2#	1#	3#	4#
$C-A$	2.0	1.0	1.0	1.0

根据试验结果分析，收集的四种粉煤灰安定性均合格。

4) 细度（45μm 方孔筛筛余）

依据《水泥细度检验方法筛析法》(GB/T 1345—2005)，对收集的四种粉煤灰细度进行检测。

试验方法：称取试样 10g，开动筛析仪，筛析仪负压调整在 4000～6000Pa，连续筛析 3min。筛毕，称量全部筛余物。根据公式 $F=\dfrac{R_s}{W}\times 100\%$ [F 为筛余百分数（%），R_s 为筛上剩余物的质量（g），W 为试样总质量（g）]，计算试样筛余百分数。试验结果见表 4-5。

表 4-5 粉煤灰细度试验结果

粉煤灰	晋控电力侯马热电分公司			临汾河西热电有限公司
	2#	1#	3#	4#
筛余百分数/%	73.5	63.7	15.0	

根据试验结果分析，晋控电力侯马热电分公司生产的细灰细度满足Ⅱ级粉煤灰技术指标。其它粉煤灰细度指标均为等外灰。

5）强度活性指数

依据《用于水泥和混凝土中的粉煤灰》（GB/T 1596—2017）附录 C 粉煤灰强度活性指数试验方法，对收集的四种粉煤灰进行强度活性指数检测。

试验方法：将对比水泥和被检验粉煤灰按质量比 7∶3 混合制备试验样品。用水泥胶砂搅拌机制作对比水泥胶砂浆体和试验胶砂浆体，分两次装模，每装一层振实 60 次，抹平并做好标记，放置于标准养护箱内养护。养护 28 天后，分别测定对比水泥胶砂试件和试验胶砂试件的抗压强度。根据公式 $H_{28}=\dfrac{R}{R_0}\times 100\%$ [H_{28} 为强度活性指数（%），R 为掺粉煤灰试件的抗压强度（MPa），R_0 为基准试件的抗压强度（MPa）]，计算强度活性指数。试验结果见表 4-6。

表 4-6 强度活性指数试验结果

粉煤灰	晋控电力侯马热电分公司			临汾河西热电有限公司
	2#	1#	3#	4#
强度活性指数/%	89	91	94	56

根据试验结果分析，晋控电力侯马热电分公司生产的粉煤灰强度活性指数满足规范要求，临汾河西热电有限公司生产的粉煤灰强度活性指数不满足规范要求。

(2) 化学活性研究分析

1) 化学成分

粉煤灰化学成分见表 4-7。

表 4-7　粉煤灰化学成分含量　　　　　　　　　　　　　%

生产厂商	SiO_2	Al_2O_3	Fe_2O_3	TiO_2	K_2O	Na_2O	CaO	MgO	其它
晋控电力侯马热电分公司	47.46	29.6	3.05	1.02	0.62	0.33	2.75	0.48	14.69
临汾河西热电有限公司	45.18	25.98	2.89	1.17	0.79	0.52	5.38	0.63	17.46

其中，晋控电力侯马热电分公司生产的粉煤灰中 SiO_2 和 Al_2O_3 的含量为 77.06%，CaO 和 MgO 的含量为 3.23%，其它成分占比为 19.71%；临汾河西热电有限公司生产的粉煤灰中 SiO_2 和 Al_2O_3 的含量为 71.16%，CaO 和 MgO 的含量为 6.01%，其它成分占比为 22.83%。

2) 重金属含量测定

由于人类活动将金属加入土壤中，致使土壤中重金属含量明显高于原生含量，并造成生态环境恶化。土壤一旦遭受重金属污染就很难恢复，因而应特别关注 Cd、Hg、Pb 等对土壤的污染，这些元素在过量情况下有较大的生物毒性，并可通过食物链给人体健康带来威胁。粉煤灰重金属含量见表 4-8。

表 4-8　粉煤灰重金属含量　　　　　　　　　　　ppm

生产厂商	As	Cd	Pb	Hg
晋控电力侯马热电分公司	10	0.1	0	0
临汾河西热电有限公司	11.2	0.3	0	0

注：1ppm=1mg/kg

我国标准《土壤环境质量　建设用地土壤污染风险管控标准（试行）》（GB 36600—2018）中规定，道路与交通设施用地属于第二类用地，此类用地土壤污染风险筛选值和管制值规定见表 4-9。

表 4-9　建设用地土壤污染风险筛选值和管制值（基本项目）　　mg/kg

序号	污染物	筛选值		管制值	
		第一类用地	第二类用地	第一类用地	第二类用地
1	砷	20	60	120	140
2	镉	20	65	47	172

续表

序号	污染物	筛选值		管制值	
		第一类用地	第二类用地	第一类用地	第二类用地
3	铬（六价）	3.0	5.7	30	78
4	铜	2000	18000	8000	36000
5	铅	400	800	800	2500
6	汞	8	38	33	82
7	镍	150	900	600	2000

《土壤环境质量　建设用地土壤污染风险管控标准（试行）》（GB 36600—2018）中规定建设用地土壤中污染物含量等于或者低于风险筛选值的，建设用地土壤污染风险一般情况下可以忽略。

所收集的两家粉煤灰厂商生产的粉煤灰重金属含量低，均低于规范中第二类用地的筛选值。在道路工程建设项目中使用以上粉煤灰不会对环境造成重金属污染。

(3) 推荐粉煤灰

收集的粉煤灰中，晋控电力侯马热电分公司生产的粉煤灰产量高，售价低，各项性能指标较优，且距试验段近，运费低，推荐采用晋控电力侯马热电分公司生产的三种粉煤灰。

4.2.2 电石渣性能分析

对电石渣进行原材料指标检验。

(1) 物理力学性能研究分析

1) 细度

依据《建筑石灰试验方法　第1部分：物理试验方法》（JC/T 478.1—2013），对电石渣的细度进行检测。

试验方法：称取 100g 电石渣，放在顶筛上。手持筛子往复摇动，不时轻轻拍打，摇动和拍打过程应保持近于水平，保持样品在整个筛子表面连续运动，用羊毛刷在筛面上清刷，连续筛选直到 1min 通过的试样量不大于 0.1g，称量套装筛子每层筛子的筛余物。根据公式 $X_1 = \dfrac{m_1}{m} \times 100\%$ 和 $X_2 = \dfrac{m_1 + m_2}{m} \times 100\%$，计算 0.2mm 方孔筛筛余百分数，90μm 方孔筛筛余百分数。

试验结果：电石渣 0.2mm 筛余质量是 1.5g，0.2mm 筛余量是 1.5%；90μm 筛余质量是 4.7g，90μm 筛余量是 4.7%。

结论：电石渣细度较高，细度技术指标与消石灰相似。

2）含水率

① 原材料：山西榆社化工股份有限公司可提供的电石渣有两种类型，即干电石渣、湿电石渣。对两种电石渣分别进行含水率测定。考虑到施工实际情况，对两种电石渣按 1∶1 质量比掺配后也进行含水率测定。

② 仪器：天平（200g，0.01g）、烘箱、干燥器、称量盒。

③ 试验依据：《公路土工试验规程》JTG 3430—2020（T 0103—2019 烘干法）。

④ 试验过程：称取称量盒质量 m_0；取代表性试样不少于 50g 放入称量盒，立即盖好盒盖，称质量 m_1；揭开盒盖，将试样和盒放入烘箱烘至恒重，在干燥器内冷却，盖好盒盖，称质量 m_2；计算含水率 $w=[(m_2-m_1)/(m_2-m_0)]\times 100\%$。

⑤ 实测数据见表 4-10。

表 4-10 含水率实测数据

电石渣	干电石渣		湿电石渣		1∶1 混合电石渣	
盒号	10	12	1	2	19	24
盒+湿土质量/g	36.46	32.48	42.30	44.82	36.40	35.53
盒+干土质量/g	31.60	28.67	32.98	34.61	30.27	29.75
盒质量/g	16.69	16.91	17.08	17.42	16.55	16.87
水质量/g	4.86	3.81	9.32	10.21	6.13	5.78
干土质量/g	14.91	11.76	15.9	17.19	13.72	12.88
含水率/%	32.6	32.4	58.6	59.4	44.7	44.9
平均含水率/%	32.5		59.0		44.8	

注：每次使用前均应测定试样的实际含水率。

山西榆社化工股份有限公司可提供的电石渣含水率较大，室内试验均将电石渣提前进行烘干。试验段施工期间，施工前要重新测定电石渣的含水率，并根据实际情况调整混合料配合比。

(2) 化学活性研究分析

1）化学成分分析

电石渣化学成分见表 4-11。

表 4-11 电石渣化学成分

成分	SiO_2	Al_2O_3	Fe_2O_3	TiO_2	K_2O	Na_2O	CaO	MgO
含量/%	2.68	1.03	0.23	—	0.1	0.98	68.77	0.39

根据《建筑生石灰》(JC/T 479—2013)、《建筑消石灰》(JC/T 481—2013)，钙质石灰要求氧化钙和氧化镁含量≥75%，镁质石灰要求氧化钙和氧化镁含量≥80%。《公路路面基层施工技术细则》(JTG/T F20—2015) 规定，生石灰和消石灰分Ⅰ、Ⅱ、Ⅲ三个等级，有效钙加氧化镁含量要求见表 4-12。

表 4-12 有效钙加氧化镁含量

指标	钙质生(消)石灰			镁质生(消)石灰		
	Ⅰ	Ⅱ	Ⅲ	Ⅰ	Ⅱ	Ⅲ
有效钙加氧化镁含量/%	≥85	≥80	≥75	≥80	≥75	≥65

本试验所采用电石渣的 CaO 和 MgO 含量为 69.16%，与石灰的氧化钙和氧化镁含量相当，理论上可以与石灰一样具有稳定黄土的作用。

2) 重金属含量分析

电石渣重金属含量见表 4-13。

表 4-13 电石渣重金属含量

成分	As	Cd	Pb	Hg
含量/ppm	17	2	53	0.01

本试验电石渣中砷的含量为 17ppm (1ppm=1mg/kg)，低于规范中第二类用地筛选值 60mg/kg；镉的含量为 2ppm，低于规范中第二类用地筛选值 65mg/kg；铅的含量为 53ppm，低于规范中第二类用地筛选值 800mg/kg；汞的含量为 0.01ppm，低于规范中第二类用地筛选值 38mg/kg。在道路工程建设中使用该电石渣不会对环境造成重金属污染。

4.2.3 混合料配合比设计及性能分析

本试验粉煤灰稳定黄土、电石渣稳定黄土、粉煤灰和电石渣复合稳定黄土可应用于路床铺筑和台背回填。以无侧限抗压强度为指标，综合研究改良剂种类、改良剂掺量、养护条件、养护龄期对混合料的影响规律。研究共分两个阶段，具体如下。

第一阶段，根据改良剂种类以及掺量不同，对粉煤灰稳定黄土、电石渣稳定黄土、粉煤灰和电石渣复合稳定黄土进行无侧限抗压强度试验。其中，粉煤灰稳定黄土中粉煤灰掺量10%、20%、30%；电石渣稳定黄土中电石渣掺量2%、4%、6%、10%、20%、30%。查阅大量的文献资料发现，粉煤灰和电石渣复合稳定黄土中粉煤灰和电石渣最佳比例为1∶4，本试验先按粉煤灰和电石渣比例为1∶4，粉煤灰和电石渣总掺量10%、20%、30%进行试验研究。

通过对原材料性能指标进行检测，推荐的粉煤灰有三种：1#、2#、3#。结合上述混合料配合比，研究不同种类粉煤灰对混合料的影响规律。无侧限抗压强度测定龄期分为7天、14天、28天、60天、90天，研究不同养护龄期对混合料的影响规律。

养护条件分标准养护和自然养护，实际施工过程中混合料均为自然养护，为贴近实际施工情况，在第一阶段对各种配合比的混合料先进行自然养护下的无侧限抗压强度测定。

(1) 击实试验

① 原材料：粉煤灰稳定黄土、电石渣稳定黄土、粉煤灰和电石渣复合稳定黄土。

② 仪器：标准击实仪、烘箱、击实筒、干燥器、天平（0.01g）、台秤（10kg，5g）、拌和工具、烧杯、铝盒、修土刀、平直尺等。

③ 依据：《公路土工试验规程》JTG 3430—2020（T 0131—2019 击实试验）。

④ 试验过程：

a. 称取试样5份各1300g备用。按干试样质量的32%、34%、36%、38%、40%计算用水量，在击实前加入试样拌匀。

b. 称取击实筒质量，固定在仪器上，分5层将试样装入击实筒，每层击实27下，每层击实完要做"拉毛"处理。

c. 击实后，保证试样不高出筒顶5mm。击实完毕，取下套环，削平试样顶面，擦净筒外壁，称取总质量。

d. 脱模，取中心代表性土样测定含水率。

e. 计算湿密度、实测含水率及干密度，绘制抛物线，确定试样的最佳含水率和最大干密度。

混合料配合比设计见表 4-14。

表 4-14 混合料配合比设计

序号	改良剂	粉煤灰种类	胶土比	最大干密度/(g/cm³)	最佳含水率/%
1	粉煤灰	1#	10∶90	1.81	13.1
2		1#	20∶80	1.71	14.5
3		1#	30∶70	1.63	14.6
4		2#	10∶90	1.80	12.9
5		2#	20∶80	1.69	14.2
6		2#	30∶70	1.61	14.5
7		3#	10∶90	1.80	13.2
8		3#	20∶80	1.74	14.9
9		3#	30∶70	1.64	15.3
10	电石渣	—	2∶98	1.86	13.2
11		—	4∶96	1.85	13.9
12		—	6∶94	1.80	15.2
13		—	10∶90	1.76	14.7
14		—	20∶80	1.70	16.8
15		—	30∶70	1.60	17.3
16	粉煤灰∶电石渣=1∶4	1#	10∶90	1.75	16.1
17		1#	20∶80	1.70	16.8
18		1#	30∶70	1.60	18.1
19		2#	10∶90	1.75	15.8
20		2#	20∶80	1.68	16.1
21		2#	30∶70	1.61	17.3
22		3#	10∶90	1.75	16.1
23		3#	20∶80	1.67	17.1
24		3#	30∶70	1.60	18.5

本试验结果为无侧限抗压强度试件的含水率、干密度的选择提供了有力参考。

(2) 无侧限抗压强度试件制作

① 原材料：粉煤灰稳定黄土、电石渣稳定黄土、粉煤灰和电石渣复合稳

定黄土。

② 仪器：称料盘、盛水工具、台秤（30kg，1g）、拌料盆、漏斗、击实锤、塑料袋、润滑油等。

③ 依据：《公路工程无机结合料稳定材料试验规程》JTG 3441—2024［无机结合料稳定材料试件制作方法（圆柱形）］。

④ 试验过程：

a. 依据击实试验结果，针对不同配合比的粉煤灰和电石渣复合稳定黄土，按照公式 $m=K\times V\times \rho_{max}\times(1+0.01w_0)$（$m$ 表示所需湿土的质量，K 一般为经验系数或修正系数等，V 是击实筒的体积，ρ_{max} 是土的最大干密度，w_0 是土样的最优含水率），压实度取 95%，且考虑有 1% 的损耗，计算每组试件所需材料质量，并拌和。

b. 分 2~3 层装入试模，每层需捣实，匀速施压，稳压 2min，脱模。

c. 称取试样质量，做好标签，用塑料袋密封并养护。

⑤ 注意事项：

a. 要熟练正确操作稳定土成型脱模一体机，并熟悉安全事项。

b. 尽量保持仪器及环境干净。

c. 要每天记录养护条件，观察试件变化。

图 4-3 无侧限抗压强度试验

(3) 无侧限抗压强度试验（图 4-3）

① 原材料：圆柱形试件。

② 仪器：台秤（1g）、卡尺、强度仪、球形垫块、毛刷等。

③ 依据：《公路工程无机结合料稳定材料试验规程》JTG 3441—2024（无机结合料稳定材料无侧限抗压强度试验方法）。

④ 试验过程：

a. 称取试件质量，测量其高度、直径，保湿。

b. 安放至仪器上，以 1min 变形 1mm 的速度进行加载至试件破坏。

c. 记录每个试件的强度，并进行评定分析。

⑤ 实测数据见表 4-15～表 4-20。

表 4-15　粉煤灰稳定黄土无侧限抗压强度试验结果（自然养护）

序号	粉煤灰种类	胶土比	龄期/天	无侧限抗压强度代表值/MPa
1	1#	10：90	7	0.30
2			14	0.36
3			28	0.43
4			60	0.52
5			90	0.61
6		20：80	7	无强度
7			14	无强度
8			28	0.33
9			60	0.39
10			90	0.42
11		30：70	7	无强度
12			14	无强度
13			28	0.4
14			60	0.45
15			90	0.51
16	2#	10：90	7	0.33
17			14	0.40
18			28	0.46
19			60	0.58
20			90	0.67
21		20：80	7	无强度
22			14	无强度
23			28	0.35
24			60	0.40
25			90	0.43
26		30：70	7	无强度
27			14	无强度
28			28	0.42
29			60	0.47
30			90	0.53

续表

序号	粉煤灰种类	胶土比	龄期/天	无侧限抗压强度代表值/MPa
31	3#	10:90	7	0.36
32			14	0.45
33			28	0.53
34			60	0.60
35			90	0.68
36		20:80	7	无强度
37			14	无强度
38			28	0.38
39			60	0.44
40			90	0.49
41		30:70	7	无强度
42			14	无强度
43			28	0.41
44			60	0.47
45			90	0.53

通过分析试验结果，随着粉煤灰掺量的增加，粉煤灰稳定黄土的无侧限抗压强度反而降低，其中，粉煤灰掺量为20%、30%时，粉煤灰稳定黄土的7天、14天强度均未检测出。

表4-16 电石渣稳定黄土无侧限抗压强度试验结果（自然养护）

序号	改良剂种类	胶土比	龄期/天	无侧限抗压强度代表值/MPa
1	电石渣	2:98	7	0.79
2			14	0.83
3			28	0.96
4			60	1.03
5			90	1.12
6		4:96	7	0.72
7			14	0.83
8			28	0.92
9			60	1.13
10			90	1.34

续表

序号	改良剂种类	胶土比	龄期/天	无侧限抗压强度代表值/MPa
11	电石渣	6:94	7	0.56
12			14	0.65
13			28	0.78
14			60	0.95
15			90	1.04
16		10:90	7	0.73
17			14	1.12
18			28	1.57
19			60	1.65
20			90	1.77
21		20:80	7	0.69
22			14	0.93
23			28	1.25
24			60	1.37
25			90	1.56
26		30:70	7	0.78
27			14	0.87
28			28	1.09
29			60	1.23
30			90	1.48

通过分析试验结果，电石渣掺量对电石渣稳定黄土的无侧限抗压强度变化影响较小。随着养护龄期的增长，电石渣稳定黄土的无侧限抗压强度增幅较小。

表 4-17 粉煤灰和电石渣复合稳定黄土无侧限抗压强度试验结果（自然养护）（一）

序号	改良剂种类	粉煤灰种类	胶土比	龄期/天	无侧限抗压强度代表值/MPa
1	粉煤灰：电石渣=1:4	1#	10:90	7	0.9
2				14	1.06
3				28	1.42
4				60	2.38
5				90	3.51

续表

序号	改良剂种类	粉煤灰种类	胶土比	龄期/天	无侧限抗压强度代表值/MPa
6	粉煤灰：电石渣＝1∶4	1#	20∶80	7	0.98
7				14	1.36
8				28	2.45
9				60	4.63
10				90	8.51
11			30∶70	7	1.12
12				14	1.41
13				28	2.22
14				60	4.03
15				90	7.46
16		2#	10∶90	7	0.94
17				14	1.16
18				28	1.52
19				60	2.51
20				90	3.70
21			20∶80	7	1.07
22				14	1.67
23				28	2.00
24				60	3.13
25				90	5.19
26			30∶70	7	0.97
27				14	1.22
28				28	1.93
29				60	4.40
30				90	7.63
31		3#	10∶90	7	0.96
32				14	1.23
33				28	1.60
34				60	2.43
35				90	3.74

续表

序号	改良剂种类	粉煤灰种类	胶土比	龄期/天	无侧限抗压强度代表值/MPa
36	粉煤灰：电石渣＝1∶4	3#	20∶80	7	1.17
37				14	1.26
38				28	2.30
39				60	3.79
40				90	6.15
41			30∶70	7	0.85
42				14	1.13
43				28	2.36
44				60	5.22
45				90	7.27

通过对比无侧限抗压强度试验结果，相同胶土比下，粉煤灰和电石渣复合稳定黄土的无侧限抗压强度要大于粉煤灰稳定黄土和电石渣稳定黄土。试验结果表明，采用单一改良剂（粉煤灰或者电石渣）对黄土的性能改善效果均较差，使用粉煤灰和电石渣共同改良黄土的效果较好。本试验推荐路基填筑优选粉煤灰和电石渣复合稳定黄土。

在此基础上，本试验研究标准养护条件对粉煤灰和电石渣复合稳定黄土的性能影响规律，并对自然养护和标准养护条件下无侧限抗压强度结果进行对比分析。

表 4-18 粉煤灰和电石渣复合稳定黄土无侧限抗压强度试验结果

序号	改良剂种类	粉煤灰种类	胶土比	龄期/天	无侧限抗压强度代表值/MPa	
					标准养护	自然养护
1	粉煤灰：电石渣＝1∶4	1#	10∶90	7	0.6	0.9
2				14	0.96	1.06
3				28	1.23	1.42
4				60	1.36	2.38
5				90	1.56	3.51
6			20∶80	7	0.92	0.98
7				14	1.67	1.36
8				28	2.09	2.45
9				60	4.69	4.63
10				90	5.93	8.51

续表

序号	改良剂种类	粉煤灰种类	胶土比	龄期/天	无侧限抗压强度代表值/MPa	
					标准养护	自然养护
11	粉煤灰：电石渣＝1∶4	1#	30∶70	7	1.1	1.12
12				14	1.72	1.41
13				28	2.94	2.22
14				60	4.67	4.03
15				90	5.3	7.46
16		2#	10∶90	7	0.7	0.94
17				14	0.91	1.16
18				28	1.34	1.52
19				60	1.37	2.51
20				90	1.49	3.70
21			20∶80	7	0.96	1.07
22				14	1.74	1.67
23				28	2.6	2.00
24				60	4.17	3.13
25				90	3.04	5.19
26			30∶70	7	1.28	0.97
27				14	1.98	1.22
28				28	2.99	1.93
29				60	5.62	4.40
30				90	6.95	7.63
31		3#	10∶90	7	0.94	0.96
32				14	1.32	1.23
33				28	1.56	1.60
34				60	2.15	2.43
35				90	2.17	3.74
36			20∶80	7	1.12	1.17
37				14	1.56	1.26
38				28	2.65	2.30
39				60	4.13	3.79
40				90	3.61	6.15

续表

序号	改良剂种类	粉煤灰种类	胶土比	龄期/天	无侧限抗压强度代表值/MPa	
					标准养护	自然养护
41	粉煤灰：电石渣＝1∶4	3#	30∶70	7	1.45	0.85
42				14	2.19	1.13
43				28	4.03	2.36
44				60	7.77	5.22
45				90	9.29	7.27

通过对比自然养护与标准养护条件下无侧限抗压强度试验结果，可以得出如下结论：

① 粉煤灰和电石渣复合稳定黄土的无侧限抗压强度均能满足路基填筑要求。

② 自然养护的无侧限抗压强度总体大于标准养护的无侧限抗压强度。

③ 粉煤灰和电石渣复合稳定黄土的后期强度较高，自然养护条件14天内，无侧限抗压强度增长较慢，养护14天后无侧限抗压强度增长较快。

④ 胶土比为20∶80时，粉煤灰和电石渣复合稳定黄土的力学性能最优。

⑤ 本试验对比了1#、2#、3#粉煤灰，粉煤灰和电石渣复合稳定黄土均满足要求。结合三种粉煤灰的产量，1#粉煤灰产量高，且不需要再经过分析机分选，推荐采用1#粉煤灰。

第二阶段，粉煤灰和电石渣的用量比例为1∶2、1∶6，粉煤灰和电石渣复合稳定黄土中粉煤灰和电石渣总掺量为10%、20%、30%，采用1#粉煤灰，自然养护条件下，以7天无侧限抗压强度为指标，研究粉煤灰和电石渣复合稳定黄土的最优配合比。

表4-19 粉煤灰和电石渣复合稳定黄土无侧限抗压强度试验结果（自然养护）（二）

序号	改良剂种类	胶土比	龄期/天	无侧限抗压强度代表值/MPa
1	粉煤灰：电石渣＝1∶2	10∶90	7	0.84
2		20∶80	7	0.90
3		30∶70	7	0.80
4	粉煤灰：电石渣＝1∶6	10∶90	7	0.77
5		20∶80	7	0.88
6		30∶70	7	0.77

续表

序号	改良剂种类	胶土比	龄期/天	无侧限抗压强度代表值/MPa
7	粉煤灰：电石渣=1：4	10：90	7	0.90
8		20：80	7	0.94
9		30：70	7	0.96

通过分析以上无侧限抗压强度试验结果，得出以下结论：

本试验所采用的不同配合比粉煤灰和电石渣复合稳定黄土的无侧限抗压强度均能满足路基填筑要求。

粉煤灰和电石渣的用量比例不同时，胶土比20：80的粉煤灰和电石渣复合稳定黄土的力学性能最优。

粉煤灰和电石渣的用量比例为1：4时，粉煤灰和电石渣复合稳定黄土的力学性能最优。

考虑大宗量地利用粉煤灰，在涵洞台背回填中使用配合比为电石渣：粉煤灰：土＝2：28：70的粉煤灰和电石渣复合稳定黄土，并对此配合比的粉煤灰和电石渣复合稳定黄土进行了力学性能分析。

表4-20 粉煤灰和电石渣复合稳定黄土无侧限抗压强度试验结果（自然养护）（三）

序号	配合比	龄期/天	无侧限抗压强度代表值/MPa
1	电石渣：粉煤灰：土＝2：28：70	7	0.80
2		14	1.23
3		28	1.78
4		60	3.24
5		90	5.98

电石渣：粉煤灰：土＝2：28：70的粉煤灰和电石渣复合稳定黄土可以满足涵洞台背回填的要求。

4.3 混合料的机理分析

将电石渣、粉煤灰、基土以及电石渣＋基土、粉煤灰＋基土、电石渣＋粉煤灰＋基土混合物分别进行X射线衍射（XRD）、红外光谱（IR）、扫描电镜（SEM）检测，通过分析检测结果，揭示三种物料在高压、养护条件下的反应机制。

4.3.1 XRD 检测与分析

电石渣、粉煤灰、基土以及电石渣+基土、粉煤灰+基土、电石渣+粉煤灰+基土混合物六种物料的 XRD 图谱分别见图 4-4～图 4-9。

由图 4-4～图 4-9 可知，六种原料的矿物组成如下：

① 电石渣：氢氧化钙、水铝钙石、方解石、埃洛石等；

② 粉煤灰：莫来石、石英、夕线石、磷铝矿等；

③ 基土：石英、方解石、白云母、钠长石等；

④ 电石渣+基土（2+8）：石英、方解石、云母、氢氧化钙等；

⑤ 粉煤灰+基土（2+8）：石英、钠长石、方解石、水化钙铝硅酸盐、磷铝矿等；

⑥ 电石渣+粉煤灰+基土（6.6+13.4+80）：石英、方解石、白云母、长石、水化硅酸钙、水化铝酸钙等。

图 4-10 所示为电石渣、粉煤灰、电石渣+粉煤灰+基土三种物料在 2θ 为 $0°\sim40°$ 范围内的 XRD 图谱。结合图 4-4～图 4-9 可知，电石渣中的主要成分是氢氧化钙（$d=0.491$nm、$d=0.263$nm），它是一种碱性物料；粉煤灰在 2θ 为 $15°\sim35°$ 范围内出现较明显的非晶态衍射峰，表明样品中有较多非晶相（具有活性的二氧化硅、氧化铝等矿物），能在激发剂作用下发生地聚反应。电石渣中的氢氧化钙，与粉煤灰中活性二氧化硅、活性氧化铝等活性组分遇碱、水发生火山灰反应，反应生成水化硅酸钙（$d=0.324$nm、$d=0.425$nm、$d=0.249$nm）、水化铝酸钙（$d=0.710$nm、$d=1.42$nm、$d=0.354$nm）等产物。水化硅酸钙和水化铝酸钙是凝胶物质，会附着在物质颗粒表面或填充于颗粒间隙，从而增强材料抗压强度。

图 4-11 所示为粉煤灰、粉煤灰+基土、电石渣+粉煤灰+基土三种物料在 2θ 为 $0°\sim50°$ 范围内的 XRD 图谱。从图中可知，粉煤灰与基土反应后，在 2θ 为 $15°\sim35°$ 衍射角处非晶态宽峰基本消失，但当加入电石渣后，样品峰面积有所增加，这主要是因为碱性的电石渣作为一种激发材料，加水后反应体系中的 OH^- 增加，有利于释放 $CaCO_3$ 中 Ca 离子，同时促进硅铝质原料溶解出更多的 Si 离子和 Al 离子，进一步促进了凝胶产物的生成。

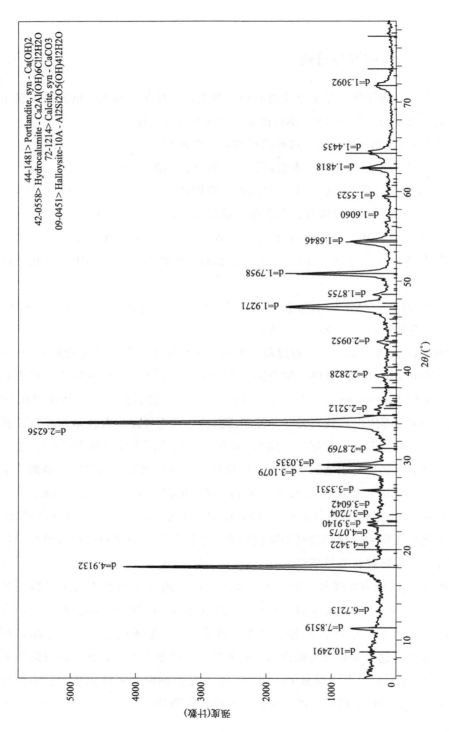

图 4-4 电石渣 XRD 图谱

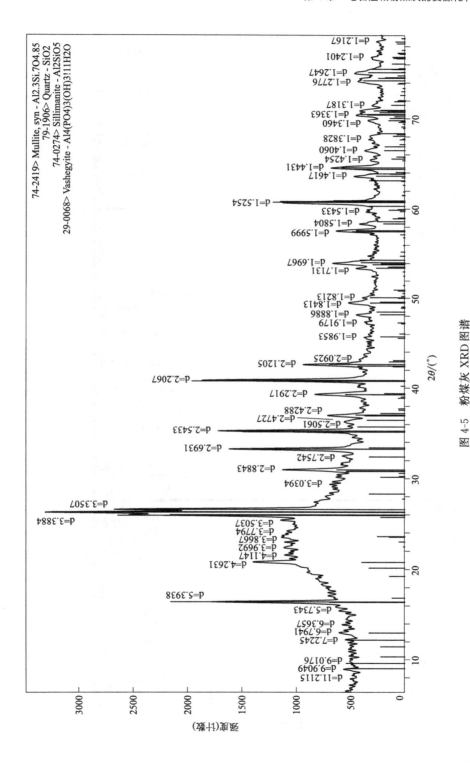

图 4-5　粉煤灰 XRD 图谱

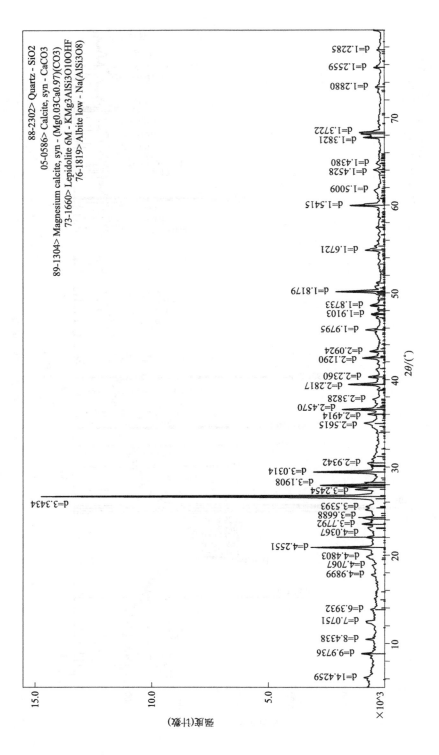

图 4-6 基土 XRD 图谱

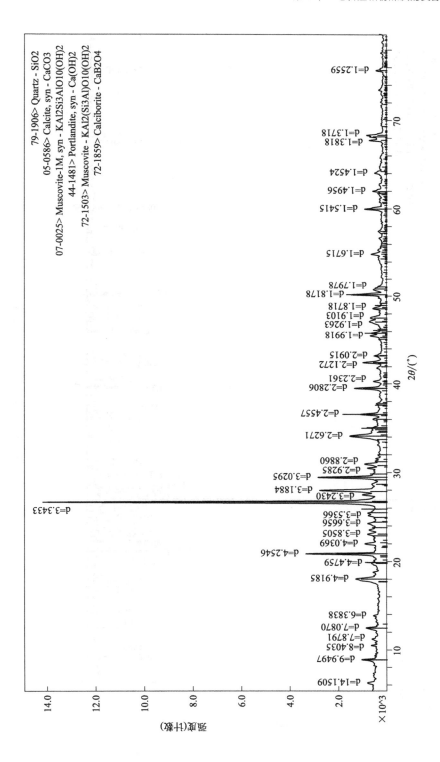

图 4-7 电石渣+基土 XRD 图谱

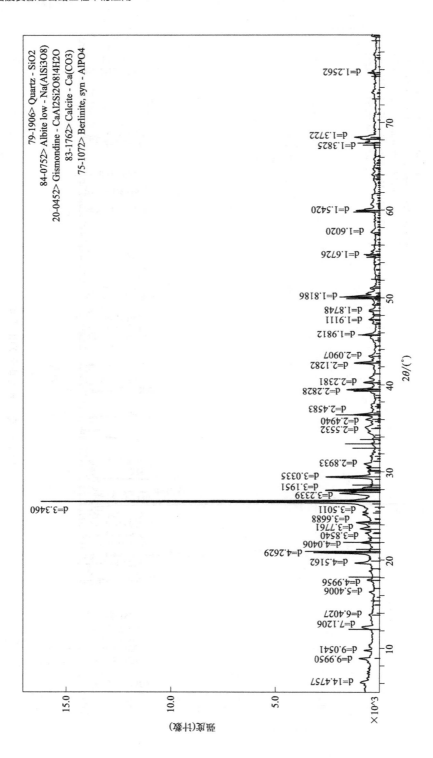

图 4-8 粉煤灰＋基土 XRD 图谱

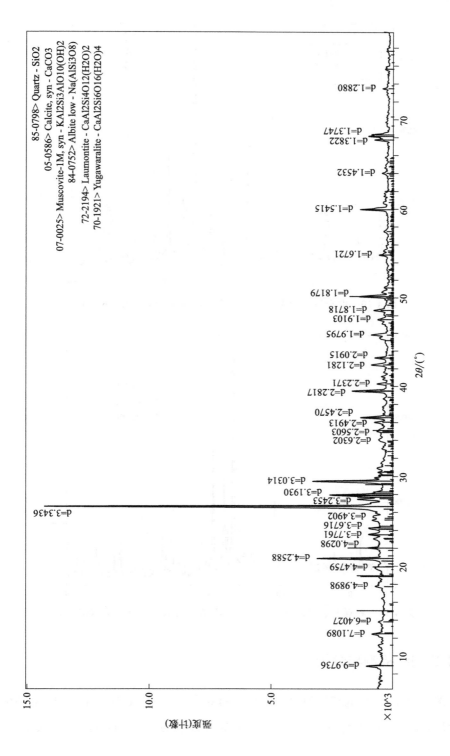

图 4-9 电石渣+粉煤灰+基土 XRD 图谱

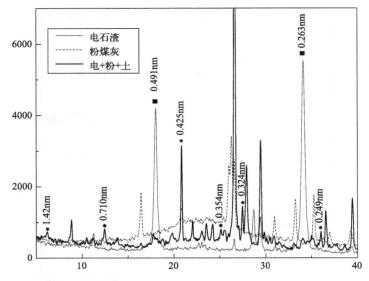

图 4-10　电石渣、粉煤灰、电石渣＋粉煤灰＋基土的 XRD 图

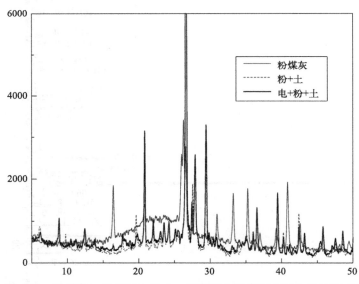

图 4-11　粉煤灰、粉煤灰＋基土、电石渣＋粉煤灰＋基土的 XRD 图

4.3.2　IR 检测与分析

图 4-12 所示为电石渣的 IR 图谱：$3643cm^{-1}$ 为 $Ca(OH)_2$ 中 OH^- 的伸缩振动峰，$3454cm^{-1}$ 为水分子中 O—H 的伸缩振动峰，$1429cm^{-1}$ 为 $CaCO_3$

（方解石）中 C—O 的反对称伸缩振动峰，1074cm^{-1} 为 Si—O—(Si、Al) 键的不对称伸缩振动峰。

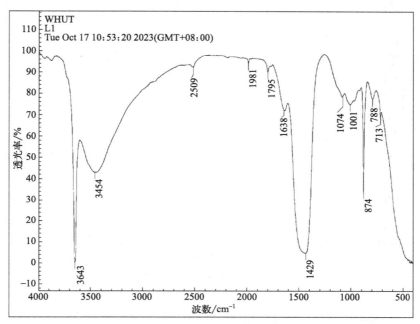

图 4-12　电石渣红外图谱

图 4-13 所示为粉煤灰的 IR 图谱：1096cm^{-1} 为 Si—O—(Si、Al) 键的不对称伸缩振动峰，458cm^{-1} 为其内部 Si—O 键的弯曲振动峰。

图 4-14 所示为基土的 IR 图谱。

图 4-15 所示为电石渣＋基土的 IR 图谱：3644cm^{-1}、1433cm^{-1} 处峰强度降低，说明电石渣与基土反应消耗了 $Ca(OH)_2$ 和 $CaCO_3$，1029cm^{-1} 左侧出现 1081cm^{-1} 的吸收峰，这可能是有新的 Si—O—(Si、Al) 键生成，使电石渣中 1074cm^{-1} 振动频率向高波数移动，同时带动其内部 Si—O 键振动频率左移。

图 4-16 所示为粉煤灰＋基土的 IR 图谱：粉煤灰 1096cm^{-1} 处峰右移减小为 1078cm^{-1}，可能是 Si—O—(Si、Al) 中更多地生成了 Si—O—Al，当 Al 增多时，吸收峰向低波数移动；在 2500cm^{-1} 之前，粉煤灰＋基土的吸收峰强度弱于基土，之后则相反，即说明基土中 OH$^-$ 离子被消耗，反应生成硅酸盐和硅铝酸盐。

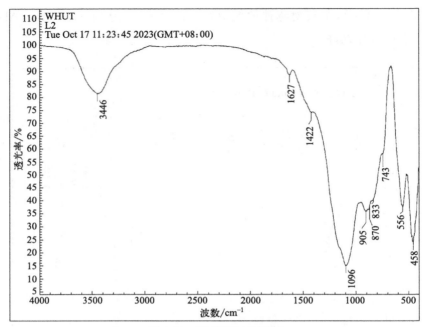

图 4-13 粉煤灰红外图谱

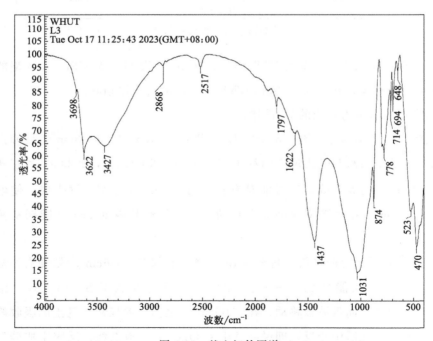

图 4-14 基土红外图谱

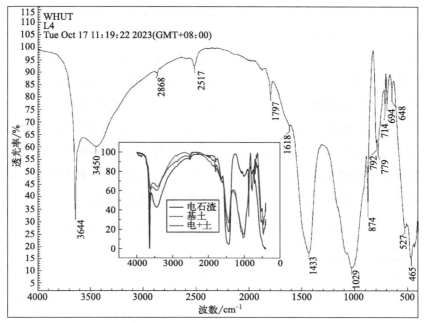

图 4-15　电石渣＋基土红外图谱

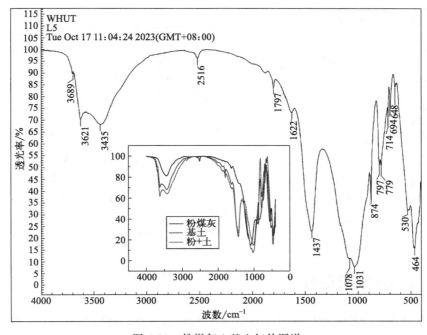

图 4-16　粉煤灰＋基土红外图谱

图 4-17 所示为电石渣＋粉煤灰＋基土的 IR 图谱：3500cm^{-1} 处，基土样中双峰波数分别为 3622cm^{-1}、3427cm^{-1}，加入粉煤灰后变为 3621cm^{-1}、3435cm^{-1}，波数左移，这可能是产生了少量氢键，使氢原子振动频率发生变化，再加入电石渣，变为 3643cm^{-1}、3442cm^{-1}，这可能是产生了更多氢键，导致峰位明显向高频移动，同时因为氢键及结晶水化物的形成，较图 4-16 中样品的吸收峰强度增加，宽度变宽。对比水化硅酸钙标准图谱发现，3442cm^{-1}、1034cm^{-1}、874cm^{-1}、518cm^{-1} 可能是该物质的吸收峰。对比水化铝酸钙标准图谱发现，3616cm^{-1}、1433cm^{-1}、797cm^{-1} 峰值增大可能是因为该物质存在。红外分析结果进一步验证了 XRD 分析结果。

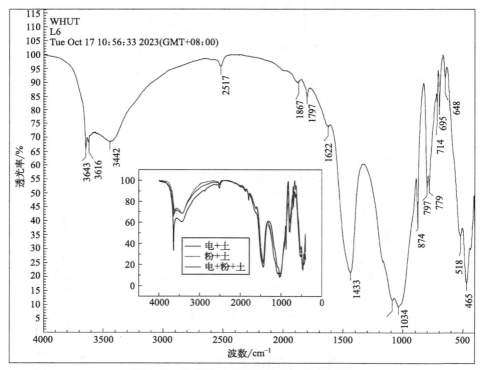

图 4-17 电石渣＋粉煤灰＋基土红外图谱

4.3.3 SEM 检测与分析

粉煤灰的 SEM 照片如图 4-18 所示，粉煤灰主要以球状颗粒存在。电石渣 SEM 照片如图 4-19 所示。基土 SEM 照片如图 4-20 所示。粉煤灰＋基土的

SEM 照片如图 4-21 所示，当粉煤灰与基土混合时，球状的粉煤灰颗粒仍存在于混合土的体系中。电石渣＋基土 SEM 照片如图 4-22 所示。

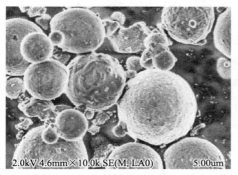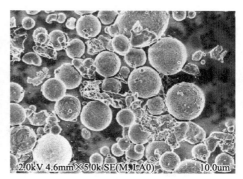

图 4-18 粉煤灰 SEM 照片

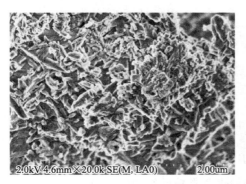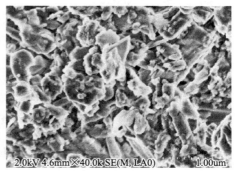

图 4-19 电石渣 SEM 照片

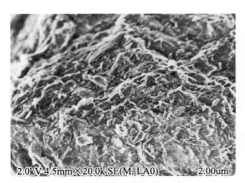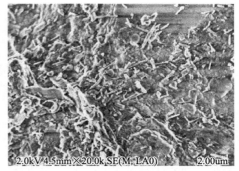

图 4-20 基土 SEM 照片

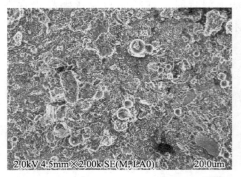 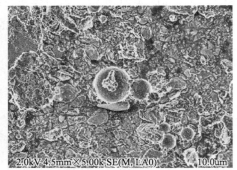

图 4-21　粉煤灰＋基土 SEM 照片

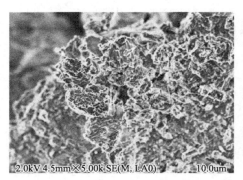 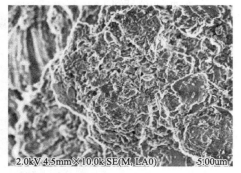

图 4-22　电石渣＋基土 SEM 照片

粉煤灰＋电石渣＋基土的 SEM 照片如图 4-23 所示，当三种原料按一定比例复配后，可以发现，混合物料中球状粉煤灰颗粒已经消失，说明粉煤灰已经完全发生反应，物相发生变化；对比图 4-23 和图 4-20 也可以发现，三种原料

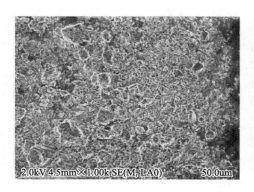 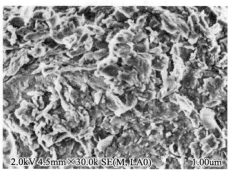

图 4-23　粉煤灰＋电石渣＋基土 SEM 照片

混合后，原基土中的单独颗粒明显减少，混合物料呈胶链状，同时颗粒中的空隙也明显减少，密实度增加。

4.3.4 小结

通过对电石渣、粉煤灰、基土三种单独物料以及电石渣＋基土、粉煤灰＋基土、电石渣＋粉煤灰＋基土三种混合物料进行 XRD、IR、SEM 检测与分析，可以看出，三种物料在高压、养护的条件下，并非简单的物理混合，而是相互间发生了化学反应，生成了新的物相。

在三种原料的体系中，电石渣和粉煤灰作为活性物质是产生新物相、增强混合物料性能的关键因素。电石渣中的氢氧化钙，与粉煤灰中活性二氧化硅、活性氧化铝等活性组分遇水发生火山灰反应，生成水化硅酸钙、水化铝酸钙或水化硫铝酸钙等产物。

水化硅酸钙和水化铝酸钙是凝胶物质，会附着在基土颗粒表面，起到连接基土颗粒的"桥梁"和"纽带"作用，或填充于基土颗粒间隙，增加混合物料的密实度，从而增强材料抗压强度。

第5章
铁尾矿的资源化利用

5.1 铁尾矿在路面基层中的应用
5.2 铁尾矿在水泥混凝土中的应用
5.3 铁尾矿综合利用问题及未来发展展望

5.1 铁尾矿在路面基层中的应用

将铁尾矿制备成胶凝材料,用于矿山采空区充填是目前最大程度消纳铁尾矿的途径。山东科技大学提出的尾矿"粗粒制砂-细粒充填"分级分质利用技术,通过粗粒尾矿分级回收、微细粒尾矿膏体浓缩、微细粒膏体尾矿胶结充填及其流变特性研究,实现低品位铁矿山的无尾排放,年增经济效益 2000 万元以上。为了提高铁尾矿在充填用胶结材料中的掺量,多数研究者将铁尾矿与多源固废进行相容性研究,通过化学和机械活化等方式激发铁尾矿的活性,进行了粉煤灰改良铁尾矿膏体充填材料试验研究。研究结果表明,掺入粉煤灰可以提升膏体充填材料流动性和强度。将铁尾矿与其它固废协同处理,还可以应用于公路软土地基处理。该方法不仅可以消耗大量的铁尾矿,减轻对生态环境的影响,还可以降低道路工程造价,节约工程建设成本。目前,我国铁尾矿作为道路建筑材料仍处于起步阶段,主要应用形式有铁尾矿基胶凝材料软土改良体、固化铁尾矿砂复合路基以及铁尾矿砂垫层等。王文杰制备了不同掺量的水泥铁尾矿碎石混合料,并研究了其适用性,结果表明,当铁尾矿掺量为 25% 时,制备的水泥稳定碎石可用于重载交通基层。

5.1.1 原材料及试验配合比

(1) 铁尾矿

粗骨料的密度及吸水率试验结果见表 5-1。根据工程集料试验规程对铁尾矿碎石及常用工程石料进行针片状含量、0.075 以下粉尘含量的测定。试验结果见表 5-2。

表 5-1 粗骨料的密度及吸水率试验结果

试验项目	表观相对密度/ $g \cdot cm^{-3}$	表干相对密度/ $g \cdot cm^{-3}$	毛体积相对密度/ $g \cdot cm^{-3}$	吸水率/%
铁尾矿碎石	2.935	2.863	2.826	1.53

表 5-2 铁尾矿碎石的试验结果

试验项目	铁尾矿	石灰岩	花岗岩	试验标准	试验方法
针片状含量(质量分数)/%	12.5	8.3	9.8	≤22	T 0312—2005

续表

试验项目	铁尾矿	石灰岩	花岗岩	试验标准	试验方法
0.075以下粉尘含量（质量分数）/%	0.6	0.3	0.1	≤2.0	T 0310—2005
压碎值/%	23.97	19.8	13.6	≤26	T 0316—2005
磨耗值/%	24.85	18.5	16.3	≤26	T 0317—2005

由表 5-2 可知，铁尾矿碎石的物理性能表现较好，与石灰岩、花岗岩相差不大。铁尾矿碎石在针片状含量、0.075 以下粉尘含量方面都满足规范要求。铁尾矿碎石的压碎值和磨耗值略大于石灰岩，满足公路施工技术规范的要求。

（2）配合比设计

为了研究水泥掺量对水泥稳定铁尾矿碎石的影响，考虑利用水泥的经济性及作用后的效果，设计两种方案，要求混凝土水泥掺量为 4% 和 5%。选定四种铁尾矿碎石掺量（0%、25%、50%、75%）的掺配方式，由于铁尾矿碎石的最大粒径为 26.5mm，无法满足骨架密实最大粒径的要求，故掺量最高定于 75%。分为 6 档备料，其中石灰岩分为 5 档料，铁尾矿碎石作为一档料。不同铁尾矿碎石掺量的集料的合成级配如图 5-1 所示。

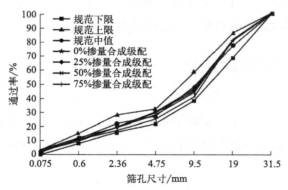

图 5-1 不同铁尾矿碎石掺量的集料的合成级配

5.1.2 水泥稳定铁尾矿碎石无侧限抗压强度试验

按照配合比设计方案，预制不同铁尾矿掺配试块，并对其进行养生龄期为 7 天、28 天、60 天、90 天的无侧限抗压强度试验。抗压强度试验结果如表 5-3 所示。

表 5-3　无侧限抗压强度试验结果

铁尾矿掺量/%	水泥掺量/%	不同龄期的水泥稳定铁尾矿碎石基层的抗压强度 R_c/MPa			
		7天	28天	60天	90天
0	4	6.38	7.25	7.70	7.90
	5	7.25	7.57	8.12	8.37
25	4	5.83	6.68	7.18	7.45
	5	6.53	6.81	7.32	7.78
50	4	4.48	5.51	6.31	6.41
	5	4.82	5.63	6.52	6.61
75	4	2.45	3.50	3.9	4.10
	5	3.76	4.91	5.31	5.51

采用两种水泥掺量对四种铁尾矿掺量混合料进行了 7 天、28 天、60 天、90 天的无侧限抗压强度试验，其变化规律如图 5-2 所示。

从图 5-2(a) 和 (b) 可以看出，对于同一龄期同一水泥掺量的混合料，普通水泥稳定碎石的抗压强度高于掺有铁尾矿的水泥稳定碎石。重载交通混凝土基层要求 7 天无侧限抗压强度不低于 5MPa，当铁尾矿掺量为 50% 和 75% 时，水泥稳定碎石的抗压强度低于 5MPa，说明当水泥稳定碎石铁尾矿掺量为 50% 和 75% 时，初期强度无法满足重载交通要求。当水泥稳定碎石铁尾矿掺量为 25% 时，可以用于重载交通基层。

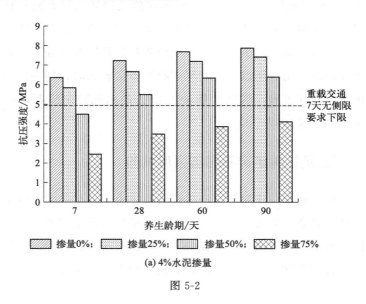

图 5-2

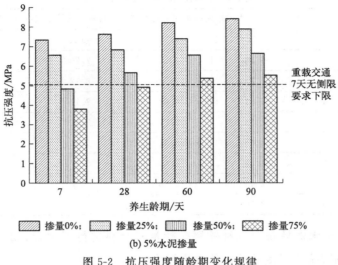

(b) 5%水泥掺量

图 5-2　抗压强度随龄期变化规律

对于不同养生龄期的混合料，在相同的水泥掺量的情况下，抗压强度随着铁尾矿碎石掺量的增大而不断减小，铁尾矿碎石掺量越大，抗压强度减少得越明显。从图5-2(a)和（b）可知，铁尾矿碎石掺量对混合料的抗压强度影响较大，以4％水泥掺量为例，铁尾矿掺量为25％的水泥稳定碎石7天无侧限抗压强度下降8.6％，铁尾矿掺量为75％的水泥稳定碎石7天无侧限抗压强度下降61.59％。分析其原因，铁尾矿碎石的压碎值及磨耗值较普通石料大，当铁尾矿碎石掺量增加到一定的值时，虽然水泥增大了对骨料的胶结能力，但骨架自身存在着多裂隙、杂质较多的缺点，致使骨料的抗压强度降低，对混合料抗压强度起到减弱的作用，所以导致铁尾矿碎石掺量较大时，抗压能力较弱。单从抗压强度这一指标来看，铁尾矿掺量为25％的水泥稳定碎石，可以满足重载交通初期强度要求。

5.1.3　水泥稳定铁尾矿碎石劈裂强度试验

水泥稳定碎石在荷载作用下会产生层底拉应力，如果层底拉应力过低，基层将会发生开裂现象。为研究水泥掺量、铁尾矿碎石掺量以及养生龄期对水泥稳定铁尾矿碎石基层的劈裂强度的影响，按照配合比设计方案，预制不同铁尾矿掺配试块进行劈裂试验。劈裂强度试验结果如表5-4所示。

表 5-4 劈裂强度试验结果

铁尾矿掺量/%	水泥掺量/%	不同龄期的水泥稳定铁尾矿碎石基层的劈裂强度 R_s/MPa			
		7 天	28 天	60 天	90 天
0	4	0.64	0.94	1.08	1.11
	5	0.78	1.14	1.27	1.3
25	4	0.59	0.91	1.04	1.09
	5	0.73	1.04	1.19	1.22
50	4	0.56	0.81	0.92	0.97
	5	0.69	0.96	1.08	1.11
75	4	0.53	0.79	0.87	0.93
	5	0.61	0.94	1.07	1.09

从表 5-4 可以看出,在相同的养生龄期下,水泥掺量一定时,水泥稳定铁尾矿碎石的劈裂强度随着铁尾矿碎石掺量的增加不断减小。劈裂强度目前规范中无明确推荐值,长安大学谭学政认为重载交通 7 天劈裂强度应大于 0.5MPa,本节以此作为参考值。当铁尾矿掺量从 25% 增加到 75% 时,水泥稳定碎石的劈裂强度始终高于 0.5MPa,单从 7 天劈裂强度来看,掺量为 25%～75% 的铁尾矿掺入水泥稳定碎石均可用于重载交通。

从图 5-3(a) 和 (b) 可以看出,铁尾矿掺量从 0% 增大到 75% 的过程中,不同水泥掺量下的劈裂强度减小率随养生龄期的增加逐渐降低。以变化幅度较

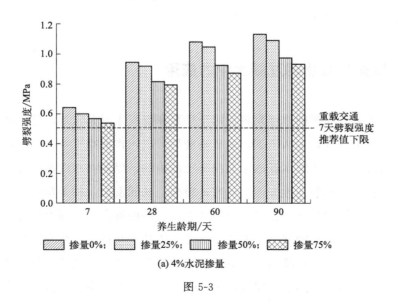

图 5-3

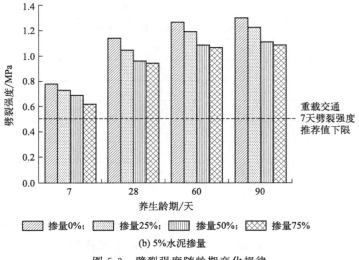

(b) 5%水泥掺量

图 5-3 劈裂强度随龄期变化规律

大的 5％水泥掺量为例，铁尾矿掺量为 25％的水泥稳定碎石 7 天劈裂强度下降 6.4％，铁尾矿掺量为 75％的水泥稳定碎石 7 天劈裂强度下降 21.8％。总体来看，铁尾矿掺量对水泥稳定碎石抗压强度的影响要大于对其劈裂强度的影响。

综合对比不同掺量铁尾矿碎石无侧限抗压强度值和劈裂强度值发现，水泥稳定铁尾矿碎石在使用过程中应保证足够的养生龄期，尤其在铁尾矿掺量较高的情况下，足够的养生龄期可以降低水泥稳定铁尾矿碎石基层抗压强度和劈裂强度与一般水泥稳定碎石基层之间的差距。

5.2 铁尾矿在水泥混凝土中的应用

国内外对铁尾矿砂作细集料运用于砂浆和混凝土时其常规性能和物理耐久性进行了大量研究，也认识到铁尾矿粉磨后可以用作混凝土掺合料，但铁尾矿中含有的部分磁铁矿对水泥砂浆和混凝土的影响，以及在水泥碱性环境中磁铁矿的化学稳定性和耐久性方面的研究却很少。铁元素是一种多用途元素，磁铁矿对混凝土性能的影响与铁尾矿应有所不同。铁能够在水泥碱性环境中发生化学反应，混凝土结构的使用可能会持续几十年甚至几百年，并会产生积极或消极的影响。田景松、覃维组等针对铁尾矿砂的配制进行了试验，认为铁尾矿砂属于特细砂，当其运用于水泥混凝土中时，需采取低砂率或在减水剂中添加适宜的增稠剂或引气剂组分，将 40%～60% 的铁尾矿砂混合部分机制砂对混凝土的工作性能和力学性能有积极作用。李涵等认为铁尾矿砂中存在粒径小于 0.15mm 的颗粒，以铁尾矿砂取代部分天然砂可以加强砂浆和混凝土的结构，同时降低砂浆的生产成本，而不影响砂浆的质量。冯永存等研究了铁尾矿磨细后作为掺合料运用于混凝土中的情况及铁尾矿用于混凝土中的改进方案。

关于铁尾矿微粉的研究结果表明，铁尾矿微粉在一定的条件激发下可以获得一定的活性，但活性普遍较低，因此，将铁尾矿砂作为一种非活性掺合料使用是比较科学和客观的，符合节能减排以及可持续发展的思路。贾鑫等人对北京密云金属尾矿的化学组成、矿物组成及物理力学等性能进行了详尽研究，得出了铁尾矿砂可以作为矿物细掺合料用于混凝土的结论，并且他们得出了随着铁尾矿砂掺量的增大，混凝土抗压强度降低的结论。宋强等人重点研究了金属尾矿粉作为惰性掺合料对混凝土的力学性能、抗冻性能和抗渗性能的影响。研究结果表明：金属尾矿粉掺量为 23% 时，混凝土强度发展较快。相对于基准混凝土，28 天强度增长了 29%；掺金属尾矿粉的混凝土的抗冻性能和抗渗性能均有不同程度的改善。王怀成等人在大掺量金属尾矿研究中，将首钢密云铁矿尾矿分级，取 0.08mm 粒级与水泥熟料、脱硫石膏通过三级混磨形成胶凝材料，制备高强混凝土。试验结果表明，第三级混磨时间是影响制品抗压强度的主要因素；在一定条件下，金属尾矿掺量达到 70% 时强度仍可达 90MPa 以上。Mohammad 等通过粉煤灰和水泥改进天然尾矿砂，并且将抗压强度作为评估其在土方工程中的适用性的指标和标准。Luo 等选取某尾矿坝铁尾矿砂开展物理分析、环境分析和机械试验研究，结果表明，以取代率为 80% 的铁尾矿等量替代天然骨料用于联锁混凝土铺路材料，其物理力学性能优于传统材料，且所有的性能均比交通规范标准要高。

5.3　铁尾矿综合利用问题及未来发展展望

5.3.1　铁尾矿综合利用的难点分析

由于尾矿再选会产生几乎等量的次生尾矿，无法直接解决尾矿堆存问题，因此，铁尾矿的消纳利用途径最终均指向制备非金属矿物材料。非金属矿物材料和多功能材料不仅是大宗建筑材料的原料，也是支撑现代高温、高压、高速工业等高新技术产业发展的原辅材。非金属矿物材料不仅对原料的纯度有一定的要求，而且对其粒度、形貌、孔隙结构以及表面或界面特性等性质均有特定的要求。纯度高、粒度分配好、形貌更规则以及表面性质更稳定的非金属矿物材料，其价格在销售中会呈指数型增长。利用铁尾矿制备非金属矿物材料的成本和价值将直接决定铁尾矿综合利用的可行性。表 5-5 概括了目前铁尾矿制备产品的市场价格情况。由表 5-5 可知，与传统的砖原料以及砂石骨料等大宗利用途径相比，将铁尾矿加工制备成具有不同功能的矿物材料，可以大大提高其经济价值。此外，产品的功能性越优越，市场价格越高。以制备高纯石英为例，普通玻璃用石英砂（SiO_2 含量 98%～99%）价格在 200 元/t 左右，当纯度达到 99.9% 以上时，价格可以达到上千元。

表 5-5 铁尾矿制备产品市场价格

产品	价格/(元/t)
砖原料	20～40
砂石骨料	80～120
石英	200～2000
玻璃-陶瓷	300～2000
多孔材料	2000～8000
填料	4500～6000

由于我国在非金属矿物材料深加工方向的科研发展起步较晚，人们对非金属矿物资源的认识较少。以在高附加值应用中扮演着重要角色的石墨、石英为例，因技术门槛高，相关资源的应用仍主要集中在低端产品中竞争。在对尾矿综合利用方式的长期探索中，由于对尾矿制备非金属矿物材料的基础理论、资源特点、技术要求、产品开发及市场、生产设备与工艺等方面的情形了解较少，从开采到加工都未能从"有用资源"的角度去保护原始矿物中的非金属矿物资源。因此，有必要根据下游的应用要求，尽可能从源头设计生产工艺，保护矿物中非金属矿物的资源特性，为下游应用提供高品质的非金属矿物原料。

5.3.2 铁尾矿综合利用的发展展望

由于我国的铁矿资源长期存在着品位低、嵌布粒度较细的问题，加工过程中通常需要将粒度研磨至 38μm 以下才能使铁矿得到有效解离。随着物料被反复研磨，原矿中的非金属矿物首先会因粒度过细而无法满足部分应用要求；同时，铁质以及其它研磨介质等元素，在强烈的机械化学作用下，与非金属矿物表面发生吸附浸染，进而使矿物表面特性发生变化，同样会影响下一步的综合利用。在选矿加工过程中，通过改变选别工艺，尽可能在常规分选工艺前端将矿物中非金属矿物组分的品质进行控制并分离，将有助于提高尾矿的综合应用价值。随着选矿技术向低能耗、精细化的方向发展，以高压辊破碎解离为代表的高效破碎技术，可以使矿物在解离过程中更多沿矿物晶界或缺陷部位优先解离，不仅降低能耗、节约成本，而且可以改善磨矿对非金属矿物过度研磨问题。磁选粗精矿再磨等新工艺的发展以及磨矿介质的不断优化，同样对保护金属矿产中非金属矿物的物料特性起到积极作用。以旋流器、弛张筛以及高梯度磁选等为代表的精细分级分选工艺技术可以使不同性质的物料更高效地得到分离，在减少后续工艺处理量的同时，使尾矿中的非金属矿物资源更具有市场价值。智能识别和人工智能等前沿技术的快速发展，同样对提高尾矿中非金属矿物组分的品质产生了积极影响。图 5-4 为智能选矿作业示意图。由图 5-4 可知，通过对单个颗粒的识别及分离，可以更精确地实现有用矿物与沸石的分离，在实现抛尾的同时，避免了沸石因进入选矿系统而破坏其矿物资源特性。酒钢镜铁山桦树沟块矿采用的智能预选抛废工艺，可以将采矿时混入的 13% 围岩尽数选出，围岩抛出率 99%，抛废尾矿品位 9.85%。安徽霍邱环山铁矿引入的智能光电分选机，让矿石进入后续磨矿与选别流程前的抛废比达到 15%~30%，提前排废不仅减少了磨矿与选别作业量，而且预抛出的废石硬度更大，可以作为砂石骨料售卖，对尾矿的综合利用起到关键性作用。

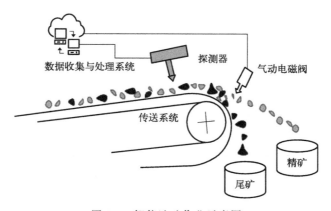

图 5-4　智能选矿作业示意图

5.3.3 小结

基于我国铁尾矿资源特性、开发利用技术现状以及面临的难点，要实现矿山尾矿的综合、高效利用，有必要从以下几个方面综合施策。

① 从采选源头保护好非金属矿物的资源特性，将是现代化选矿尾矿综合处理的首要难题。精细化、智能化选矿是最大程度保留金属矿中非金属矿物资源特性的利器。高压辊磨、高压脉冲等高效的解离工艺，以光电智能分选为代表的预先抛废工艺等都将有助于尽可能把大多数非金属矿物资源在研磨工艺前抛出，最大程度保护其非金属矿物资源的原始特性。

② 根据不同分选工艺排放铁尾矿的特性差异，有针对性地进行应用研究，使尾矿中不同的非金属矿物资源能够真正实现物尽其用、变废为宝。

③ 加大尾矿中非金属矿物资源的应用研究。通过产业链上下游协同攻关、统筹规划、协同优化，充分利用矿物资源，支撑我国能源结构、产业结构升级转型。

第6章
钢渣的资源化利用

6.1 钢渣在沥青面层中的应用
6.2 钢渣在路面基层中的应用

6.1 钢渣在沥青面层中的应用

随着我国经济不断发展，高速公路建设事业也迅猛地发展起来。特别是90%的高速公路路面结构形式均采用沥青路面结构形式，这虽然是一种新的面层混凝土类型，但是发展速度之快使大量使用的天然集料已达到了供不应求的状况。因此考虑将钢渣作为沥青混凝土的替代集料就提上了公路研究人员的研究日程了。

(1) 宝钢公司钢渣应用范例

为了变废为宝，使资源得以综合利用，近几年，上海的各钢铁公司均建立了钢渣处理工艺线，对钢渣沥青混凝土进行了大量的试验研究，并且在室内试验成功的基础上，于1997年12月在宝山杨行镇富杨路铺筑了一条长为2422m、路幅宽14m的钢渣沥青混凝土试验段。面层采用7cm厚的LH-35粗粒式钢渣沥青混凝土和3cm厚的LH-15细粒式钢渣沥青混凝土的二层式路面结构。该路段成为我国首条钢渣沥青混凝土路面。该路段的两旁是经济开发区，大型的载重卡车和集装箱车经常往来该路段，实际上是对钢渣沥青混凝土路面的一种考验。通过数年的使用，钢渣沥青混凝土路面的路用性能经受住了考验，钢渣这种材料也因此而成为上海沥青混凝土业的新的集料来源。

(2) 武钢冶金渣公司应用范例

2002年，武钢冶金渣公司受钢渣沥青混凝土的研究与应用课题组的委托，在武钢冶金渣公司的厂道上进行试验段的铺筑工作。试验段全长230m，路面宽度为6.5m，施工总面积为1495m^2。试验段选用破碎过的钢渣作为集料，分2层进行试验段铺筑工作：中面层为AC-20I型钢渣沥青混凝土，最佳油石比为5.5%；上面层为AC-10I型钢渣沥青混凝土，最佳油石比为6.2%。从混合料的生产情况来看，拌制的混合料乌黑发亮，油膜均匀，碾压成型后外观与碎石沥青混合料基本无区别。从该试验段的使用效果来看，路面表层基本平整，有较好的构造深度，颗粒分布均匀。路面无拥包，无膨胀拱起现象，未出现开裂、松散等路面病害现象，并且表现出了良好的抗滑特性以及优良的路用性能。而且在通车后定期对试验段进行了观测，特别是在交通量较大、雨水较多或者是冰雪天气时观测了路面使用状况，一系列的观测结果表明，试验段的使用状况良好，路面性能稳定。钢渣沥青混凝土路面的铺筑取得了较为理想的效果。而且对于钢渣在沥青路面中替代普通天然集料，其经济与社会意义重大。2004 年，经过一冬一夏的考验，且在交通量相对较大、超载重载车较多的情况下，试验与观测结果证明，该钢渣试验段使用性能衰减并不明显，说明钢渣作为沥青混凝土集料在沥青路面施工中使用是可行的。

(3) 钢渣沥青混合料膨胀的问题

程士豪曾用 ASTM C114 法试验得出转炉钢渣中不同粒径大小的 f-CaO 含量。此方法是利用甘油-乙醇溶液萃取熟料中未反应的 f-CaO，萃出液以醋酸铵标准液滴定并换算熟料的 f-CaO 含量。研究表明，转炉钢渣中颗粒粒径越小，f-CaO 含量越高。李博探究了钢渣沥青混合料体积膨胀的改良措施，采用 2 种钢渣掺配方案：一种为粗细集料均使用钢渣；另一种为钢渣作为粗集料，天然集料作为细集料。研究发现，采用第二种掺配方案可有效降低钢渣沥青混合料的体积膨胀率。因此，合理的钢渣掺配方案可以有效降低钢渣沥青混合料的体积膨胀量。

合理的钢渣掺配方案能够较好地抑制钢渣遇水膨胀所带来的后期工程的安全性、耐久性问题，并显著提高其路用性能。将龙钢钢渣以 0%、20%、40%、60%、80% 和 100% 的比例等体积替代玄武岩粗骨料用于 SMA-13 沥青混合料，测定沥青混合料在掺加钢渣后的体积膨胀率。试验表明，钢渣掺量越大，体积膨胀量越大，因而钢渣在沥青混合料中的掺量应加以控制，以避免沥青混合料体积膨胀率过大。通过对不同钢渣体积掺量下沥青混合料的高温稳定性、低温抗裂性、水稳定性等路用性能进行试验研究，得出：钢渣沥青混合料的高温稳定性在钢渣体积掺量为 20% 时最佳，低温抗裂性随着钢渣体积掺量的增加而逐渐降低，水稳定性在钢渣体积掺量为 20% 或 40% 时最好。

采用室内加速磨耗仪对钢渣体积掺量在 0%、20%、40% 和 60% 下的 SMA-13 混合料抗滑性能衰减规律进行了研究，得出：钢渣沥青混合料的长期抗滑性能随着钢渣体积掺量的增加有不同幅度的提高，但钢渣体积掺量为 60% 的沥青混合料相对于体积掺量为 40% 的沥青混合料的长期抗滑性能提高不明显。综合钢渣沥青混合料其它路用性能，优选出钢渣的最佳体积掺量为 40%。

6.2 钢渣在路面基层中的应用

钢渣是钢铁生产过程中的主要副产品之一，产生量为粗钢产量的 8%～

15%，可利用潜力较大，钢渣的利用是钢铁行业的研究方向之一。将钢渣"变废为宝"，能够有效缓解优质筑路集料匮乏问题，是实现低环境负荷和低资源消耗道路工程建养的重要手段，对促进交通绿色发展、助力"双碳"具有重要意义。

我国已有多个城市尝试利用钢渣投入道路工程建养，2019年，阳蟒高速路面项目铺筑山西省首例钢渣高性能沥青混凝土试验段1600m。试验段的成功铺筑，标志着山西省高速公路首例使用钢渣代替防滑石料沥青混凝土应用技术成功应用。

2021年，G60沪昆高速醴潭段路面中修工程成功实施钢渣沥青路面磨耗层试验段铺筑，铺筑长度170m，这是湖南省首次将钢渣应用于高速公路沥青路面。

2021年，钢渣集料及其产品得到推广应用，由张家港市住房和城乡建设局公用事业管理处实施的城区背街小巷改造工程、万红小学南侧广场及周边道路海绵化改造工程等应用了钢渣透水混凝土、钢渣透水沥青、钢渣透水砖等钢渣产品。

2022年9月，天津市公路事业发展服务中心组织市交通科学研究院及相关设计施工单位在G112京环线、S102津芦线修复养护工程中，首次成功实施了钢渣沥青混凝土试验段铺筑，铺筑总长度达2km。这也是天津市首次将钢渣应用于公路沥青路面铺筑。

随着钢渣在新应用方向上的突破，钢渣排水沥青及制品、钢渣集料的市场化应用，将产生显著的经济效益和社会效益。以张家港市及周边地区为例，每年可消耗110万t钢渣用于替代砂石骨料，可减少10万t水泥生产，减少向空气中排放二氧化碳近12万t，同时减少了近20万t砂石的开采。通过钢渣在道路工程等方面的应用推广，可实现预期经济效益每年5000万元以上，钢渣在道路工程中的应用前景广阔。钢渣"变废为宝"是实现工业固废再生循环利用的新途径，对促进交通绿色发展、推动碳达峰及碳中和具有重要意义。

有关钢渣集料应用方面的研究，国外起步较早。美国将约60%的钢渣用于道路工程领域，且已证明钢渣集料的抗压性能优于玄武岩、砾石等。Ameri等通过一系列室内试验评价了采用钢渣替代常规集料的可行性，研究结果表明，钢渣的掺入可以提高沥青混合料的弹性模量和抗拉强度，并改善其水稳定性能和高温稳定性能。利用钢渣作为沥青混合料粗集料，还可以增强混合料的电导率,可以应用于高速公路和机场融雪道面等场景。

目前,针对钢渣集料的研究虽然取得了一定成果,但仍存在不足,具体体现在大多研究集中于将钢渣作为沥青混合料集料且大多用于低等级道路的修建。20世纪80年代,我国开始开展将钢渣作为沥青混合料集料方面的研究。具有良好安定性的钢渣在破碎后,具有密度大、硬度高、稳定、耐磨以及耐腐蚀等特点,使其与沥青拌和后不会发生膨胀,因此多用于公路、铁路等工程领域。

姜从盛等为了改善沥青混合料中集料的耐磨性能,采用钢渣替代混合料中的部分细集料。研究结果表明,集料的耐磨性提高了35%,且混合料的抗折、抗压强度和耐久性均获得了一定改善。武黄高速公路工程采用各种类型的钢渣作为沥青玛蹄脂碎石混合料(SMA)的集料,发现掺入钢渣的SMA沥青混合料具备良好的路用性能。

申爱琴等通过制备4种不同钢渣掺量下的沥青混凝土,借助疲劳试验,研究了不同钢渣掺量及应变对沥青混凝土疲劳寿命的影响。结果表明:随着钢渣掺量的增多,SMA-13混合料疲劳寿命得到改善;当钢渣掺量大于临界值时,疲劳寿命反而减弱,由此得出钢渣的最优掺量为30%。XRF试验结果表明,钢渣中的二氧化硅含量低于辉绿岩,而氧化钙含量高于辉绿岩;SEM试验结果表明,钢渣的表面结构较辉绿岩复杂,因此与沥青的结合程度优于辉绿岩。

钢渣在水泥混凝土中所起的作用是作为砂浆集料。在相同用水量下,掺入钢渣后砂浆的和易性优于未掺入钢渣的砂浆。因此,可以通过掺入钢渣来降低单方混凝土的用水量,减小水灰比,进而提高砂浆的抗压强度。熊付刚将破碎后的钢渣以不同掺量替代细集料后对砂浆的强度和模量进行了评价。结果表明,掺入钢渣砂浆的稠度和密度随钢渣掺量的增大呈现先增大后减小的变化规律,且当钢渣的掺量为40%时抗压强度和弹性模量最高。Hisham等的研究结果表明,用钢渣代替混凝土中的细集料,会减小混凝土的和易性。白敏等用钢渣完全替代石子配制混凝土的研究表明,相较于普通混凝土,掺入钢渣的混凝土各项力学性能较优异,耐久性也优于普通混凝土,且掺入钢渣后混凝土的体积随时间的延长而增大。

钢渣稳定碎石可以作为路面结构的基层,刘玉民等对比了钢渣稳定碎石基层与水泥稳定碎石基层的差别。结果表明,钢渣稳定碎石基层21天劈裂强度较水泥稳定碎石基层好,且其28天回弹模量满足规范要求。徐方等采用CBR

试验研究了不同陈化龄期的钢渣对路面基层安定性能的影响，结果表明，钢渣中游离的 CaO 随钢渣陈化时间的增加而减少，且陈化时间越久，钢渣基层试件体积越稳定。

虽然钢渣的应用方向广泛，钢渣资源化应用技术的开发也取得了一定的进展。但总体而言，中国钢渣的利用率仍然较低，这源于钢渣应用的众多制约因素。

根据中国钢渣的利用情况，应对以下几个方面进行更为深入的研究：

① 对钢渣成分和性能进行深入了解，为钢渣的开发利用提供理论依据。

② 加强钢渣处理技术的研究，以解决钢渣内所含的游离氧化钙（f-CaO）和氧化镁（MgO）遇水后易膨胀的问题，还有由于钢渣中的 Ca、Si、Al 三大元素含量相对偏低，所形成的硅酸盐总量与水泥熟料相差过大（近 45%）的问题。

③ 通过推广钢渣作冶炼（烧结、高炉、炼钢）熔剂的应用技术，充分利用其中所含的铁、钙、镁、锰等成分的同时，还可以节省大量能源。加强钢渣作回填和筑路材料的研究。

④ 由于钢渣中的硅酸二钙和硅酸三钙矿物结晶完整，晶粒粗大致密，粉磨的细度难以达到要求。所以，制造高性能钢渣微粉的难点在于开发针对钢渣的特殊粉磨工艺和设备。

钢渣是一种"放错了地方的资源"。钢渣的综合利用不但可以消除环境污染，还能够变废为宝创造巨大的经济效益，是可持续发展的有效途径，对国家、对社会都具有十分重要的意义。

第7章
建筑垃圾的资源化利用

7.1 建筑垃圾分选技术
7.2 建筑垃圾再生集料的制备工艺
7.3 再生集料的路用性能
7.4 再生集料效益评价

7.1 建筑垃圾分选技术

7.1.1 分选技术

建筑垃圾分选就是将建筑垃圾中可回收利用的或不利于后续处理或不符合处置工艺要求的物料分离出来，其基本原理是根据物料中各类成分的不同物理特性（粒度、密度、重力、磁性等）进行有效区分。良好的分选工艺及设备有助于摒除建筑垃圾简单化、无序化的处置方式，提升建筑垃圾的资源化利用水平。

（1）人工分选

人工分选是最早的分选方法，主要是针对大量木屑、纺织物、塑料等可能会造成后续分选设备发生故障的物品。尽管人工分选具有识别能力强、可直接回收有用物品、清除可能危害后续工艺的废物的优点，但仍存在劳动强度大、卫生条件差、分选效率低等缺点。因此，人工分选仅作为初级筛分。

（2）风力分选

风力分选是重力分选的一种，是以空气为分选介质，在气流作用下使固体颗粒按密度和粒度大小进行分选的方法，主要针对纺织物、塑料废屑等轻质物料。风力分选的基本原理是通过气流将较轻的物料向上带走或沿水平方向带向较远的地方，而比较重的物料由于上升气流无法抵挡其自身重力而下降，或者被抛出到较近的地方。风力分选设备主要有卧式风力分选机和立式风力分选机。立式风力分选机精度较高；卧式风力分选机构造简单，维修方便，但分选精度不高，一般很少单独使用，常与破碎、筛分、立式风力分选机组成联合处理工艺。

（3）磁力分选

磁力分选是利用物料中的各种成分的磁性差异在不均匀磁场中进行分选的一种处理方法，主要针对具有磁性的金属物。磁力分选的工作原理是当带式运输机上的物料经过磁力区时，非磁性或磁性较弱的组分在离心力和重力作用下脱离带面向下漏出；而磁性较强的组分受磁力作用被吸到传送带上，当传送带运动到小磁区时，由于磁场强度减弱而自动脱落到收集槽中。

7.1.2 筛分技术

由于筛分设备具有制造简单、筛分效果好、成本低廉等优点，因此筛分在纯建筑垃圾处理过程中属于常见处理工艺过程。筛分主要利用筛分机或者筛分网对物料进行有选择性预留，可以选择不同孔隙的筛分网，从而筛选出所需要的物料粒度，小于该粒度的将被筛分淘汰。振动筛为最常用的筛分机，广泛应用于各类破碎筛分工艺中。

7.1.3 抑尘技术

建筑垃圾含有大量渣土，而路用材料对集料渣土含量有着严格的要求，同时对建筑垃圾进行再生加工时必然会产生大量的扬尘。目前，大多建筑固体废弃物加工厂都会由于理念落后或者成本原因而忽视扬尘问题。基于国家对生产环节扬尘控制的重视，针对加工各环节，急需寻求有效、适用、经济的抑尘技术及设备。常用的抑尘技术主要分为干法除尘（静电除尘）和湿法除尘（密封喷淋除尘）。由于喷淋会造成粉土黏附于集料表面，不利于集料在路面工程中的使用，并不适用于建筑垃圾的加工；因此，在建筑垃圾的再生加工中应使用干法除尘。

7.1.4 分选工艺

建筑垃圾的资源化生产包含分选、破碎、抑尘以及机械强化等多个环节，每个环节都有相应的工艺及设备。通过对国内外建筑垃圾资源化技术的调研，优选了每个环节的加工工艺，研究各环节工艺之间的衔接性，以实现建筑垃圾预处理-分选-破碎-机械强化-筛分等一体化加工。其工艺及装备见图 7-1。

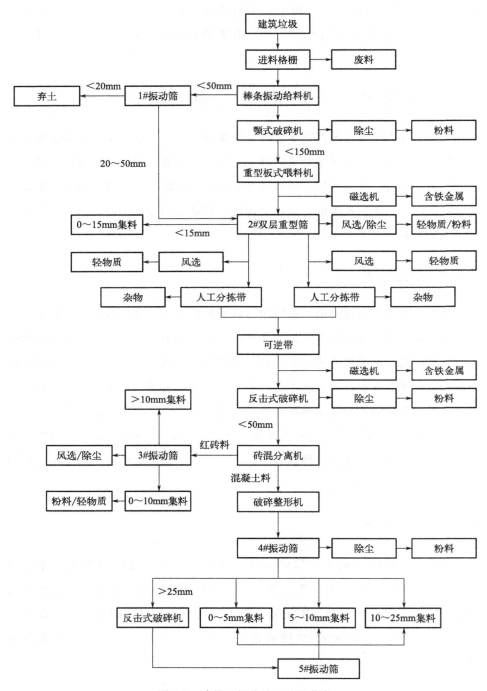

图 7-1 建筑垃圾分选工艺及装备

7.2 建筑垃圾再生集料的制备工艺

由前面建筑垃圾组成分析可知,建筑拆除垃圾中混凝土的比例占据最大,而废砖比例仅占6%。有资料显示,北方建筑物多为混凝土构筑物,在南方砖混结构比重增大。因此,基于调研成果及实际环境条件,主要针对废混凝土类的建筑垃圾进行研究,本节就废混凝土建筑垃圾生产再生集料的制备工艺进行分析。

再生集料的生产工艺一般包括破碎、筛分、抑尘以及机械强化等环节。研究表明,高质量的生产工艺及设备可以大幅度削除混凝土废弃物表面的水泥浆体,进而降低再生集料的吸水率和压碎值,大幅度地提升其路用品质。因此,面对国内如此大的混凝土类废弃物规模以及结合混凝土类废弃物存在状况,针对采用混凝土类废弃物制备再生集料的生产工艺及设备的研究尤为关键。

7.2.1 破碎设备

破碎作业是混凝土类废弃物资源化的重要环节,通过合理的破碎机械及工艺可生产出适合道路工程使用的具有良好级配、针片状少、洁净、均一性好的再生集料。目前,石料的破碎设备主要有:颚式破碎机、圆锥式破碎机、辊式破碎机、反击式破碎机、锤式破碎机、破碎整形机。

(1) 颚式破碎机

颚式破碎机俗称"老虎口",如图7-2所示,是破碎较硬矿石最有效的设备,其结构简单、工作可靠、使用维护方便,但其处理能力低,产品粒度不均匀,在矿山、冶炼、建筑等行业广泛应用。尽管颚式破碎机的种类有很多,但在我国选矿中只有"简单摆动式颚式破碎机"和"复杂摆动式颚式破碎机"两种。简摆式破碎机的破碎比一般为3~6,复摆式最高可达10;相同规格下,复摆式比简摆式的处理能力大20%~30%,但其衬板磨损更严重。

颚式破碎机工作时,活动颚板围绕悬挂轴相对固定颚板做周期性的往复运动,时而靠近,时而离开。当活动颚板靠近固定颚板时,处于两颚板之间的矿石受到压碎、劈裂、弯曲、折断和磨剥等联合施力作用而破碎。当活动颚板离开固定颚板时,已破碎的矿石在重力作用下,经破碎机的排料口排出。

图 7-2　颚式破碎机及其工作原理模拟图

(2) 圆锥式破碎机

圆锥式破碎机具有破碎比大、效率高、能耗低、产品粒度均匀等优点，适合中碎和细碎各种岩石，如图 7-3 所示。

 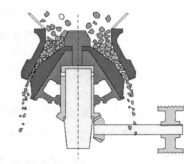

图 7-3　圆锥式破碎机及其工作原理模拟图

在圆锥式破碎机的工作过程中，电动机通过传动装置带动偏心轴套旋转，动锥在偏心轴套的迫动下做旋转摆动，动锥靠近静锥的区段即成为破碎腔。母岩从进料箱落到动锥上端的分配盘上，由此再均匀地撒入动锥周围的破碎腔内，在受到动锥和静锥的多次挤压和撞击后而破碎。动锥离开该区段时，该处已破碎至要求粒度的物料在自身重力作用下下落，从锥底排出。

(3) 辊式破碎机

辊式破碎机生产能力小、辊面易磨损，但其产品粒度均匀，在小型选矿厂常用。辊式破碎机主要分为双辊式破碎机和四辊式破碎机两种。

辊式破碎机是利用一对（或两对）相向转动的圆辊破碎物料，如图 7-4 所示。物料经设备上部加料口落入两辊子之间，依靠摩擦力的作用被带入两辊子之间的间隙而逐渐被压碎，成品物料自下部漏出。若辊面是齿形的，则主要是依靠劈碎作用破碎岩石。当遇有过硬而不能破碎的物料时,辊子自动退让,使辊子间间隙增大,过硬物料落下,凭借液压缸或弹簧的作用,辊子恢复到原间隙,从而保护机器。调整两个辊子间的间隙,即可控制产品最大粒度。

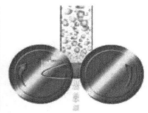

图 7-4　辊式(齿状)破碎机及其工作原理模拟图

(4) 反击式破碎机

反击式破碎机具有破碎比大、生产能力高、功率消耗低、破碎规格多样化、适应性强等优点,在矿物加工领域中具有良好的应用前景。

反击式破碎机是一种利用冲击能来破碎物料的破碎设备,如图 7-5 所示。机器工作时,在电动机的带动下,转子高速旋转,物料进入板锤作用区时,与转子上的板锤撞击破碎,后又被抛向反击衬板上再次破碎,然后又从反击衬板上弹回到板锤作用区重新破碎,此过程重复进行,物料由大到小进入一、二、三反击腔重复进行破碎,直到物料被破碎至所需粒度,由出料口排出。

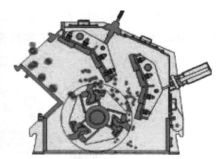

图 7-5　反击式破碎机及其工作原理模拟图

(5) 锤式破碎机

锤式破碎机具有破碎比大、生产能力高、产品均匀、过粉现象少等优点,但其锤头和蓖条筛磨损快,适用于破碎各种中等硬度且磨蚀性弱的物料。

锤式破碎机主要是靠冲击能来完成破碎物料作业的,如图 7-6 所示。锤式破碎机工作时,电机带动转子做高速旋转,物料均匀地进入破碎腔中,高速回转的锤头冲击、剪切物料致物料被破碎，同时，物料自身的重力作用使物料从高速旋转的锤头冲向架体内挡板、筛条，大于筛孔尺寸的物料阻留在筛板上继续受到锤子的打击和研磨，直到破碎至所需出料粒度，最后通过筛板排出机外。

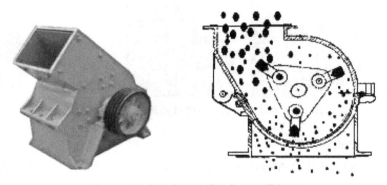

图 7-6　锤式破碎机及其工作原理模拟图

（6）破碎整形机

破碎整形机是一种物料自行冲击式破碎机，如图 7-7 所示，是结合同类产品的先进技术开发出的具有先进水平的高能低耗设备，是国内外最先进、最理想的细碎和整形设备。破碎整形机具有细碎粗磨功能以及破碎效率高、产品近似立方体等优点。物料由机器上部垂直落入高速旋转的叶轮内，在高速离心力的作用下，与另一部分以伞状形式分流在叶轮四周的物料产生高速撞击破碎，物料在相互撞击后，又会在叶轮和机壳之间形成涡流并多次地互相撞击、摩擦而粉碎，从下部直通排出，通过筛分设备控制达到所要求的成品粒度。

图 7-7　破碎整形机

7.2.2 生产工艺

本小节仅对利用混凝土类废弃物生产再生集料的工艺展开研究。在碎石的生产过程中，为了避免过粉碎和降低成本，应尽量做到"不做多余无意义的破碎"。要将大粒度母岩破碎成所需粒度集料，一次破碎可能无法达到所需要求，一般需要二段或三段破碎。由于不同的破碎设备其破碎能力不同，产品性质也不同，所以在不同的破碎阶段需要选用合适的破碎设备。

颚式破碎机可以破碎较硬的岩石，但其产品粒度不均匀，可将其作为粗碎阶段破碎设备；圆锥式破碎机适合各种硬度的矿石，破碎产品较粗，一般放在粗碎之后，故可将其作为中碎阶段的破碎设备；由于破碎整形机兼具冲击破碎和整形的功能，且能生产出均匀、规则的碎石，故可将其作为细碎、整形阶段的破碎设备。综合世界各国再生集料的破碎工艺和生产装置，针对再生细集料、再生粗集料推荐了相应的生产工艺流程，见图 7-8、图 7-9。

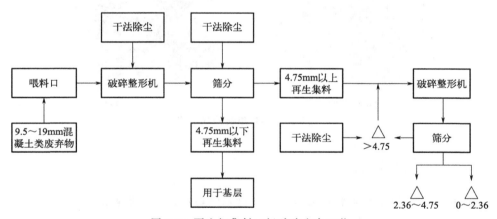

图 7-8 再生细集料二级破碎生产工艺

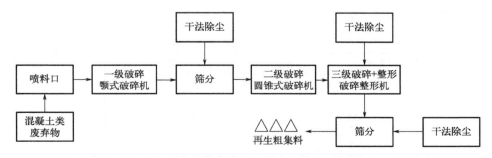

图 7-9 再生粗集料三级破碎生产工艺

7.2.3 再生集料的资源特性

7.2.3.1 外貌特征

本小节所采用再生集料分为两档，见图 7-10 所示。通过观察发现，对于粒径较小的再生集料 [图 7-10(a)]，其纯砂浆颗粒占比较大，集料大多包裹着胶结料，表面粗糙；对于粒径较大的再生集料 [图 7-10(b)]，纯砂浆集料较少，且基本为粒径偏小的集料，粒径大的集料基本为原混凝土中集料破碎而成，存在新产生的破碎光滑面，但部分表面仍包裹着胶结料。

(a) 5～10mm (b) 10～25mm

图 7-10 再生集料外观形貌

7.2.3.2 性能测试

根据《公路工程集料试验规程》测试不同粒径再生粗集料的表观密度、吸水率以及压碎值，并选用 5～25mm 连续级配的天然石灰岩粗集料进行对比测试，其测试结果见表 7-1。

表 7-1 粗集料性能测试结果

粗集料类型		表观密度/(kg/m³)	吸水率/%	压碎值/%
再生粗集料	5～10mm	2580	9.03	—
	10～25mm	2602	7.04	—
	5～25mm	2596	7.50	17.8
天然粗集料	5～25mm	2710	0.67	13.9

(1) 表观密度

从表 7-1 可以看出,再生粗集料的表观密度略小于天然粗集料的表观密度,且大粒径的再生粗集料表观密度要略大于小粒径再生粗集料。再生粗集料在破碎过程中内部产生微裂缝,造成集料孔隙率增大,同时集料表面附着的水泥砂浆密度也小于天然集料,从而造成再生粗集料的表观密度小于天然粗集料。对于小粒径的再生粗集料,其水泥砂浆占比更大,其表观密度更小。

(2) 吸水率

从表 7-1 可以看出,再生粗集料的吸水率均在 7% 以上,远远大于天然粗集料的吸水率,且小粒径再生粗集料的吸水率更大。这是由于再生粗集料表面附着水泥砂浆,而砂浆孔隙较多且具有良好的亲水性,在相同条件下,再生粗集料相比天然粗集料更容易吸收和保持水分,从而造成其吸水率增大;同理,小粒径再生粗集料中水泥砂浆占比较大,造成其吸水率更高。

(3) 压碎值

再生粗集料的压碎值较高,大于天然粗集料的压碎值,这是由于废旧混凝土块在破碎过程中因损伤累积在内部造成大量微裂纹,同时砂浆颗粒孔隙率大、抗压强度低,从而造成了再生粗集料的压碎值高。

7.2.3.3 矿物组成

采用 X 射线衍射 (XRD) 分析再生粗集料的物相组成,衍射源为铜靶,扫描范围为 5°~75°,步长为 0.02°,扫描速度为 10 (°)/min。再生粗集料中的结晶物质会在自己固定的角度出现衍射峰,在波长一定的 X 射线照射下,可得到衍射角 2θ 与衍射峰强度的关系图,通过布拉格方程计算可得到晶面距离 d,将试验得到的 d 值与标准衍射花样数据库进行比对,可得到再生粗集料的矿物组成,其结果见图 7-11。

从图 7-11 可以看出,再生粗集料中有石英、云母、$CaCO_3$、$Ca(OH)_2$ 以及 AFt(钙矾石)等,可见再生粗集料矿物组成主要来自两部分:一部分是原生碎石,包括石英、$CaCO_3$ 以及云母等;另一部分是水泥水化产物,包括 $Ca(OH)_2$ 和 AFt。

7.2.3.4 微观结构

采用扫描电子显微镜 (SEM) 观测再生粗集料的微观形貌。扫描电子显

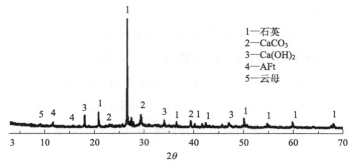

图 7-11　再生粗集料 XRD 图谱

微镜是通过电子束在物体上逐点扫描,并由同一个扫描发生器在显像管上同步扫描成像。由于二次电子能量较低,不能直接激发闪烁体发光,所以在闪烁体前加一个加速极(电压为 20kV),使二次电子加速,闪烁体发出的光电信号由光电倍增管检出。对于再生粗集料的非金属试样,需要在试样表面喷镀导电的薄膜,且试样用自然断口,不需要抛光,以免破坏试样表面的物质形貌。本次测试选取 30 倍和 100 倍的放大倍数对再生粗集料进行观测,其结果见图 7-12。

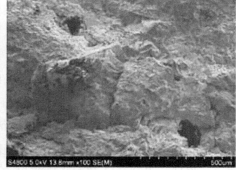

图 7-12　再生粗集料 SEM 图像

从图 7-12 可以看出,再生粗集料内部存在大量的孔隙与微裂缝。这主要是由于废弃混凝土内部本身存在砂浆-碎石界面薄弱区,再加上在破碎过程中损伤累积,造成生产出的再生粗集料内部存在大量微裂缝和孔隙。

7.2.4　再生集料的强化技术

从上节测试结果可知,再生粗集料表面粗糙且含有硬化水泥砂浆,因生产破碎过程中损伤累积在内部造成大量微裂纹,具有孔隙率大、吸水率大、压碎指标值高等特点。鉴于再生粗集料与天然粗集料的性能差异很大，本节拟采用聚乙烯醇（PVA）、硅酸钠、有机硅树脂以及 CO_2 等化学强化剂对再生粗集料的性能加以改善，通过对比强化效果推荐最佳强化技术。

7.2.4.1 PVA 对再生粗集料的强化

(1) 聚乙烯醇 (PVA)

采用高黏度白色分析纯粉末，其相关性能指标见表 7-2。

表 7-2 PVA 的性能指标

指标	醇解度/%	平均聚合度	挥发物	灼烧残渣	pH 值 (50g/L,25℃)	黏度 (50g/L,25℃)/(mPa·s)
要求	≥97.0	1750±50	≤5.0%	≤0.5%	5.0~7.0	54.0~66.0

(2) 强化方案

将 PVA 粉末溶于热水中，制备不同浓度（4%、6%、8%、10%）的 PVA 溶液。将再生粗集料倒入 PVA 溶液中，搅拌均匀，浸泡 48h。在此期间，用铁棒加以搅拌或用力来回颠簸，尽量赶走集料表面的气泡，最后用带筛孔的器皿将再生集料捞出，在 50~60℃ 的温度下烘干。

(3) 强化效果评价

针对 PVA 强化过的再生粗集料，根据《公路工程集料试验规程》测试其表观密度、吸水率和压碎值，试验结果见表 7-3。

表 7-3 PVA 对再生粗集料的强化试验结果

测试项目		表观密度/(kg·m^{-3})	吸水率/%	压碎值/%
浓度/%	0	2596	7.50	17.8
	4	2605	6.89	17.3
	6	2617	6.33	16.7
	8	2630	5.62	16.0
	10	2637	5.43	15.8

① 对表观密度的影响。从表 7-3 可以看出，随着 PVA 溶液浓度的增大，再生粗集料的表观密度也随之增大，但提升幅度较小。当浓度为 10% 时，其表观密度仍小于天然碎石的表观密度（2710kg/m^3）。

② 对吸水率的影响。图 7-13 为再生粗集料吸水率随 PVA 溶液浓度的变化曲线图。从图中可以看出，相对于未处理组（PVA 溶液浓度为 0%），PVA

溶液可以明显降低再生粗集料的吸水率，且随着 PVA 溶液浓度的增大，再生粗集料的吸水率随之降低。当 PVA 溶液浓度小于 8% 时，其吸水率降低较快，而当浓度从 8% 到 10% 时，吸水率变化率仅增加 2.5%，其降低幅度大大减小，可见 PVA 浓度大于 8% 时对再生粗集料吸水率的改善效果不再明显。

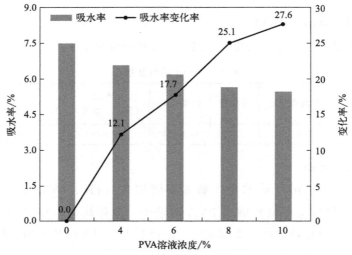

图 7-13　吸水率随 PVA 溶液浓度的变化曲线

③ 对压碎值的影响。图 7-14 为再生粗集料压碎值随 PVA 溶液浓度的变化曲线图。从图中可以看出，相对于未处理组（PVA 溶液浓度为 0%），PVA

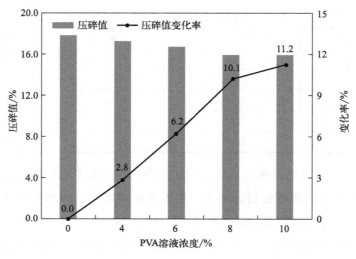

图 7-14　压碎值随 PVA 溶液浓度的变化曲线

溶液可以降低再生粗集料的压碎值,且随着 PVA 溶液浓度的增大,再生粗集料的压碎值随之降低。当 PVA 溶液浓度小于 8% 时,其压碎值降低较快,而当浓度从 8% 到 10% 时,压碎值变化率仅增加 1.1%,其降低幅度大大减小,可见 PVA 浓度大于 8% 时对再生粗集料压碎值的改善效果不再明显。

对比图 7-13 和图 7-14 可以看出,相比于未处理再生集料(PVA 溶液浓度为 0%),PVA 溶液对再生集料的吸水率的改善效果要显著于压碎值,尤其在低浓度时更明显。当 PVA 溶液浓度大于 8% 时,再生粗集料吸水率和压碎值的降低速率均大大减缓,因此,选用 PVA 溶液强化再生集料时,建议其溶液浓度取 8%。

(4) 强化机理分析

PVA 是一种水溶性高分子聚合物,溶于水后使溶液具有一定的黏度。当用 PVA 溶液处理再生集料时,其可以覆盖于集料表面,封闭集料内部存在的孔隙,从而降低再生集料的吸水率,且随着 PVA 溶液浓度增大,其在集料表面形成的膜越厚,封闭作用越明显,吸水率降低越大。同时,随着 PVA 溶液浓度的不断增大,溶液的黏度越来越高,随着放置时间延长及温度降低容易形成凝胶,可以堵塞再生集料内部的孔隙,使得再生粗集料的表观密度增大,压碎值减小。当 PVA 溶液浓度增大到一定程度时,其形成的膜已基本可以隔绝水通道,其形成的凝胶已基本填充孔隙,溶液浓度继续增大其影响作用也将大大降低,从而造成吸水率和压碎值的降低速率大大减缓。

7.2.4.2 硅酸钠对再生粗集料的强化

(1) 硅酸钠

采用九水硅酸钠分析纯粉末,由国药集团生产,其性能指标见表 7-4。

表 7-4 硅酸钠的性能指标

指标	含量/%	重金属(以 Pb 计)/%	水不溶物/%	干燥失量/%	pH 值(50g/L,25℃)
要求	≥99.5	≤0.0005	≤0.005	≤0.5	5.0~8.0

(2) 强化方案

将硅酸钠粉末溶于水中,制备不同浓度(5%、10%、15%、20%)的硅酸钠溶液。将再生粗集料倒入硅酸钠溶液中,搅拌均匀,浸泡 2h。在此期间,用铁棒加以搅拌或用力来回颠簸,尽量赶走集料表面的气泡,最后用带筛孔的器皿将再生集料捞出,在 50~60℃ 下烘干。

(3) 强化效果评价

针对硅酸钠溶液强化过的再生粗集料，根据《公路工程集料试验规程》测试其表观密度、吸水率和压碎值，试验结果见表 7-5。

表 7-5 硅酸钠对再生粗集料的强化试验结果

测试项目		表观密度/kg·m^{-3}	吸水率/%	压碎值/%
掺量/%	0	2600	7.50	17.8
	5	2600	6.43	17.3
	10	2610	5.89	16.5
	15	2620	5.40	15.6
	20	2630	5.32	14.9

① 对表观密度的影响。从表 7-5 可以看出，随着硅酸钠溶液浓度的增大，再生粗集料的表观密度随之增大，但提升幅度较小。当浓度为 20% 时，其表观密度仍小于天然碎石的表观密度（2710kg/m^3）。

② 对吸水率的影响。图 7-15 为再生粗集料吸水率随硅酸钠溶液浓度的变化曲线图。从图中可以看出，相对于未处理组（溶液浓度为 0%），硅酸钠溶液可以明显降低再生粗集料的吸水率，且随着硅酸钠溶液浓度的增大，再生粗集料的吸水率随之降低。当硅酸钠溶液浓度小于 15% 时，其吸水率降低较快，而当浓度从 15% 到 20% 时，吸水率变化率仅增加 1.1%，降低幅度大大减小，可见硅酸钠浓度大于 15% 时对再生粗集料吸水率的改善效果不再明显。

③ 对压碎值的影响。图 7-16 为再生粗集料压碎值随硅酸钠溶液浓度的变化曲线图。从图中可以看出，相对于未处理组（溶液浓度为 0%），硅酸钠溶液可以降低再生粗集料的压碎值。当硅酸钠溶液浓度在 0%～20% 范围内时，再生粗集料的压碎值随硅酸钠溶液浓度的增大呈线性减小趋势。

分析对比图 7-15 和图 7-16 可以发现，采用硅酸钠溶液处理再生集料时，再生集料的吸水率的降低幅度远大于压碎值，可见硅酸钠溶液对吸水率的改善效果要显著于压碎值。当硅酸钠溶液浓度大于 15% 时，再生粗集料的吸水率降低速率大大降低，但压碎值的降低速率基本无变化，因此，采用硅酸钠溶液强化再生集料时，综合考虑改善效果及材料成本，建议其溶液浓度取 15%。

(4) 强化机理分析

硅酸钠溶液对再生集料性能的改善主要存在两方面因素：

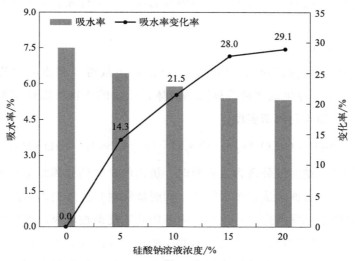

图 7-15　吸水率随硅酸钠溶液浓度的变化曲线

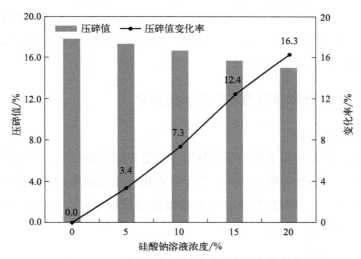

图 7-16　压碎值随硅酸钠溶液浓度的变化曲线

① 硬化析出。

硅酸钠溶液在空气中吸收 CO_2，形成非晶硅酸凝胶，并逐渐干燥而硬化：

$$Na_2O \cdot nSiO_2 + CO_2 + mH_2O \Longrightarrow Na_2CO_3 + nSiO_2 \cdot mH_2O$$

$$SiO_2 \cdot H_2O \longrightarrow SiO_2 + H_2O$$

硅酸钠溶液硬化析出的硅酸凝胶能堵塞再生集料内部的毛细孔并在表面形

成连续封闭膜，同时能够对再生集料内部的微裂纹进行黏合，改善再生集料的孔隙结构。

② 化学反应。

再生集料表面覆盖着水泥砂浆，而硅酸钠溶液可以和水泥中的水化产物 $Ca(OH)_2$ 发生反应生成水硬性硅酸钙胶体，生成的产物可以填充再生集料的孔隙，从而增加集料的密实度。

$$Na_2O \cdot nSiO_2 + Ca(OH)_2 =\!=\!= Na_2O + (n-1)SiO_2 + CaO \cdot SiO_2 + H_2O$$

当采用硅酸钠溶液处理再生集料时，析出的硅酸钙胶体能堵塞再生集料内部的毛细孔并在表面形成连续封闭膜，同时能够对再生集料内部的微裂纹进行黏合，同时随着化学反应，再生集料内部的孔隙逐渐被填充，再生集料更加密实，其吸水率和压碎值大大降低。随着硅酸钠溶液浓度的不断增大，再生集料表面的膜继续增厚，封闭填充作用更加明显，再生集料的吸水率和压碎值进一步降低。当硅酸钠溶液浓度增加到一定程度时，形成的膜已基本可以隔绝水通道，溶液浓度继续增大对封闭孔隙作用不再明显，造成吸水率降低幅度减缓，但由于化学反应仍在继续，持续生成的产物增加了再生集料的密实度，从而使得再生集料压碎值持续降低。

7.2.4.3 有机硅树脂对再生粗集料的强化

(1) 有机硅树脂

有机硅树脂是一类由硅原子和氧原子交替联结组成骨架，不同的有机基团再与硅原子联结的聚合物的统称，属于半有机半无机的高分子聚合物，兼具有机聚合物和无机聚合物的特性。本次试验采用信越 KR-400 甲基有机硅树脂，为淡黄色透明液体。

(2) 强化方案

将有机硅树脂用水稀释为不同浓度（25%、50%、75%、100%）的有机硅树脂溶液。将再生粗集料倒入有机硅树脂溶液中，搅拌均匀，用带筛孔的器皿将再生集料捞出，在150～160℃的温度下烘干。

(3) 强化效果评价

针对有机硅树脂溶液强化过的再生粗集料，根据《公路工程集料试验规程》测试其表观密度、吸水率和压碎值，试验结果见表 7-6。

表 7-6　有机硅树脂对再生粗集料的强化试验结果

测试项目		表观密度/(kg·m^{-3})	吸水率/%	压碎值/%
掺量/%	0	2596	7.50	17.8
	25	2593	6.32	17.4
	50	2588	5.51	16.9
	75	2582	4.44	16.2
	100	2579	3.29	15.3

① 对表观密度的影响。从表 7-6 可以看出，随着有机硅树脂溶液浓度的增大，再生粗集料的表观密度减小，但降低幅度较小。

② 对吸水率的影响。图 7-17 为再生粗集料吸水率随有机硅树脂溶液浓度的变化曲线图。从图中可以看出，相对于未处理组（溶液浓度为 0%），有机硅树脂溶液可以明显降低再生粗集料的吸水率，且随着有机硅树脂溶液浓度的增大，再生粗集料的吸水率随之降低。

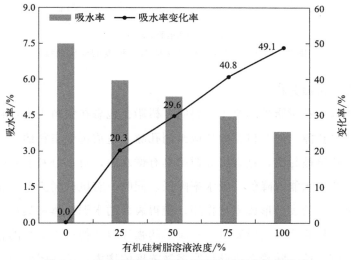

图 7-17　吸水率随有机硅树脂溶液浓度的变化曲线

③ 对压碎值的影响。图 7-18 为再生粗集料压碎值随有机硅树脂溶液浓度的变化曲线图。由图可知，相对于未处理组（溶液浓度为 0%），有机硅树脂溶液可以降低再生粗集料的压碎值，且随着有机硅树脂溶液浓度的增大，再生粗集料的压碎值随之降低。

对比图 7-17 和图 7-18 可以发现，采用有机硅树脂溶液处理再生集料时，再生集料的吸水率的降低幅度远大于压碎值，可见有机硅树脂溶液对吸水率的改善效果要显著于压碎值。当有机硅树脂溶液浓度持续增大时，再生粗集料的吸水率和压碎值持续降低，因此，采用有机硅树脂溶液强化再生集料时，综合考虑改善效果，建议其溶液浓度取 100％。

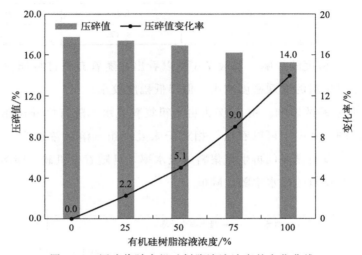

图 7-18　压碎值随有机硅树脂溶液浓度的变化曲线

（4）强化机理分析

当采用有机硅树脂处理再生集料时，树脂会包裹在集料表面，封闭集料中的大部分开口孔隙，使开口孔隙变成封闭孔隙，造成再生集料的表观密度有所降低。由于孔隙被封闭，且有机硅树脂具有憎水性，对水分具有阻断作用，使得再生集料的吸水能力降低，吸水率降低。同时，有机硅树脂覆盖在再生集料表面，能对集料的表面形成固化作用，使得表面的水泥浆体和集料形成一个完整的整体，不易脱落，而树脂自身冷凝后的强度也使得再生集料的整体强度提升，其压碎值降低。随着有机硅树脂溶液浓度的增大，其封闭作用和固化作用更加明显，所以吸水率和压碎值持续降低。

7.2.4.4　CO_2 对再生粗集料的强化

（1）强化方案

基于再生粗集料的吸水率，对再生粗集料进行预湿处理，使再生粗集料的相对含水率为 60％～70％。将粗集料放入碳化箱，通入质量分数为 20％ 的

CO_2 气体，保持压力 0.4～0.5MPa，持续时间为 72h。

(2) 强化效果评价

针对 CO_2 强化过的再生粗集料，根据《公路工程集料试验规程》测试其表观密度、吸水率和压碎值，试验结果见表 7-7。

表 7-7 CO_2 对再生粗集料的强化试验结果

测试项目		表观密度/kg·m^{-3}	吸水率/%	压碎值/%
掺量/%	0	2596	7.50	17.8
	20	2626	6.13	15.1

从表 7-7 可以看出，当采用 CO_2 碳化强化再生粗集料时，再生粗集料的表观密度增大，吸水率和压碎值降低。

(3) 强化机理分析

外界的 CO_2 通过硬化水泥浆体的毛细孔隙，与溶解在孔隙溶液中的水泥水化产物反应，生成碳酸钙和硅胶，主要反应有：

$$Ca(OH)_2 + CO_2 \longrightarrow CaCO_3 + H_2O$$

$$3CaO \cdot 2SiO_2 \cdot 3H_2O + 3CO_2 \longrightarrow 3CaCO_3 + 2SiO_2 \cdot 3H_2O$$

$$3CaO \cdot Al_2O_3 \cdot 3CaSO_4 \cdot 32H_2O + 3CO_2 \longrightarrow$$
$$3Al_2O_3 \cdot 6H_2O + 3CaSO_4 \cdot 6H_2O + 3CaCO_3 + 20H_2O$$

$$3CaO \cdot Al_2O_3 \cdot CaSO_4 \cdot 18H_2O + 3CO_2 \longrightarrow$$
$$Al_2O_3 \cdot 6H_2O + CaSO_4 \cdot 2H_2O + 3CaCO_3 + 10H_2O$$

此外，再生集料表层附着的旧砂浆中含有未水化水泥颗粒，其中的矿物可以和 CO_2 发生碳化反应：

$$3CaO \cdot SiO_2 + 3CO_2 + \mu H_2O \longrightarrow 3CaCO_3 + 3SiO_2 \cdot \mu H_2O$$

由于上述碳化反应中固相体积均是增加的，表观密度随之增加，生成的产物可以使附着的水泥浆体的结构更加致密，孔隙率降低，从而吸水率随之降低。同时，有研究表明，采用 CO_2 强化处理再生集料时，旧水泥浆体-集料界面过渡区的性质也将得到改善，再生集料结构致密性的提高和界面过渡区的改善提高了再生集料的整体强度，其压碎值随之降低。

7.2.4.5 再生集料强化技术比选

为了对比分析不同强化剂的强化效果，选取未处理、8%浓度 PVA 溶液处理、15%浓度硅酸钠溶液处理、100%浓度有机硅树脂溶液处理和 CO_2 处理的再生集料，对其吸水率和压碎值进行对比，其结果见图 7-19。

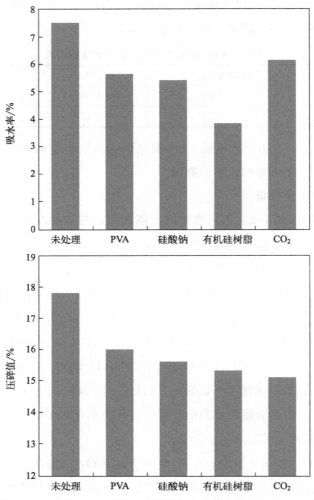

图 7-19　不同强化剂对再生粗集料吸水率和压碎值的强化效果

从吸水率来看，各强化剂的强化效果排序如下：100%有机硅树脂溶液＞15%硅酸钠溶液≈8%PVA 溶液＞CO_2＞未处理；从压碎值来看，各强化剂的强化效果排序如下：CO_2＞100%有机硅树脂溶液＞15%硅酸钠溶液＞8%PVA 溶液＞未处理；从其它因素来看，CO_2 强化条件较为严格，不仅需要密闭空间，还需要实施温度、湿度、压力控制等，有机硅树脂的成本最高，硅酸钠成本最低。

综合考虑多方面因素，若仅进行少量的再生集料强化用于室内试验时，可选用100%有机硅树脂溶液进行强化；若需要大规模地强化再生集料用于实体工程建设时，可选用硅酸钠溶液进行强化。

7.2.5 小结

通过对再生集料的资源特性和强化技术进行研究，主要结论如下：

① 基于分选技术及装备调研及分析，推荐了建筑垃圾破碎设备及再生集料的生产工艺。

② 再生粗集料的表观密度略小于天然粗集料的表观密度，但吸水率和压碎值远大于天然粗集料。

③ PVA溶液、硅酸钠溶液、有机硅树脂溶液可以明显降低再生粗集料的吸水率，且随着溶液浓度的增大，再生粗集料的吸水率和压碎值随之降低。

④ 综合考虑多方面因素，若仅强化少量的再生集料用于室内试验时，可选用100%有机硅树脂溶液作为强化剂；若需要大规模地强化再生集料用于实体工程建设时，可选用硅酸钠溶液进行强化。

7.3 再生集料的路用性能

7.3.1 原材料及配合比

(1) 原材料

水泥采用P·O 32.5普通硅酸盐水泥，主要性能见表7-8。天然粗集料采用5～31.5mm的石灰石碎石，再生粗集料采用废旧混凝土破碎的5～31.5mm的集料，主要性能见表7-9。天然细集料采用0～5mm的石屑，再生细集料采用废旧混凝土破碎的0～5mm的集料。拌和用水采用自来水。

表7-8 水泥的主要性能指标

表观密度/g·cm^{-3}	比表面积/m^2·kg^{-1}	凝结时间/min		抗压强度/MPa		
		初凝	终凝	3天	7天	28天
3.07	344	275	495	21.1	25.6	36.8

表 7-9　粗集料的主要性能指标

集料类型	粒径/mm	表观密度/(kg·m^{-3})	吸水率/%	压碎值/%
天然粗集料	5～31.5	2710	0.67	13.9
再生粗集料	5～31.5	2600	7.50	17.8

（2）配合比

分别将再生集料（RCA）按照 0%、30%、50% 和 100% 替代天然集料，采用线性规划方法求解，确定四种水泥稳定再生集料混合料的最佳级配，并保证四种级配的通过率较为接近，其级配组成结果见表 7-10。

表 7-10　水泥稳定再生集料混合料的合成级配

RCA 掺配率/%	合成级配							
	31.5	26.5	19	9.54	4.75	2.36	0.60	0.075
0	100	97.2	81.5	55.8	39.5	27.1	14.1	0.9
30	99.9	98.3	79.2	54.9	38.1	28.3	14.5	1.3
50	99.8	97.1	80.3	55.3	37.9	26.9	13.9	1.1
100	99.5	98.6	81.1	56.1	38.8	27.3	13.3	1.1

《公路沥青路面设计规范》（JTG D50—2017）规定：水泥稳定类材料水泥剂量宜为 3.0%～6.0%。因此，拟采用 4%、5%、6% 三个水泥剂量制备不同 RCA 掺配率的水泥稳定再生集料，并根据《公路工程无机结合料稳定材料试验规程》（JTG 3441—2024）击实试验测试其最大干密度和最佳含水率，同时测试其力学及疲劳特性。

7.3.2　击实试验

按照《公路工程无机结合料稳定材料试验规程》（JTG 3441—2024）中的击实试验测试 3 种水泥剂量（4%、5%、6%）、4 种掺配率（0%、30%、50%、100%）水泥稳定再生集料混合料的最大干密度和最佳含水率。

图 7-20 可以看出，当水泥剂量保持不变，随着 RCA 掺配率的增大，水泥稳定再生集料混合料的最大干密度随之减小，最佳含水率随之增大，这主要是由再生集料的表观密度小于天然集料而吸水率远大于天然集料造成的。

当 RCA 掺配率保持不变，随着水泥剂量的增加，水泥稳定再生集料混合料的最大干密度和最佳含水率均随之增大。这主要有以下原因：

① 水泥水化后可以将集料胶结在一起，水泥剂量越大，水化所需水越多，

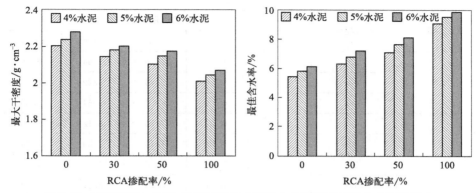

图 7-20　水泥剂量、RCA 掺配率对混合料最大干密度和最佳含水率的影响

形成的水泥浆增多，胶结效果增强；

② 水泥浆的增多可以增强骨料间的润滑性，使混合料更易压实；

③ 水泥浆还可以充分填充于骨料间隙中，增加混合料的密度。

当水泥剂量保持不变，RCA 掺配率从 0% 增加到 100% 时，水泥稳定再生集料混合料的最大干密度减少了 9% 左右，而最佳含水率增大了 60% 以上，显然，再生集料的掺入对水泥稳定再生集料混合料的最佳含水率影响更为显著。

7.3.3　无侧限抗压强度试验

按照静压法成型高 150mm、直径为 150mm 的圆柱形试件，在温度为（20±2）℃、湿度为 95% 的标准环境下养生，按照《公路工程无机结合料稳定材料试验规程》（JTG 3441—2024）无侧限抗压强度试验方法分别测试水泥稳定再生集料混合料的 7 天、28 天、60 天、90 天和 180 天的无侧限抗压强度。表 7-11 为水泥稳定再生集料混合料的无侧限抗压强度试验结果。

表 7-11　水泥稳定再生集料混合料无侧限抗压强度试验结果

水泥剂量/%	RCA 掺配率/%	无侧限抗压强度 R_c/MPa				
		7 天	28 天	60 天	90 天	180 天
4	0	4.01	5.21	6.08	6.35	6.61
	30	3.52	4.60	5.43	5.67	5.88
	50	3.16	4.03	4.72	5.13	5.35
	100	2.93	3.71	4.37	4.75	4.93
5	0	4.86	6.03	6.97	7.32	7.68

续表

水泥剂量/%	RCA 掺配率/%	无侧限抗压强度 R_c/MPa				
		7天	28天	60天	90天	180天
5	30	4.34	5.39	6.16	6.64	6.99
	50	3.97	4.91	5.76	6.29	6.41
	100	3.65	4.53	5.24	5.64	5.85
6	0	5.63	6.88	7.78	8.12	8.54
	30	5.21	6.30	7.13	7.59	7.94
	50	4.59	5.60	6.43	6.88	7.23
	100	4.12	4.98	5.78	6.17	6.38

(1) 水泥剂量的影响

图 7-21 为水泥剂量对水泥稳定再生集料混合料无侧限抗压强度的影响。综合图 7-21 和表 7-11 可以看出，随着水泥剂量的增大，水泥稳定再生集料混合料的无侧限抗压强度随之增大，与常规水泥稳定材料的变化规律一致。当水泥剂量从 4% 分别增加到 5%、6% 时，水泥稳定再生集料混合料的 7 天无侧限抗压强度分别提升了 23%、45% 左右，90 天无侧限抗压强度分别提升了 18%、30% 左右，显然，水泥剂量对水泥稳定再生集料混合料的 7 天无侧限抗压强度的影响更加显著。水泥剂量从 5% 增加到 6% 时，水泥稳定再生集料混合料的 90 天无侧限抗压强度提升幅度要小于水泥剂量从 4% 增加到 5% 时的提升幅度。因此，当水泥剂量超过 5% 时，其对水泥稳定再生集料混合料的 90 天无侧限抗压强度的提升作用下降，建议水泥稳定再生集料混合料的水泥剂量不超过 5%。

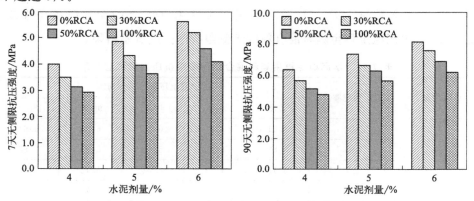

图 7-21 水泥剂量对水泥稳定再生集料混合料无侧限抗压强度的影响

(2) RCA 掺配率的影响

图 7-22 为 RCA 掺配率对水泥稳定再生集料混合料无侧限抗压强度的影响。综合图 7-22 和表 7-11 可以看出，当水泥剂量一定时，随着 RCA 掺配率的增大，水泥稳定再生集料混合料的无侧限抗压强度随之降低；当 RCA 掺配率从 0% 增大到 100% 时，任何养生龄期的水泥稳定再生集料混合料的无侧限抗压强度均降低 25% 左右，可见 RCA 掺配率对水泥稳定再生集料混合料无侧限抗压强度的影响不随龄期变化。

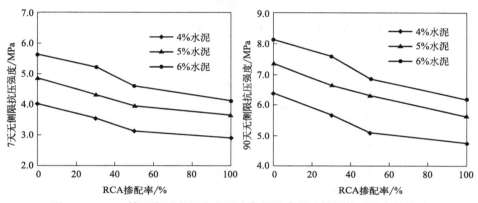

图 7-22 RCA 掺配率对水泥稳定再生集料混合料无侧限抗压强度的影响

水泥稳定再生集料混合料的无侧限抗压强度与水泥剂量、集料特性、水泥石-集料界面、集料-集料界面等有关。RCA 的掺入对水泥稳定再生集料混合料的无侧限抗压强度的影响较为复杂：

① RCA 的压碎值远低于天然集料，会造成水泥稳定再生集料混合料的无侧限抗压强度降低；

② RCA 的表面较为粗糙，会增大集料间的摩擦力与咬合力，增强集料-集料界面强度；

③ RCA 表面附着的浆体内部存在一定的活性成分，可以与水化产生的 $Ca(OH)_2$ 发生反应，生成的水硬性产物可以进一步填充孔隙，增加密实性，增强水泥石-集料界面的强度；

④ 再生集料的表面相比石灰石碎石表面存在更多孔隙，在混合料拌和过程中，水泥浆容易进入再生集料的孔隙中，增强水泥石-集料界面的强度。

上述试验结果显示，随着 RCA 掺配率的增大，水泥稳定再生集料混合料的无侧限抗压强度随之下降。显然，RCA 对水泥稳定再生集料混合料的无侧限抗压强度造成的不利作用要显著于其改善作用。

(3) 养生龄期的影响

图 7-23 为养生龄期对水泥稳定再生集料混合料无侧限抗压强度的影响。从图中可以看出,水泥稳定再生集料混合料的无侧限抗压强度随着养生龄期的增加而增大。在 0~60 天内无侧限抗压强度增长较快,在 60~90 天内无侧限抗压强度的增长减慢并趋于平缓,当养生龄期超过 90 天后无侧限抗压强度增长极其缓慢。综合表 7-11 和图 7-23 可知,水泥稳定再生集料混合料的 90 天无侧限抗压强度均为 180 天无侧限抗压强度的 95% 左右,可将 90 天无侧限抗压强度作为水泥稳定再生集料混合料的标准无侧限抗压强度。

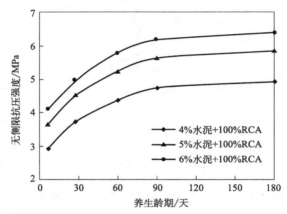

图 7-23 养生龄期对水泥稳定再生集料混合料无侧限抗压强度的影响

7.3.4 劈裂强度试验

按照《公路工程无机结合料稳定材料试验规程》(JTG 3441—2024)中劈裂强度试验方法分别测试水泥稳定再生集料混合料的 7 天、28 天、60 天、90 天和 180 天的劈裂强度。

表 7-12 为水泥稳定再生集料混合料的劈裂强度试验结果。

表 7-12 水泥稳定再生集料混合料劈裂强度试验结果

水泥掺量/%	RCA 掺配率/%	劈裂强度 R_s/MPa				
		7 天	28 天	60 天	90 天	180 天
4	0	0.35	0.45	0.55	0.58	0.60
	30	0.34	0.43	0.51	0.55	0.58

续表

水泥掺量/%	RCA 掺配率/%	劈裂强度 R_s/MPa				
		7 天	28 天	60 天	90 天	180 天
4	50	0.33	0.41	0.51	0.54	0.56
	100	0.33	0.4	0.5	0.53	0.55
5	0	0.44	0.55	0.64	0.69	0.72
	30	0.42	0.53	0.62	0.68	0.69
	50	0.41	0.52	0.59	0.64	0.67
	100	0.40	0.50	0.58	0.62	0.64
6	0	0.51	0.62	0.72	0.77	0.79
	30	0.49	0.60	0.69	0.74	0.78
	50	0.48	0.58	0.66	0.70	0.74
	100	0.47	0.58	0.65	0.68	0.72

(1) 水泥剂量的影响

图 7-24 为水泥剂量对水泥稳定再生集料混合料 90 天劈裂强度的影响。从图 7-24 和表 7-12 可以看出，随着水泥剂量的增大，水泥稳定再生集料混合料的劈裂强度随之增大，与常规水泥稳定材料的变化规律一致。水泥剂量从 4% 分别增加到 5%、6% 时，水泥稳定再生集料混合料的 90 天劈裂强度分别提升了 19%、30% 左右，可见水泥剂量从 5% 增加到 6% 时，水泥稳定再生集料混合料的 90 天劈裂强度提升幅度要小于水泥剂量从 4% 增加到 5% 时的提升幅度。因此，当水泥剂量超过 5% 时，其对水泥稳定再生集料混合料的 90 天劈裂强度的提升作用下降，建议水泥稳定再生集料混合料的水泥剂量不超过 5%。

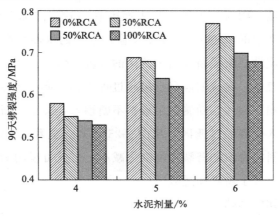

图 7-24 水泥剂量对水泥稳定再生集料混合料 90 天劈裂强度的影响

(2) RCA 掺配率的影响

图 7-25 为 RCA 掺配率对水泥稳定再生集料混合料 90 天劈裂强度的影响。综合图 7-25 和表 7-12 可以看出，当水泥剂量一定时，随着 RCA 掺配率的增大，水泥稳定再生集料混合料的劈裂强度随之减小。

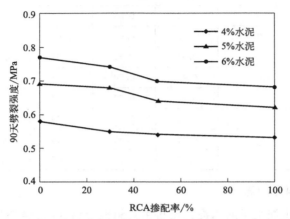

图 7-25 RCA 掺配率对水泥稳定再生集料混合料 90 天劈裂强度的影响

水泥稳定再生集料混合料的劈裂破坏往往发生于集料-水泥石界面，界面过渡区的强度直接影响着混合料的劈裂强度。对于水泥稳定再生集料混合料来说，其内部存在两种界面过渡区：新界面过渡区，即再生集料-水泥石界面过渡区；老界面过渡区，即再生集料内部附着浆体-原生集料界面过渡区。再生集料的表面相比石灰石碎石的表面更加粗糙，且存在更多孔隙，在混合料拌和过程中，水泥浆容易进入再生集料的孔隙中，增强再生集料与水泥石的黏结力，增强界面强度。同时，再生集料表面附着的砂浆内部存在一定的活性成分，可以与水化产生的 $Ca(OH)_2$ 发生反应，生成的水硬性产物可以进一步填充孔隙，增加密实性，增强新界面过渡区的强度。但是，由于再生集料内部本身存在老界面过渡区，在废旧混凝土破碎过程中容易造成老界面过渡区产生裂纹，使其更加薄弱。因此，随着再生集料不断掺入，会增强新界面过渡区的强度，但同时会引入老界面过渡区。从图 7-25 可知，随着 RCA 掺配率的增大，水泥稳定再生集料混合料的劈裂强度随之减小，由此可说明老界面过渡区对劈裂强度的影响要显著于新界面过渡区。

(3) 养生龄期的影响

图 7-26 为养生龄期对水泥稳定再生集料混合料劈裂强度的影响。从图中

可知，水泥稳定再生集料混合料的劈裂强度随着养生龄期的增加而增大。在 0~60 天内劈裂强度增长较快，在 60~90 天内劈裂强度的增长减慢并趋于平缓，当养生龄期超过 90 天后劈裂强度增长极其缓慢。综合表 7-12 和图 7-26 可知，水泥稳定再生集料混合料的 90 天劈裂强度均为 180 天劈裂强度的 95% 左右，可将 90 天劈裂强度作为水泥稳定再生集料混合料的标准劈裂强度。

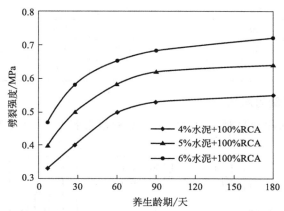

图 7-26 养生龄期对水泥稳定再生集料混合料劈裂强度的影响

7.3.5 弯拉强度试验

按照静压法成型 100mm×100mm×400mm 的长方体试件，在温度为 (20±2)℃、湿度为 95% 的标准环境下养生，按照《公路工程无机结合料稳定材料试验规程》弯拉强度试验方法分别测试水泥稳定再生集料混合料的 7 天、28 天、60 天、90 天和 180 天的弯拉强度。表 7-13 为水泥稳定再生集料混合料的弯拉强度试验结果。

表 7-13 水泥稳定再生集料混合料弯拉强度试验结果

水泥剂量/%	RCA 掺配率/%	弯拉强度 R_f/MPa				
		7 天	28 天	60 天	90 天	180 天
4	0	0.45	0.62	0.84	0.92	0.96
	30	0.43	0.58	0.79	0.87	0.91
	50	0.40	0.50	0.73	0.80	0.84
	100	0.37	0.53	0.71	0.77	0.80
5	0	0.61	0.79	0.96	1.04	1.07

续表

水泥剂量/%	RCA 掺配率/%	弯拉强度 R_f/MPa				
		7天	28天	60天	90天	180天
5	30	0.60	0.75	0.90	0.99	1.02
	50	0.55	0.72	0.86	0.91	0.95
	100	0.51	0.66	0.81	0.88	0.92
6	0	0.71	0.90	1.08	1.17	1.19
	30	0.67	0.85	1.03	1.12	1.15
	50	0.68	0.82	0.97	1.07	1.12
	100	0.62	0.79	0.95	1.02	1.06

(1) 水泥剂量的影响

图 7-27 为水泥剂量对水泥稳定再生集料混合料 90 天弯拉强度的影响。

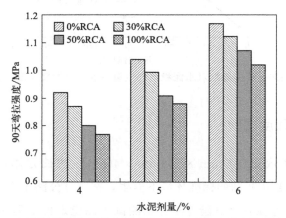

图 7-27　水泥剂量对水泥稳定再生集料混合料 90 天弯拉强度的影响

综合图 7-27 和表 7-13 可以看出，随着水泥剂量的增大，水泥稳定再生集料混合料的弯拉强度随之增大，与常规水泥稳定材料的变化规律一致。水泥剂量从 4% 分别增加到 5%、6% 时，水泥稳定再生集料混合料的 90 天弯拉强度分别提升了 13%、30% 左右，可见水泥剂量从 5% 增加到 6% 时水泥稳定再生集料混合料的 90 天弯拉强度提升幅度要大于水泥剂量从 4% 增加到 5% 时的提升幅度。可见，当水泥剂量在 4%~6% 时，随着水泥剂量的增加，其对于 90 天弯拉强度的提升作用逐渐加强。

(2) RCA 掺配率的影响

图 7-28 为 RCA 掺配率对水泥稳定再生集料混合料 90 天弯拉强度的影响。

综合图 7-28 和表 7-13 可以看出，当水泥剂量一定时，随着 RCA 掺配率的增大，水泥稳定再生集料混合料的弯拉强度随之减小。水泥稳定再生集料混合料的弯拉破坏与劈裂破坏一致，因此，再生集料的掺入会减弱水泥稳定再生集料混合料的弯拉强度，且 RCA 掺配率越大弯拉强度降低越大。

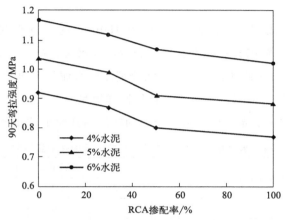

图 7-28　RCA 掺配率对水泥稳定再生集料混合料 90 天弯拉强度的影响

(3) 养生龄期的影响

图 7-29 为养生龄期对水泥稳定再生集料混合料弯拉强度的影响。

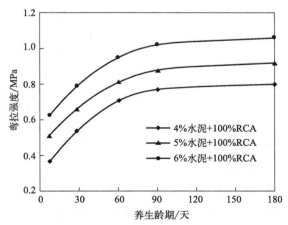

图 7-29　养生龄期对水泥稳定再生集料混合料弯拉强度的影响

从图中可知，水泥稳定再生集料混合料的弯拉强度随着养生龄期的增加而增大。在 0～60 天内弯拉强度增长较快，在 60～90 天内弯拉强度的增长减慢并趋于平缓，当养生龄期超过 90 天后弯拉强度增长极其缓慢。综合表 7-13 和

图 7-29 可知，水泥稳定再生集料混合料的 90 天弯拉强度均为 180 天弯拉强度的 95% 以上，可将 90 天弯拉强度作为水泥稳定再生集料混合料的标准弯拉强度。

7.3.6 抗压回弹模量试验

按照静压法成型高 150mm、直径为 150mm 的圆柱形试件，在温度为 (20±2)℃、湿度为 95% 的标准环境下养生，按照《公路工程无机结合料稳定材料试验规程》抗压回弹模量试验方法分别测试水泥稳定再生集料混合料的 7 天、28 天、60 天、90 天和 180 天的抗压回弹模量。

表 7-14 为水泥稳定再生集料混合料的抗压回弹模量试验结果。

表 7-14　水泥稳定再生集料混合料的抗压回弹模量试验结果

水泥剂量/%	RCA 掺配率/%	抗压回弹模量 E_c/MPa				
		7 天	28 天	60 天	90 天	180 天
4	0	969	1216	1448	1526	1578
	30	884	1096	1322	1397	1447
	50	850	1037	1253	1327	1388
	100	805	966	1153	1227	1280
5	0	1139	1415	1650	1756	1826
	30	1056	1273	1498	1590	1650
	50	1022	1209	1425	1524	1576
	100	922	1100	1287	1368	1414
6	0	1327	1604	1817	1916	2009
	30	1206	1435	1660	1771	1856
	50	1153	1365	1567	1659	1732
	100	1080	1256	1446	1533	1589

(1) 水泥剂量的影响

图 7-30 为水泥剂量对水泥稳定再生集料混合料 90 天抗压回弹模量的影响。综合图 7-30 和表 7-14 可以看出，随着水泥剂量的增大，水泥稳定再生集料混合料的抗压回弹模量随之增大，与常规水泥稳定材料的变化规律一致。水泥剂量从 4% 分别增加到 5%、6% 时，水泥稳定再生集料混合料的 90 天抗压回弹模量分别提升了 13%、25% 左右，可见水泥剂量从 5% 增加到 6% 时水泥稳定再生集料混合料的 90 天抗压回弹模量提升幅度小于水泥剂量从 4% 增加

到5%时的提升幅度。可见，当水泥剂量在4%～6%时，水泥剂量对90天抗压回弹模量的提升作用稍有下降。

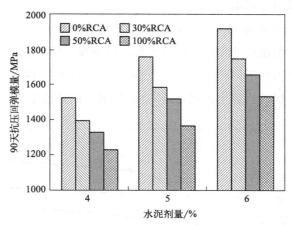

图7-30　水泥剂量对水泥稳定再生集料混合料90天抗压回弹模量的影响

（2）RCA掺配率的影响

图7-31为RCA掺配率对水泥稳定再生集料混合料90天抗压回弹模量的影响。综合图7-31和表7-14可以看出，水泥剂量一定时，随着RCA掺配率的增大，水泥稳定再生集料混合料的抗压回弹模量随之减小，这与RCA掺配率对无侧限抗压强度的影响规律一致。仲文亮认为水泥稳定材料的强度和模量有着内在的联系，因此，对于抗压回弹模量的变化规律基本上可以用解释强度的理论来解释。综合表7-14和图7-31可知，当RCA掺配率从0%增大到

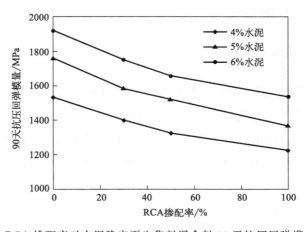

图7-31　RCA掺配率对水泥稳定再生集料混合料90天抗压回弹模量的影响

100%时，任何养生龄期的水泥稳定再生集料混合料的抗压回弹模量均降低20%左右，可见RCA掺配率对混合料抗压回弹模量的影响不随龄期变化。

(3) 养生龄期的影响

图7-32为养生龄期对水泥稳定再生集料混合料抗压回弹模量的影响。从图中可知，水泥稳定再生集料混合料的抗压回弹模量随着养生龄期的增加而增大。在0～60天内抗压回弹模量增长较快，在60～90天内抗压回弹模量的增长减慢并趋于平缓，当养生龄期超过90天后抗压回弹模量增长极其缓慢。

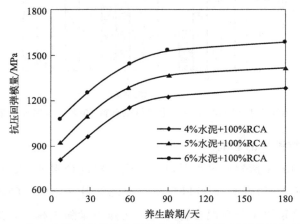

图7-32　养生龄期对水泥稳定再生集料混合料抗压回弹模量的影响

综合表7-14和图7-32可知，水泥稳定再生集料混合料的90天抗压回弹模量均为180天抗压回弹模量的95%以上，可将90天抗压回弹模量作为水泥稳定再生集料混合料的标准抗压回弹模量。

7.3.7　疲劳特性试验

采用UTM-130路面材料伺服液压动态试验系统进行疲劳试验，如图7-33所示。有研究证明当加载频率达到10Hz时，相当于60km/h的行车速度，比较符合我国城镇道路的设计车速，而正弦波基本接近路面实际作用波形。

因此，本试验采用应力控制模式，加载频率均为10Hz，加载波形选用正弦波，应力特征值$\lambda = P_{min}/P_{max} = 0.1$，应力水平分别为0.7、0.75、0.8、0.85，加载波形的特征参数如图7-34所示。

常用的室内疲劳试验包括劈裂疲劳试验和弯拉疲劳试验，不同疲劳试验力

图 7-33　UTM-130 路面材料伺服液压动态试验系统

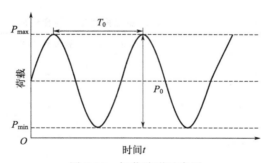

图 7-34　加载波形示意图

学模型对半刚性基层材料疲劳特性有较大影响。劈裂疲劳试验的主要优点包括：试验方法简单；从线性弹性理论角度分析，试件开裂破坏发生区域所受到的拉应力作用相对比较均匀；能够方便地评价路面芯样的疲劳性能。但作为一种室内小型疲劳试验方法，劈裂疲劳试验由于其试验模式本身的一些不足，逐渐被疲劳研究人员所放弃。其主要缺点表现为：虽然圆柱体试件中心点处于双轴向受力状态，但其加载方式与实际路面受力状态有较大差别；相对于其它试验方法，在同样应力水平下，用劈裂法所得到的疲劳寿命要小于其它的试验方法，从而可能低估材料疲劳性能；采用劈裂加载方式，在试件受力两端会产生明显的局部变形，这直接影响到试件的受力模式；试件实际开裂模式与理论开裂位置经常不一致，理论要求裂缝出现的位置应在试件中央或附近，而实际上有许多的试件会首先在加载条边缘产生开裂，有的试件直至达到垂直变形的极限时也不发生开裂；通过间接拉伸疲劳试验方式，难以从耗散能角度进行疲劳特性分析。弯拉疲劳试验以重复弯拉作为疲劳试验的主要加载方式，其更接近实际路面在交通荷载作用下的真实受力状态。在四点弯曲加载模式下，试件中央 1/3 区域承受着最大应力作用，使得疲劳裂缝产生位置由一具体的位置扩展为一个理论开裂区域，这对于评价非均匀材质材料的性能更为合理。在轮载作用下，半刚性基层材料试件表面受轮载直接作用处于受压状态，随着深度增加，下部材料会因上部传递的力及自身结构特性等因素，应力状态逐渐转变为受拉，这种应力沿深度从受压到受拉的变化情况与弯曲试验所依据的梁弯曲理论中关于梁内应力分布的假定相符。因此，重复弯曲试验能较好地模拟半刚性基层材料在车轮荷载下的实际受力情况。鉴于此，本研究选取弯拉疲劳试验测试分析水泥稳定再生集料混合料。不同水泥剂量的水泥稳定再生集料混合料疲劳寿命见表 7-15～表 7-17。

表 7-15　4%水泥剂量的水泥稳定再生集料混合料疲劳寿命

RCA 掺配率/%	不同应力水平下的疲劳寿命/次			
	0.7	0.75	0.8	0.85
0	75901	24910	10731	2179
	10873	40291	13908	4098
	15831	60391	18729	6487
	198730	87382	23295	9024
30	61287	16301	6219	1456
	78593	29983	10992	4021
	10209	47390	15321	6639
	14391	62319	21731	8721
50	49003	11311	3321	753
	61098	17341	4820	1589
	75398	35209	10291	3981
	99872	53291	15552	5123

续表

RCA 掺配率/%	不同应力水平下的疲劳寿命/次			
	0.7	0.75	0.8	0.85
100	42145	9761	2014	451
	49829	15730	3827	1034
	67481	18302	5284	1987
	78245	23484	6719	2871

表 7-16　5%水泥剂量的水泥稳定再生集料混合料疲劳寿命

RCA 掺配率/%	不同应力水平下的疲劳寿命/次			
	0.7	0.75	0.8	0.85
0	112659	42019	13903	5639
	148730	58302	18391	7298
	191031	83036	25783	8790
	256719	116014	37750	10203
30	88562	39991	10782	3198
	106839	53921	16290	5692
	149872	69487	23781	7745
	193098	89034	29700	9439
50	69302	22350	6678	1768
	83491	38983	11121	3367
	110673	51250	14903	5024
	159076	72109	25908	7398
100	55213	11273	2983	952
	63149	19781	4681	1887
	72481	27793	6624	2706
	89321	38012	10891	3563

表 7-17　6%水泥剂量的水泥稳定再生集料混合料疲劳寿命

RCA 掺配率/%	不同应力水平下的疲劳寿命/次			
	0.7	0.75	0.8	0.85
0	162831	67298	13897	7268
	195638	87693	20783	8976
	268930	104982	38934	10891
	318973	139894	56892	11783

续表

RCA 掺配率/%	不同应力水平下的疲劳寿命/次			
	0.7	0.75	0.8	0.85
30	124631	52908	11782	5731
	148972	68902	19830	7849
	183750	93482	28474	9210
	227850	100592	35831	10387
50	98732	39872	9350	4207
	112918	51139	10892	5832
	168983	60281	16830	7629
	208734	87563	20783	9036
100	70462	15328	5132	2731
	82372	29783	7823	3902
	96571	40123	9745	4671
	109287	52397	11241	5854

7.4 再生集料效益评价

水泥稳定再生集料混合料的应用推广，既可以减少废弃混凝土排放量和对环境造成的二次污染，节省大量的处理费用，又可以减少建筑业对天然砂石的消耗，保护自然资源和人类的生存环境，具有明显的经济效益和不可估量的社会效益及环境效益。

(1) 经济效益

由于水泥稳定再生集料混合料与水泥稳定天然集料混合料在拌和流程、施工机械、劳动力成本上大致相当，故此处在比较二者成本高低时，对构成其成本的人工费、能源消耗、机械折旧、管理费等不予考虑，仅从直接材料成本方面进行对比分析。

经市场调研，每生产 1t 再生集料的费用约为 46 元，天然集料的价格按 90 元/t 计，32.5 水泥的价格按照 300 元/t 计。水泥稳定混合料的密度均按 2.184g/cm^3 计，则 1m^3 混合料的质量为 2.184t；水泥剂量按 4% 计，则 1m^3 混合料需要水泥 0.084t，需要集料 2.1t。1m^3 混合料的直接材料成本见表 7-18 所示。

表 7-18　1m³ 混合料直接材料成本分析　　元/m³

混合料类型	水泥(300元/t)	天然集料（90元/t）	再生集料（46元/t）	合计
水泥稳定天然集料	25.2	189	0	214.2
水泥稳定再生集料（30%RCA）	25.2	132.3	30.0	187.5
水泥稳定再生集料（50%RCA）	25.2	94.5	48.3	168.0
水泥稳定再生集料（100%RCA）	25.2	0	96.6	121.8

从表 7-18 可以看出，水泥稳定再生集料混合料的成本显著低于水泥稳定天然集料混合料。当 RCA 掺量为 30% 时，水泥稳定再生集料混合料的成本为水泥稳定天然集料混合料的 87.5%；当 RCA 掺量为 50% 时，水泥稳定再生集料混合料的成本为水泥稳定天然集料混合料的 78.4%；当 RCA 掺量为 100% 时，水泥稳定再生集料混合料的成本仅为水泥稳定天然集料混合料的 56.9%。从直接材料成本来看，水泥稳定再生集料混合料具有明显的经济效益。

考虑到目前国家对再生产品利用企业具有一定的税收优惠政策，则水泥稳定再生集料混合料的经济性将进一步扩大，使得其经济效益更加显著。

(2) 环境效益

建筑垃圾在路面基层中应用具有显著的环境效益：

① 建筑垃圾可以就地取材，减少了大量原材料远距离运输造成的二次污染，降低了运输车辆的尾气排放对大气环境的污染；

② 建筑垃圾的资源化应用可以减少砂石等自然资源的开采对环境的破坏，降低对土壤的占用及对水源的污染。

(3) 社会效益

利用建筑垃圾生产再生集料并应用于路面工程中，除具有显著经济效益和环境效益外，还具有显著的社会效益：

① 建筑垃圾的资源化再生利用不仅可以缓解现如今建筑垃圾堆积如山、垃圾围城的现状，还可以缓解砂石供求矛盾；

② 将建筑垃圾循环再生利用有利于实现资源、能源的节约利用，对资源合理地进行优化配置有利于实现建材行业的健康持续发展，符合我国可持续发展要求。

第8章
废旧轮胎的资源化利用

8.1 废胎胶粉复合改性沥青

8.2 废胎胶粉复合改性沥青混合料路用性能

8.1 废胎胶粉复合改性沥青

废胎胶粉的粒径是一个重要的参数,不同目数的废胎胶粉对改性沥青的性能有较大的影响,合理地选择废胎胶粉的粒径不仅可以提高改性沥青的性能,还可以在相同的改性性能下节约成本。不同掺量的废胎胶粉的掺入,直接影响改性沥青的各项性能,因此胶粉掺量是影响沥青改性性能的重要因素。SBS 是目前较为常用的沥青改性剂,其改性性能优越,无论是在高温性能、低温性能还是在弹性恢复方面对基质沥青都有积极的影响。复合改性沥青性能随着 SBS 掺量的增加而提高,但考虑复合改性沥青用于实际工程的经济性,推荐用于研究和实际生产的合理的 SBS 掺量为 2%。

综合国内外橡胶沥青技术指标并结合初步的试验研究,本研究采用 180℃ 黏度、软化点、25℃针入度、5℃延度作为沥青性能评价指标,对废胎胶粉不同目数、不同掺量下的沥青性能进行研究,确定废胎胶粉合理的目数及掺量。

8.1.1 橡胶粉作用机理

橡胶粉掺入到沥青中以后制成橡胶粉与沥青的共混物,成为橡胶沥青。一般认为,橡胶粉与沥青在高温共混加工过程中,橡胶粉将会吸收沥青中的轻质油分,产生溶胀,沥青的黏度因而随之提高,沥青的性质会发生改变。我们在橡胶沥青的制备过程中也会发现,当把胶粉掺入到高温沥青中后,混合物会发生迅速地溶胀。

橡胶沥青的黏度虽较原沥青有所提高,但其涨幅不是很大,且低温性能并不是很好。有关研究表明,为了提高橡胶沥青的性能,可以在其中掺入添加剂,添加剂作为橡胶和沥青的相容剂,提供轻质组分(芳香分、小分子),用于增强橡胶和沥青的相互反应,使橡胶颗粒膨胀,帮助橡胶颗粒分散在沥青中。

为了确定添加剂的种类与掺量,需要了解胶粉与沥青在加工反应过程中的作用机理,于是采用四组分分析方法,进行了橡胶沥青反应前后沥青组分的迁移变化研究。

8.1.2 不同目数胶粉的复合改性沥青技术性能

目数反映了废胎胶粉原材料的颗粒细度，我国市场上的废胎胶粉都是以目数分级的单一粒径废胎胶粉，同时随着废胎胶粉工业的进步，当前大于40目的精细废胎胶粉使用得比较普遍。胶粉的细度不仅会对沥青性能有影响，选择适合的粒径也会更加经济。为此，比较了4种不同目数（20目、40目、60目、80目）胶粉所制备的复合改性沥青性能之间的差异，SBS含量为2%，胶粉掺量为20%，制备工艺按已研究的最优方案，试验结果见表8-1。

表 8-1 不同废胎胶粉目数复合改性沥青性能参数

胶粉细度/目	180℃黏度/Pa·s	软化点/℃	25℃针入度/0.1mm	5℃延度/cm
20	2.32	76.2	47.1	7.8
40	2.11	79.5	45.2	9.4
60	1.96	80.3	45.8	10.6
80	1.77	77.7	49.3	12.1

试验发现，SBS+废胎胶粉复合改性沥青延伸断裂过程中，边缘部位呈锯齿状，断裂时并不是呈丝状，而是断口较宽，表面参差不齐，且断面分布有胶粉颗粒，这表明断裂发生在胶粉颗粒处。因为在5℃下，胶粉的拉伸模量和沥青的拉伸模量不同，随着拉伸的进行，在横向产生较大的应变，沥青的变形越来越大，而胶粉却没有表现出相应的流动性，使网状结构中沥青与胶粉的界面产生应力集中。

由图8-1可知，随着胶粉目数的增大，改性沥青的低温延度也逐渐增大。这是因为越小的粒径越利于胶粉发生溶胀反应，使胶粉与沥青的相容性更好，

图 8-1 SBS+废胎胶粉复合改性沥青延度试件断面

在高速搅拌下，胶粉在沥青中分散得更为均匀。越大的粒径会出现越严重的应力集中。

因此更小的粒径有利于改性沥青的低温延度的改善。综合各项指标性能，SBS+废胎胶粉复合改性沥青合理的废胎胶粉粒径为40～60目。

8.1.3　不同掺量胶粉的复合改性沥青技术性能

胶粉的掺量是影响改性沥青性能的重要因素，掺量过小对沥青性能的提升不足，掺量过大后，容易导致黏度过大，影响施工和易性，同时容易离析。本试验采用40目的废胎胶粉，SBS掺量为2%，研究在10%、15%、20%、25%胶粉掺量下改性沥青的性能，试验结果见表8-2。

表8-2　不同废胎胶粉掺量复合改性沥青性能参数

胶粉掺量/%	180℃黏度/(Pa·s)	软化点/℃	25℃针入度/0.1mm	5℃延度/cm
10	0.95	63.4	58.9	9.1
15	1.62	66.8	50.1	9.8
20	2.07	71.2	45.2	10.7
25	2.57	71.8	43.9	9.3

180℃黏度随着胶粉的掺量增大而增大，胶粉掺量的增加，使胶粉颗粒吸收的轻质油分增加，导致沥青中的胶质和沥青质相对含量增高，增大了改性沥青的黏度。虽然更高的黏度有利于改善沥青高温抗变形能力，但黏度太大不利于沥青输送并给施工带来困难，所以胶粉的用量需要在一个合适范围内。

软化点随掺量的增加快速增大，说明胶粉的加入有利于沥青高温性能的提高。当掺量超过20%之后，随胶粉掺量的增加，软化点升高的幅度趋缓，对掺量的敏感度下降。这是因为在掺量相对较少时，随着掺量的增加，越来越多的废胎胶粉同基质沥青发生充分的溶胀反应，各废胎胶粉颗粒之间有较强的相互作用，形成稳定的网络结构，软化点逐渐上升。当掺量超过20%以后，沥青中有限的轻质组分不能满足更多的废胎胶粉发生充分的溶胀反应，因此软化点逐渐趋于平稳。

随着胶粉掺量的增加，改性沥青的针入度出现了明显的下降。在掺量达到20%之后，继续增大废胎胶粉的掺量，针入度的改变趋于平稳。这是因为胶粉的溶胀反应会吸收沥青中的轻质组分，则沥青中沥青质的含量相对增大，使得沥青向溶胶型结构转化，网络结构加强，针入度下降。但是沥青中的轻质组分是有限的，随着胶粉的掺量增加到一定程度，溶胀反应充分进行，沥青组分的相对变化逐渐稳定，使得针入度的变化也趋于平缓。由此可知，胶粉的掺量并不是越大越好，过高的掺量对改善沥青的性能没有实质的意义。

改性沥青的5℃延度随着胶粉掺量增加先增后减，在掺量20%范围内，延度随着胶粉掺量的增加而增加，这得益于胶粉的溶胀反应形成的网络结构；当掺量超过20%后，延度呈下降趋势，这是由于过多的胶粉会聚集成团，团聚体内部有一些胶粉表面几乎没有接触到沥青，而这些大的团聚体难以与沥青化合，只能游离于体系中，是断裂的突破口，更容易产生破坏，改性沥青变形能力也随之下降。

综合各项指标性能，SBS+废胎胶粉复合改性沥青合理的废胎胶粉掺量为20%。

8.1.4 小结

通过对不同目数、不同掺量胶粉对复合改性沥青性能的影响研究，得出以下结论：

① 较细的胶粉可以更好地在沥青中发育，但过细易被分解油化，同时考虑细胶粉的成本较高，推荐用于研究和实际生产的合理的废胎胶粉目数为40目和60目；

② 综合考虑复合改性沥青的性能，同时考虑实际应用中的施工和易性，推荐用于研究和实际生产的合理的胶粉掺量为20%。

8.2 废胎胶粉复合改性沥青混合料路用性能

我国交通运输部和各个地区相继颁布了橡胶粉沥青施工标准，规定了适用于相应地区的间断级配，这些级配都各具特点。考虑到实体工程所在地区为山西，当地重载车辆多，冬夏气温差距较大，为了将其更好地应用且和项目工程的配比性能相互印证，故选用山西地标推荐的橡胶沥青间断级配 ARAC-13，它提高了 13.2mm 的通过率，缩减了级配上下限，减少了尺寸变异性，该级配范围见表 8-3。采用 SBS 改性沥青，选用连续级配 AC-13 作为对照，该级配范围见表 8-4。同时选用间断级配 SMA-13 对比 SBS+废胎胶粉复合改性沥青与 SBS 改性沥青的路用性能，级配范围见表 8-5。三种级配的曲线图见图 8-2～图 8-4。

表 8-3 ARAC-13 级配范围

级配	通过率/%									
	16	13.2	9.5	4.75	2.36	1.18	0.6	0.3	0.15	0.075
级配上限	100	100	71	35	28	23	19	15	12	10
级配中值	100	97.5	66.5	30	24	19	15.5	12.5	10	8
级配下限	100	95	62	25	20	15	12	10	8	6

表 8-4 AC-13 级配范围

级配	通过率/%									
	16	13.2	9.5	4.75	2.36	1.18	0.6	0.3	0.15	0.075
级配上限	100	100	85	62	46	34	26	20	15	8
级配中值	100	95	79.5	56	41	29	22	16	11.5	6
级配下限	100	90	74	50	36	24	18	12	8	4

表 8-5 SMA-13 级配范围

级配	通过率/%									
	16	13.2	9.5	4.75	2.36	1.18	0.6	0.3	0.15	0.075
级配上限	100	100	75	34	26	24	20	16	15	12
级配中值	100	95	62.5	27	20.5	19	16	13	12	10
级配下限	100	90	50	20	15	14	12	10	9	8

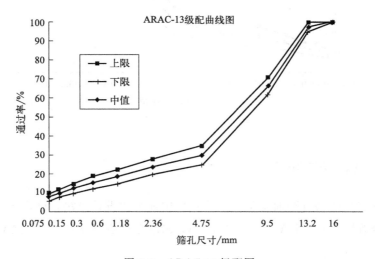

图 8-2 ARAC-13 级配图

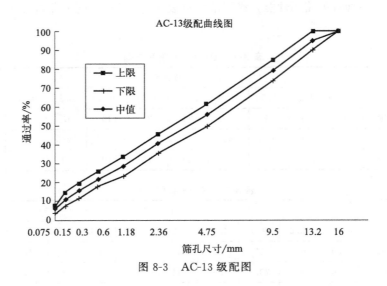

图 8-3 AC-13 级配图

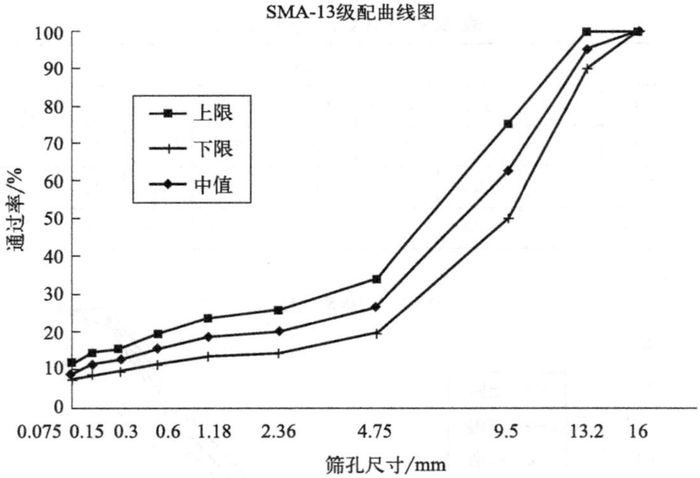

图 8-4 SMA-13 级配图

8.2.1 确定最佳油石比

依据《公路沥青路面施工技术规范》中配合比设计方法，确定 SBS+废胎胶粉复合改性沥青 ARAC-13、SMA-13，SBS 改性沥青 AC-13、SMA-13 的最佳油石比，见表 8-6。

表 8-6 不同类型沥青、级配的最佳油石比

改性沥青类型	级配类型	最佳油石比/%
SBS+废胎胶粉复合改性沥青	ARAC-13	6
	SMA-13	6.5
SBS 改性沥青	AC-13	5.6
	SMA-13	6.1

8.2.2 高温稳定性能

沥青混合料的高温抗变形能力对于保持沥青路面良好的使用状况至关重要，内在机理是混合料的抗剪切作用，体现为沥青路面在高温使用环境下，不产生车辙和拥包等病害的能力。沥青路面高温性能是路面设计时所考虑的一项重要的路用性能。目前，沥青路面高温性能评价方法有很多，其中简单剪切试验、径向加载试验、三轴压缩试验以及车辙试验等被广泛地应用。

本试验选用车辙试验评价沥青混合料高温性能。车辙试验是使车辙轮在成型的车辙板上以一定的荷载做往返运动，待车辙板试件变形逐渐稳定后，以增加 1mm 变形量所需要施加的次数来评价混合料在规定温度下的抵御变形的能力，以动稳定度（DS）表示。相同测试温度下，动稳定度越高，则混合料的高温抗变形能力越强。

按轮碾法成型试件，如图 8-5 所示。成型长 300mm×宽 300mm×厚 50mm 的车辙板试件，室温冷却 24h 后脱模。矿料加热温度 190～200℃，橡胶沥青加热温度 180～190℃，橡胶沥青混合料拌和温度 180～190℃，击实与碾压温度 175～185℃。车辙试验及试验后的试件见图 8-6，试验结果见表 8-7。

表 8-7 车辙试验结果

混合料类型	动稳定度 DS/(次/mm)
SBS+废胎胶粉复合改性 ARAC-13	5832
SBS 改性 AC-13	6535
SBS+废胎胶粉复合改性 SMA-13	5915
SBS 改性 SMA-13	6213

由图 8-7 可知，相同级配类型，SBS+废胎胶粉复合改性沥青混合料与 SBS 改性沥青混合料均具有较好的高温稳定性，但 SBS+废胎胶粉复合改性沥青混合料的 DS 略低于 SBS 改性沥青混合料。对于沥青混合料来说，以粗集料

图 8-5　成型车辙板试件

图 8-6　车辙试验及试验后的试件

为骨架进行填充所形成的骨架密实结构是混合料获得良好高温抗车辙性能的首要保证，其次是沥青与矿料之间的交互作用。对于 SBS＋废胎胶粉复合改性 ARAC-13 与 SMA-13 混合料，胶粉会填充部分孔隙，由于胶粉具有高弹性，弹性模量低，在荷载作用下会产生较大的变形，在荷载移除后会有一定的恢复，但车辙试验是连续性的荷载作用，胶粉的变形并不能完全恢复，因此 SBS＋废胎胶粉复合改性沥青混合料的动稳定度较 SBS 改性沥青混合料低。

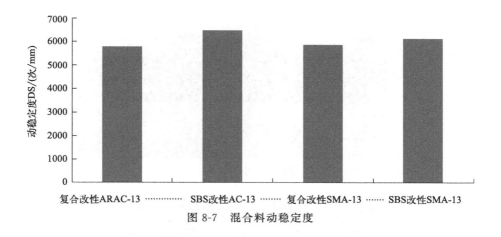

图 8-7 混合料动稳定度

8.2.3 低温抗裂性能

路面产生裂缝后，雨水或路面积水等水分通过裂缝进入到内部致使基层甚至路基发生软化，使路面的承载能力降低，行车舒适度极大下降，同时也降低了路面的寿命。沥青路面开裂主要的破坏形式之一为沥青混凝土面层低温度开裂。通常认为沥青路面发生低温开裂的形式主要有两类：一类是因气温突降导致的面层温度收缩，沥青混凝土极限抗拉强度不足以承受在沥青层内产生的温度应力而开裂，裂缝多从路表面产生并向下发展，这种属于温度开裂；另一类形式表现是温度疲劳裂缝，常见于频繁发生温度变化的地区，沥青混凝土由于长时间的温度循环变化影响，其极限拉伸应变和应力松弛性能降低，故温度疲劳裂缝可能在比一次性降温开裂温度高的情况下产生。

现阶段，国内外评价沥青混合料低温抗裂性能采用的试验方法主要有以下几种：等应变加载的破坏试验（拉伸试验、弯曲试验、压缩试验）、约束试件温度应力试验、劈裂蠕变试验、C^*积分试验、温度收缩系数试验、应力松弛试验等。

本节在评价混合料低温抗裂性能时试验方法选用低温弯曲小梁试验。按轮碾法成型长 300mm×宽 300mm×厚 50mm 的车辙板试件后，将其切割成长 250mm×宽 30mm×高 35mm 的棱柱体小梁，如图 8-8 所示。采用多功能全自动沥青压力试验仪（图 8-9）进行小梁弯曲试验，加载速率为 50mm/min。试验结果见表 8-8。

图 8-8　小梁试件

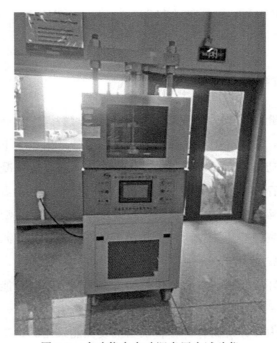

图 8-9　多功能全自动沥青压力试验仪

表 8-8　小梁弯曲试验结果

混合料类型	试验温度/℃	弯拉强度 R_f/MPa	最大弯拉应变 $\varepsilon_B/\mu\varepsilon$	劲度模量 S_B/MPa
SBS+废胎胶粉复合改性 ARAC-13	−10	10.83	3123.8	3466.9
SBS 改性 AC-13	−10	8.65	2875.1	3008.6
SBS+废胎胶粉复合改性 SMA-13	−10	11.17	3742.9	2984.3
SBS 改性 SMA-13	−10	9.13	3286.5	2778.0

最大弯拉应变 ε_B 最能反映混合料的低温性能，由表 8-8 可以看到，相同级配下，SBS＋废胎胶粉复合改性沥青混合料的 ε_B 都大于 SBS 改性沥青混合料的，这是由于二者的破坏过程存在差别。胶粉和 SBS 复合改性后，结合料内部网状结构更加致密，内聚力提升，同时，胶粉颗粒在经过物理共混作用之后，能相对完整地保留胶粉的特性，并填充于矿料之间，当低温受力时，其混合料内部的胶粉颗粒起到一定的缓冲作用，从而消耗并吸收一部分外力能，使其能承受更大的变形。而 SBS 改性沥青混合料，其内部的 SBS 改性剂难以展现出橡胶颗粒的缓冲和吸能作用。

8.2.4 水稳定性能

沥青路面的耐久性取决于沥青与集料之间的黏附程度。水和矿料之间的相互作用也是影响沥青路面耐久性的关键因素。水从沥青路面裂缝进入路面内部后，在车辆轮胎的动态荷载作用下产生动水压力或真空负压抽吸的反复作用，进入路面内部孔隙中的水逐步渗入到沥青与集料之间的界面上，使得沥青的黏附性降低，沥青逐步失去应有的黏结力。

本节通过残留稳定度、冻融劈裂试验及汉堡车辙试验分析 SBS＋废胎胶粉复合改性沥青混合料的水稳定性能。残留稳定度和冻融劈裂试验的试验结果见表 8-9、表 8-10。

表 8-9 残留稳定度试验结果

混合料类型	30min 稳定度/kN	48h 稳定度/kN	残留稳定度/%
SBS＋废胎胶粉复合改性 ARAC-13	14.98	13.51	90.2
SBS 改性 AC-13	12.98	12.01	92.5
SBS＋废胎胶粉复合改性 SMA-13	11.67	10.59	90.7
SBS 改性 SMA-13	10.29	9.36	91.0

表 8-10 冻融劈裂试验结果

混合料类型	未冻融强度/MPa	冻融循环后强度/MPa	TSR/%
SBS＋废胎胶粉复合改性 ARAC-13	0.98	0.90	91.8
SBS 改性 AC-13	0.88	0.82	93.2
SBS＋废胎胶粉复合改性 SMA-13	0.83	0.76	91.6
SBS 改性 SMA-13	0.79	0.73	92.4

上述试验结果表明，相较于 SBS 改性沥青混合料，SBS＋废胎胶粉复合改

性沥青混合料的水稳定性能较差，但也保持在了较高的水平。

汉堡车辙试验仪（Hamburg wheel-tracking device）于20世纪70年代由德国工程师发明，如图8-10，用来评价交通量很大的沥青路面抗车辙性能。与国内车辙试验不同，汉堡车辙试验的条件更加苛刻，试件在规定温度下，加载轮往复运动7h（达到20000次）或试件产生20mm变形试验停止。在整个试验过程中，沥青混合料经历初始压密、蠕变、剪切失稳、破坏等环节，能很好地模拟沥青路面产生车辙的全过程，与实际情况相关性甚好，其高温稳定性评价指标蠕变速率能够很好地反映沥青混合料的高温抗车辙性能，水稳定性评价指标剥落点和剥落速率能很好地反映沥青混合料的抗水损害能力。相关资料表明，汉堡车辙试验与环道试验具有良好的相关性，故汉堡车辙试验具有很高的可信度。

图8-10　美国PMW汉堡车辙试验仪

汉堡车辙试验的试验结果由车辙深度、蠕变速率、剥落点以及剥落速率等几个评价指标组成，其中评价沥青混合料高温稳定性的指标有车辙深度和蠕变速率，评价沥青混合料水稳定性的指标有剥落点和剥落速率。剥落点是蠕变斜线与剥落斜线的交叉点，该点之后，水对混合料的影响就开始严重了，曲线急剧下降。剥落点越高，说明这条道路越不容易产生车辙。剥落点出现越早，说明混合料的抗剥落能力越差。剥落速率，即剥落斜线的斜率越低，说明水的损害越严重，抗水剥落能力越差。

汉堡车辙试验长方体试件尺寸为320mm×260mm，试件厚度分别为40mm、60mm、80mm、100mm、120mm，如图8-11所示。长方体试件采用线性搓揉压实机成型，如图 8-12 所示。线性搓揉压实时，根据最终要求的密度、孔隙率以及试模的体积可以计算出填入试模中混合料的质量。碾压机向下运动时将力施加于压板顶部，而试模则在一滑动工作台上做往复运动。随着轮子依次按压每一个压板，由板底部边缘在混合料上产生线性压力波进行压实，这种搓揉作用可以使混合料压实时无碎片产生。

图 8-11　长方体试件

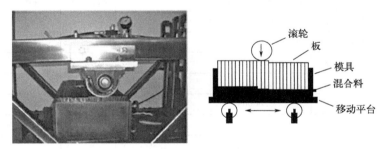

图 8-12　线性搓揉压实机

汉堡试件也可以采用圆柱体试件，试件直径 150mm，厚度分别为 40mm、60mm，如图 8-13 所示。圆柱体试件采用旋转压实机成型。无论是长方体试件还是圆柱体试件，成型试件的目标孔隙率都为 7%，试件厚度必须满足混合料最大公称粒径的两倍以上。

成型试件的厚度一般按照路面结构层的具体厚度确定，但对于一些特殊路段结构层厚度（5cm 或 7cm），由于试件模具厚度的限制，只能选取厚度较为接近的模具或厚度折减的方法来成型。研究表明，40mm 厚的长方体试件车辙深度远大于 60mm、80mm、100mm 厚的试件，深度值几乎是其它厚度试件的

图 8-13 圆柱体试件

2 倍以上,显然不能用于沥青混合料相关性能评价。鉴于上述研究结论,以及考虑到 ARAC-13 沥青混合料用于沥青路面上面层,本试验的长方体试件和圆柱体试件厚度选取 60mm。

SBS+废胎胶粉复合改性沥青混合料汉堡车辙试验结果见表 8-11。

表 8-11 SBS+废胎胶粉复合改性沥青混合料汉堡车辙试验结果

	蠕变速率/(mm/次)	最大车辙深度/mm	剥落点/次	剥落速率/(mm/次)
第三组长方体试样左	−0.00004	−1.55	—	—
第三组长方体试样右	−0.00005	−1.94	—	—
第四组长方体试样左	−0.00004	−1.82	—	—
第四组长方体试样右	−0.00007	−2.35	—	—
第一组圆柱体试样左	−0.00008	−2.65	—	—
第一组圆柱体试样右	−0.00008	−2.84	—	—
第二组圆柱体试样左	−0.00002	−1.66	—	—
第二组圆柱体试样右	−0.00005	−2.19	—	—

在试验过程中发现,SBS+废胎胶粉复合改性沥青混合料在汉堡车辙试验中始终处于蠕变阶段,均没有出现明显的剥落点,混合料具有良好的水稳定性能。

8.2.5 疲劳性能

道路在长期使用中会出现疲劳开裂破坏,本节采用四点弯曲试验测试混合料的疲劳性能,如图 8-14 所示。测定弯曲劲度模量降低到初始弯曲劲度模量

50%时对应的加载循环次数。试验结果见表8-12。

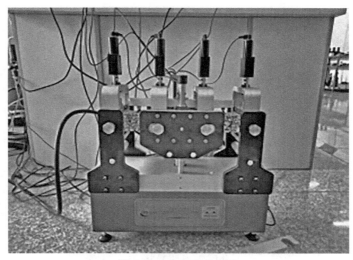

图 8-14　四点弯曲试验

表 8-12　混合料疲劳试验结果

混合料类型	加载循环次数/($\times 10^4$)
SBS＋废胎胶粉复合改性 ARAC-13	19.1
SBS 改性 AC-13	9.9
SBS＋废胎胶粉复合改性 SMA-13	20.9
SBS 改性 SMA-13	10.2

由疲劳性能试验结果可知，SBS＋废胎胶粉复合改性沥青混合料的疲劳性能远优于 SBS 改性沥青混合料，几乎是两倍关系。可能是由于胶粉自身的弹性，使其在荷载重复加载卸载过程中，有良好的吸能作用。

8.2.6　单轴贯入试验

试验试件采用 SGC 旋转压实仪成型，采用钻芯机钻取试件，直径为 100mm，试件高度 100mm。试验加载设备采用 UTM 万能材料试验机（如图 8-15），测试温度为 60℃，控制材料试验机加载速度为 1mm/min。试验压头选用直径为 28.5mm 的小压头。

采用与前述相同的油石比、级配，分别成型 SBS＋废胎胶粉复合改性沥青 ARAC-13 与 SMA-13 试件及 SBS 改性沥青 AC-13 与 SMA-13 试件，测定其贯入强度，试验结果见表 8-13。

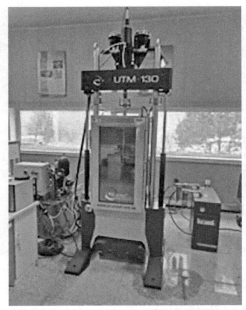

图 8-15　UTM 万能材料试验机

表 8-13　单轴贯入强度试验结果

混合料	极限荷载 P/N	贯入应力 σ_P/MPa	贯入强度 R_τ/MPa
SBS+废胎胶粉复合改性 ARAC-13	2865	4.49	1.527
SBS 改性 AC-13	2775	4.35	1.479
SBS+废胎胶粉复合改性 SMA-13	2676	4.19	1.426
SBS 改性 SMA-13	2595	4.07	1.383

单轴贯入强度是路面结构设计的重要参数，要求实测单轴贯入强度高于依据各结构层厚度、设计温度、容许永久变形量等参数计算的值。本节根据室内试验确定了 SBS+废胎胶粉复合改性沥青 ARAC-13 及 SMA-13 的单轴贯入强度，可为设计过程中两种级配的单轴贯入强度提供参考。

当然，单轴贯入强度的影响因素众多，包括集料的选用、级配类型、油石比的选取、胶粉掺量等，在实际工程应用中仍需进一步通过试验确定。

8.2.7　动态模量

沥青路面暴露在空气中，直接受到车辆、气候等因素不断变化的作用，尤其是路面结构在行车荷载作用下主要表现为动态加载效应。动态模量是表征沥青路面结构在动态荷载作用下动态响应规律性的重要参数，也是路面动力学特性分析的基础。沥青混合料的动态模量试验是在模拟汽车动荷载的作用条件下，在加载速度比较快的情况下（相当于静态加载速度的几十到几百倍）测定路面材料的模量。

目前室内动态模量试验方法主要有圆柱体试件单轴压缩试验、圆柱体试件直接拉伸试验、圆柱体试件三轴压缩试验、圆柱体试件间接拉伸试验、梯形梁两点弯曲试验、中梁四点弯曲试验等。由于沥青路面在车轮荷载作用下以压缩为主要受力状态，以及我国都是以单轴压缩抗压模量作为沥青路面设计重要参数，为了使试验结果具有实际工程指导意义，本研究采用单轴压缩的试验方法来测试沥青混合料动态模量。

试验试件采用SGC旋转压实仪成型，采用钻芯机钻取试件，并采用切割机切割，最终得到直径为100mm、高度150mm的圆柱体试件，如图8-16。

图8-16 动态模量试验试件

依据《公路沥青路面设计规范》（JTG D50—2017），选用在20℃试验温度、10Hz的加载频率下试验得到的动态模量作为面层混合料的设计参数。因此，本研究采用SPT动态模量试验仪，如图8-17，参照《公路工程沥青及沥青混合料试验规程》（JTG E20—2011）中 T 0738 试验方法，测定SBS+废胎胶粉复合改性沥青ARAC-13、SMA-13以及SBS改性沥青AC-13、SMA-13在20℃试验温度、10Hz的加载频率下的动态模量。SPT动态模量试验仪可以自动记录试验数据。试验结果见表8-14。

图 8-17 SPT 动态模量试验仪

表 8-14 动态模量试验结果

混合料	动态模量/MPa
SBS+废胎胶粉复合改性 ARAC-13	6849
SBS 改性 AC-13	9841
SBS+废胎胶粉复合改性 SMA-13	5764
SBS 改性 SMA-13	8429

由动态模量试验结果可知，相同级配下，相较于 SBS 改性沥青混合料，SBS+废胎胶粉复合改性沥青混合料的动态模量较低。相同类型改性沥青混合料，AC 类的动态模量比 SMA 类高。

在《公路沥青路面设计规范》（JTG D50—2017）中，对 SBS 改性沥青常用混合料类型在 20℃时的动态压缩模量有参照范围，但对胶粉改性沥青的动态压缩模量未作出要求。本次研究只针对 AC-13 及 SMA-13 两种级配类型，没有给出所有常用级配的动态压缩模量取值范围，后续还需增加其它级配的试验。

第9章
工程应用案例

9.1 废胎胶粉复合改性沥青路面工程案例

9.2 粉煤灰和电石渣复合稳定路基工程案例

9.1 废胎胶粉复合改性沥青路面工程案例

隰县至吉县高速公路简称隰吉高速公路,又称为"山西省西纵高速公路隰县至吉县段",是山西省高速公路网规划"3 纵 11 横 11 环"中第 3 纵的重要路段,同时也是呼北国家高速公路的组成部分。

呼北国家高速公路山西省隰县至吉县段起于隰县县城北 20km,路线经隰县、大宁县、吉县,止于吉县县城东 9km 窑科,接吉县至河津高速公路吉县枢纽,路线全长 105.559km(隰县境内 52.4km,大宁县境内 24.6km,吉县境内 28.6km)。有特大桥 1337.5m/1 座,大桥 25486m/73 座,中桥 1014.5m/14 座,天桥 4 座;钢筋混凝土盖板涵 3903m/91 道,钢筋混凝土拱涵 322m/4 道,波纹管涵 30 道,钢筋混凝土盖板通道 3534m/59 道;钢筋混凝土桥式通道 108m/3 道;分离式立交 1 处,互通式立交 7832m/4 处,隧道 17337m/13 座。

全线采用双向四车道高速公路技术标准,设计速度 80km/h,路基宽度 24.5m,桥涵设计汽车荷载等级采用公路-Ⅰ级,与路基同宽。隰县北互通连接线采用一级公路技术标准,设计速度 80km/h,路基宽度 24.5m;大宁互通连接线采用一级公路技术标准,设计速度 60km/h,路基宽度 23m。隰吉高速公路主线一般路基路面结构见表 9-1。

表 9-1 沥青路面结构

上面层	4cm 细粒式废胎胶粉复合改性沥青混凝土(ARAC-13)
中面层	6cm 中粒式抗车辙沥青混凝土 AC-20
下面层	10cm ATB-25
基层	36cm 水泥稳定碎石
底基层	20cm 水泥稳定碎石
总厚度	76cm

9.1.1 配合比设计

(1) 原材料

所用 SBS+废胎胶粉复合改性沥青为现场加工,其中 SBS 掺量为 2%,废胎胶粉掺量为23%，其性能技术指标见表9-2。试验结果见表9-3、表9-4。

表9-2 SBS+废胎胶粉复合改性沥青性能技术指标

试验项目	单位	试验值
25℃针入度,100g,5s	0.1mm	49.0
5℃延度,5cm/min	cm	17.4
软化点 $T_{R\&B}$	℃	74.6

表9-3 集料试验结果

试验项目	10～15mm	5～10mm	0～5mm
表观相对密度	2.637	2.676	2.693
毛体积相对密度	2.592	2.605	—
吸水率/%	0.655	1.020	—

表9-4 矿粉试验结果

试验项目		单位	试验值
表观密度		g/cm³	2.721
含水量		%	0.19
粒度范围	<0.6mm	%	97.4
	<0.15mm		87.6
	<0.075mm		74.1

（2）最佳油石比

根据ARAC-13级配范围，经过方案比选后确定的矿料配合比为：(10～15)mm：(5～10)mm：(0～5mm)：矿粉＝40：30：25：5。各种矿料组成配合比计算见表9-5，合成级配曲线见图9-1。

表9-5 ARAC-13矿料组成计算表

筛孔尺寸/mm	原材料				级配			合成级配
	10～15mm	5～10mm	0～5mm	矿粉	下限	上限	中值	
26.5	100.0	100.0	100.0	100.0	100	100	100	100
19	100.0	100.0	100.0	100.0	100	100	100	100
16	100.0	100.0	100.0	100.0	100	100	100	100
13.2	96.0	100.0	100.0	100.0	95	100	97.5	98.42
9.5	16.3	98.7	100.0	100.0	62	71	66.5	66.12
4.75	0.1	10.8	98.1	100.0	25	35	30	32.78
2.36	0.1	0.1	70.2	100.0	20	28	24	22.61

续表

筛孔尺寸/mm	原材料				级配			合成级配
	10～15mm	5～10mm	0～5mm	矿粉	下限	上限	中值	
1.18	0.1	0.1	55.6	100.0	15	23	19	18.96
0.6	0.1	0.1	34.8	97.4	12	19	15.5	13.63
0.3	0.1	0.1	29.3	94.4	10	15	12.5	12.12
0.15	0.1	0.1	24.6	87.6	8	12	10	10.60
0.075	0.1	0.1	21.0	74.1	6	10	8	9.01
矿料比例/%	40	30	25	5				

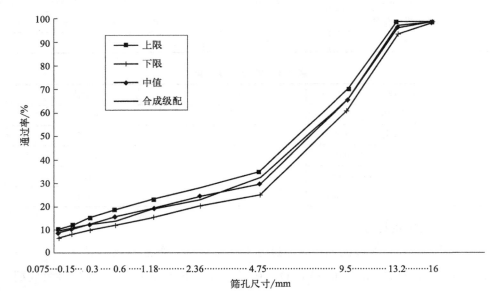

图 9-1　ARAC-13 合成级配曲线图

采用马歇尔试验确定油石比，对于 SBS＋废胎胶粉复合改性沥青 ARAC-13 级配，初拟 5 种油石比进行马歇尔试验，试验结果见表 9-6。依据各项指标共同范围，确定最佳油石比为 6.0%。

表 9-6　马歇尔试验结果

油石比/%	5.0	5.5	6.0	6.5	7.0
毛体积相对密度	2.376	2.395	2.417	2.42	2.423
最大理论相对密度	2.539	2.534	2.517	2.5	2.484
孔隙率/%	6.9	5.5	4.0	3.2	2.5
间隙率/%	16.9	16.7	16.3	16.6	16.9

续表

饱和度/%	59.2	67.1	75.7	80.7	85.5
稳定度/kN	12.34	11.87	11.12	10.45	10.09
流值/mm	1.8	2.2	2.4	2.5	2.7

9.1.2 施工质量控制

(1) 施工各阶段温度

SBS+废胎胶粉复合改性沥青混合料对温度较为敏感，温度过低会导致混合料压不实，孔隙率增大，水分进入路面后容易引起水损害病害的发生。根据实体工程试验段铺筑情况，确定SBS+废胎胶粉复合改性沥青混合料各阶段温度，如表9-7所示。

表9-7 SBS+废胎胶粉复合改性沥青混合料施工各阶段温度　　℃

各阶段施工温度	SBS+废胎胶粉复合改性沥青混合料
基质沥青加热温度	180～190
加工改性沥青温度	180～200
沥青存储温度	145～155
集料加热温度	180～200
混合料出厂温度	大于180
混合料贮存温度	降低不应超过5
废弃温度	210
运输到现场温度不低于	165
开始摊铺温度不低于	165
开始碾压混合料内部温度不低于	155
碾压终了路表温度不低于	90
开放交通路表温度不高于	50

(2) 拌和时间

混合料拌和时间根据具体情况经试拌确定，以沥青能均匀裹敷矿料为度。ARAC-13混合料建议先加集料干拌约5s，然后添加沥青、矿粉湿拌约45s，总生产时间约为50s。

(3) 运输

运输前用喷雾器在车厢内侧喷涂柴油水（柴油与水的比例为1∶3）作为隔离剂以防止沥青黏结。同时为了减小运输中的温度损失，沥青混合料运料车均应加装保温板对车体两侧进行保温,同时采用棉被加篷布的保温措施,即底层篷布、上层棉被保温,棉被采用人工覆盖,篷布采用电动车载篷布机覆盖。

(4) 摊铺

将摊铺机的布料螺旋和熨平板调整到合适位置,防止混合料堆集或在表面出现波皱。摊铺过程中需有专人负责检测混合料摊铺温度、摊铺厚度。

(5) 碾压

复合改性沥青混凝土路面碾压时宜先用胶轮压路机初压 2～3 遍,通过胶轮的揉搓使面层更加密实,同时由于胶轮上容易黏结混合料,需向胶轮上抹油并在碾压的同时少量洒水。在胶轮压路机后面紧跟钢轮压路机碾压 3～4 遍,同时避免碾压过度造成集料破碎产生花白料。最后用钢轮压路机静压 3 遍。如图 9-2 所示。

图 9-2 混合料碾压

9.1.3 应用效果

(1) 路用性能

在拌和站取料对 SBS+胶粉复合改性沥青 ARAC-13 进行室内路用性能试验,结果见表 9-8。性能均能满足规范要求。

表 9-8 混合料路用性能

试验项目	试验值
动稳定度/(次/mm)	6231
最大弯拉应变/$\mu\varepsilon$	3254.6

续表

试验项目	试验值
残留稳定度/%	91.6
TSR/%	90.2

（2）现场检测

路面铺设好后钻芯取样，对其进行厚度、压实度检测，如图9-3所示。结果见表9-9，均满足要求。

图 9-3　现场钻芯取样

表 9-9　厚度及压实度检测结果

测点	左右幅	厚度/cm	压实度/%
K7+650	右幅	4.0	98.5
K56+860	左幅	4.1	98.7
K57+080	左幅	4.0	99.4
K66+800	右幅	3.8	99.0

9.1.4　实体工程观测

实体工程铺筑完工之后，需要对其进行定期性能观测，重点考察SBS+废胎胶粉复合改性沥青混凝土在路面实际运营中的使用性能。由于实体工程铺筑时间较晚，目前尚不能对其进行定期性能观测。

今后拟在每年的3月份和9月份对实体工程路面进行性能跟踪观测，连续观测3～5年，主要检测项目有路面反射裂缝、路面结构承载力、高温稳定性、抗渗水能力、钻芯取样、降噪能力，并进行数据分析评价。

9.1.5 推广应用条件、措施

废胎胶粉改性沥青混合料路用性能优良，可有效延长路面使用年限，降低工程造价。国家号召建设资源节约型、环境友好型社会，交通运输部开展了材料节约和循环利用专项行动计划，一些省份如山西省也将聚合物胶粉复合改性沥青路面技术作为重要的一部分列入了公路建设须采用的四新技术推广目录，并在多条新建、养护高速公路中设计了 SBS+废胎胶粉复合改性沥青路面。

9.1.6 推广前景分析

本研究成果将进一步丰富公路工程用橡胶沥青路面技术，有利于推广废胎胶粉改性沥青在全国的大面积应用，用实例践行节能减排、环境友好的交通发展模式。SBS+废胎胶粉复合改性沥青路面设计与施工技术指南对行业标准有优良的补充，有利于推广 SBS+废胎胶粉复合改性沥青混凝土路面在全国的大面积应用，应用前景极为广阔。

9.2 粉煤灰和电石渣复合稳定路基工程案例

9.2.1 试验段简介

国道 108 线襄汾—曲沃—侯马过境改线工程采用双向四车道一级公路标准建设，设计速度为 80km/h，整体式路基宽度采用 25.5m，分离式路基宽度采用 $2\times12.75m$，桥涵设计汽车荷载等级采用公路-Ⅰ级（图 9-4）。国道 108 线襄汾—曲沃—侯马过境改线工程属浍河、汾河流域及山前冲积平原区。沿线地形地貌主要有河流侵蚀堆积形成的河流阶地、河漫滩、冲积平原地貌单元，山麓斜坡堆积的山前倾斜平原地貌单元和构造侵蚀黄土塬形成的黄土沟壑地貌单元。地势较为平坦、开阔，边坡地层主要有第四系（Q）全新统（Q_4^{al+pl}）、上更新统（Q_3^{al+pl}）、中更新统（Q_2^{al+pl}）冲洪积物，第四系上更新统（Q_3^{eol}）、中更新统（Q_2^{eol}）风积物。

图 9-4 试验段铺筑

9.2.2 试验段铺筑目的

根据（JTG/T 3610—2019）《公路路基施工技术规范》对粉煤灰-电石渣稳定土用于路床处治进行试验段铺筑，试验段起讫桩号为 K36+180～K36+380，总长为 200m；在 K34+972 处涵洞使用粉煤灰和电石渣复合稳定黄土回填台背。试验段铺筑的目的主要有以下几点：

① 确定能否达到前期室内试验的各项性能指标，并满足设计要求和目标；

② 检验施工工艺流程能否满足质量要求，从现场取样对比前期室内试验结果进行验证；

③ 确定质量控制措施及工艺参数，如松铺厚度、松铺系数、碾压工艺、机械类型以及质量控制标准等；

④ 为粉煤灰-电石渣稳定土路基填筑技术推广应用提供参考依据。

9.2.3 试验段选取

试验段选取过程中综合考虑以下因素：

① 考虑到试验段施工对相邻路段产生的不利影响，应选择距离较近的两座小型构造物之间的路基作为独立试验段，长度为 200m。

② 为避免原有路基施工不规范或原地基特殊因素对试验段数据和结构的影响，应保证试验段处于原地基满足路基填筑要求、下部路基施工规范的平缓

地段。

③ 试验段的长度、检测频率等要满足《公路路基施工技术规范》(JTG/T 3610—2019)的相关规定。

④ 为保证试验段施工的顺利完成，须选择交通便利、原材料供应及水源充足的地段。

9.2.4 试验段混合料配合比设计

根据室内试验结果，本试验段推荐采用晋控电力侯马热电分公司生产的1#粉煤灰和山西榆社化工股份有限公司生产的电石渣。黄土采用依托工程普通路段所采用的黄土。

根据大量的室内试验结果分析，推荐路床试验段采用电石渣∶粉煤灰（原灰）∶土＝2∶8∶90的粉煤灰和电石渣复合稳定黄土铺筑，铺筑厚度为30cm，工程量为1800m³，混合料最大干密度为$1.75g/cm^3$，最佳含水率为16.1％。推荐涵洞台背采用电石渣∶粉煤灰（原灰）∶土＝2∶28∶70的粉煤灰和电石渣复合稳定黄土回填，工程量为1700m³，混合料最大干密度为$1.59g/cm^3$，最佳含水率为17.3％。

9.2.5 试验段施工工艺

考虑到现场施工情况，电石渣剂量在设计剂量2％的基础上，增加0.5％～1％；粉煤灰剂量在设计剂量8％基础上增加0.5％～1％；含水率较最佳含水率增加1％～2％。

(1) 施工机械

依据规范《公路路基施工技术规范》(JTG/T 3610—2019)进行粉煤灰-电石渣稳定土路床处治的试验段铺筑，根据现场的施工机械确定最佳的施工方案，施工机械如表9-10所示。

表 9-10 施工机械数量表

施工机械	数量	备注
挖掘机	1台	
装载机	2台	
自卸汽车	6～10辆	

续表

施工机械	数量	备注
推土机	1台	
平地机	1台	
洒水车	1辆	
振动压路机	1台	
静压路机	1台	
路拌机	1台	

（2）施工流程

1）路床部分

① 按照"三阶段、四区段、八流程"的施工工艺组织施工。"三阶段"指：准备、施工、验收。"四区段"指：材料掺配布料区段、平整区段、碾压区段、检验区段。"八流程"指：施工准备、填筑前基底处理、基底检测、分层填筑、推土机摊平、平地机整平、碾压、检测验收（图9-5）。结合实际情

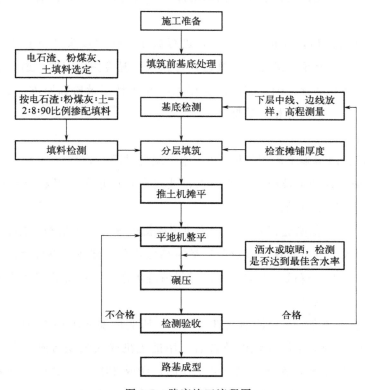

图 9-5　路床施工流程图

况，本试验段长度较短，不宜按"四区段"进行施工组织安排，采用"一次性掺配布料、一次性平整、一次性碾压、一次性检验"来组织施工。

② 试验段铺筑前，对用于路床填筑的电石渣、粉煤灰、土进行含水率检测。

③ 用装载车辆将试验段路床部分所需的土拉至试验段，进行均匀摊铺。采用推土机将土初步推平，初平后用平地机进行精细整平。

④ 根据试验段路床的电石渣和粉煤灰总用量，结合现场运输兼计量车辆的运输量，现场计算车辆的卸料间距。运输兼计量车辆需要施工单位提前进行准备及标定。

⑤ 使用路拌法拌和混合料。用路拌机将电石渣、粉煤灰和土均匀拌和。

⑥ 混合料的含水率应控制好，对照混合料试验最佳含水率应及时洒水或晾晒，压实前选 6~10 处取料进行含水率检测，并做好记录。

⑦ 采用振动压路机碾压。按照"先静压、后弱振、再强振"的顺序碾压，遵循先轻后重、先慢后快、由低向高的原则，先静压一遍，再弱振一遍，再强振二遍，完成初压。

⑧ 初压完成后，以轮迹重叠方式进行振压，横向接头处重叠 40~50cm，确保无漏压、无死角。进行续压续检，每强振一遍检测压实度一遍，测量断面的相同位置路基高程，确定实际压实厚度，并认真记录松铺厚度、压实厚度、碾压遍数、压实质量等相关数据。

2）台背部分

涵洞台背回填施工流程见图 9-6，施工现场见图 9-7。

① 根据设计图纸及施工规范要求，放出台背回填范围及标高范围。使用白灰撒出台背施工范围。

② 根据回填范围进行开挖，开挖使用挖掘机配合人工进行，结构物 50cm 范围内使用人工进行开挖，以避免机械对结构物造成破坏。将台背回填施工范围内的杂物及地表有机土等非适用性材料清理干净。开挖好临时排水沟，将地表水引至施工范围外。

③ 场地清理完后，对原地面进行碾压，压实度要求不小于 94%。当地形坡率陡于 1：5 时，清除原地面植被后，用推土机或人工挖台阶，台阶宽度不小于 2m，并能给机械作业提供充分工作面，做成 2%~4% 的向内倾斜坡，且开挖台阶、压实与路堤填筑应同步进行，以确保台阶稳定。

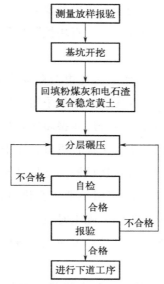

图 9-6　涵洞台背回填施工流程图

图 9-7　施工现场

④ 在涵洞墙身上标示出压实后的分层厚度控制线，台背回填分层的压实厚度控制为 15cm 一层。使用油漆在涵洞墙面画出水平横线，每 15cm 一道，并在横线上标注出填筑层次。

⑤ 台背回填采用电石渣∶粉煤灰∶土＝2∶28∶70 的粉煤灰和电石渣复合稳定黄土作为回填材料。台背填筑作业按预先设定的高度水平分层进行摊铺，使用白灰画方格网的方法控制松铺厚度，并根据预先进行的摊铺试验确定松铺厚度，确保每层填料的压实厚度为 15cm。采用机械辅以人工进行摊铺，

不平的部位人工进行找平，个别粗料集中处要人工加铺细料拌和均匀。整平过程中露出的超粒径石块要及时挖除，大石块挖除后留下的坑洞，要填补至略高于整平层的表面。

⑥ 使用压路机进行碾压，碾压时先由两侧向中间碾压，然后再由中间向两侧碾压，且每次要求重叠 1/3 轮宽。尽量采用多遍静压至碾压密实，特殊情况或者距台背结构物较远的部位可采用弱振碾压，严禁使用强振碾压。碾压过程中出现的空洞、孔隙部位需要人工配合机械补充细料，再进行碾压。如仍有松动的石块，用合适粒径的小石块换填嵌实并填补至略高于压平层的表面。

⑦ 台背结构物 1m 范围内应使用小型压实机具进行压实，严禁使用压路机压实，以避免对结构物造成影响。施工时应注意，涵台结构物周边范围应首先进行小型机具的夯实，然后方可进行大面积机械压实施工。

（3）施工参数

① 松铺系数。摊铺时采用人工配合装载机布灰，平地机精平，最后人工修整边部的方法。根据试验段检测，摊铺时含水率高于最佳含水率 2%～3% 为佳，布灰前对 20 个区域以 GPS 定点测定素土摊铺厚度。实测松铺厚度为 41cm，压实厚度 30cm，松铺系数为 1.37，以此控制施工现场。

② 碾压机械组合。用路拌机进行现场拌和，拌和完成后用 1 台推土机进行稳压初平，初平完成后用平地机进行二次整形，二次整形完成后使用 1 台双钢轮压路机、2 台振动压路机、1 台胶轮压路机进行碾压精平，碾压完成后对路床进行高程测量，并进行高程控制和边坡控制。

③ 压实遍数。碾压采用 19T 推土机稳压 1 遍，70T 振动压路机错轮至 1/3 强振压 2 遍，80T 振动压路机错轮至 1/2 强振压 2 遍，再用 32T 胶轮压路机碾压 1 遍，再用 13T 双钢轮压路机静压 1 遍收面。碾压时遵循由低到高、先慢后快的原则，碾压时后轮重叠分别为 1/3 轮宽、1/2 轮宽，碾压组合方式和遍数遵循先稳压、后重压、再轻压的原则。

（4）施工注意事项

1）路床填筑

① 路床施工应严格根据路床的结构形式、材料类型、压实标准等技术要求进行。路床分层填筑施工前，填层的铺填厚度与压实遍数应通过现场压实试验确定。压实标准应根据结构位置、材料类型和规范，同时满足各项指标的要求。

② 路床施工宜分为填土、整平、压实、检测四区段进行流水作业。各道工序后严格按技术要求检测、验收，并做好记录、签署，在上一道工序满足技术要求条件下，才能进行下一道工序的施工。

③ 施工期间应加强施工环保的教育，增强环保意识，并加强施工现场场地环境卫生管理、监督和检查。

④ 其它施工注意事项按照《公路路基施工技术规范》（JTG/T 3610—2019）中相关规定执行。

2）涵洞台背回填

① 涵洞台背回填必须在地基稳定的条件下进行，凡地基中有软土或地下水影响的，必须首先采取措施稳定地基。

② 涵洞台背回填施工期间，应安排专人负责，挂牌划线施工，必须进行拍照，并与检测资料一并存档，台背回填应在监理工程师旁站的情况下进行。

③ 在雨季施工中，严防路堤积水，填筑层表面应适当加大横坡坡度以利于排水，并注意天气预报，及时碾压成型，防止填土被雨水泡软。

④ 填料的宽度每侧应超出路堤设计宽度50cm，以保证修整路基或者锥坡后的路堤边缘有足够的压实度。

⑤ 涵洞台背回填时两侧宜对称同时进行，若因条件所限不能同时进行时，两侧填土高差最大不得超过1m。

⑥ 达到设计标高时要抓紧按设计要求整理路槽，修整边坡，防护，以确保路堤填筑质量和稳定性。

9.2.6 试验段质量检测

粉煤灰和电石渣复合稳定黄土试验段铺筑过程中要随时对铺筑质量进行检测、评定。

(1) 施工过程质量控制

1）混合料碾压含水率检测

① 路基施工混合料含水率检测。路基施工混合料含水率按17.1%为标准，以检测结果与施工确定含水率差值不超过施工确定含水率的±1%控制。混合料含水率采用酒精燃烧法检测，根据每摊铺2000m^2一次的检测频率，在拌和机后取样，路基混合料碾压含水率的检测结果如表9-11所示。

表 9-11　路基混合料碾压含水率检测结果

检查位置		含水率/%	检测结果及评判	
路段桩号	位置		检测结果	合格率/%
K36+180	左	16.9	合格	
K36+280	左	17.2	合格	100
K36+340	中	16.7	合格	

② 台背施工混合料含水率检测。台背施工混合料含水率按 18.3% 为标准，以检测结果与施工确定含水率差值不超过施工确定含水率的 ±1% 控制。混合料含水率采用酒精燃烧法检测，根据每摊铺 2000m² 一次的检测频率，台背混合料碾压含水率检测结果如表 9-12 所示，实测为 18.6%。

表 9-12　台背混合料碾压含水率检测结果

检查位置	含水率/%	检测结果及评判	
		检测结果	合格率/%
第 13 层	18.6	合格	
第 14 层	17.4	合格	100
第 15 层	19.1	合格	

2）电石渣剂量检测

电石渣剂量的检测采用 EDTA 滴定法，参照《公路工程无机结合料稳定材料试验规程》（JTG 3441—2024）中 T 0809—2009 方法进行。

① 路基混合料标准曲线的制作。准备 5 种混合料试样，5 种混合料粉煤灰剂量均为 8%，电石渣剂量为 0%、1%、2%、3%、4%，按《公路工程无机结合料稳定材料试验规程》（JTG 3441—2024）中 T 0809—2009 方法进行滴定，以电石渣剂量为横坐标、EDTA 耗量为纵坐标绘制标准曲线。

② 台背混合料标准曲线的制作。准备 5 种混合料试样，5 种混合料粉煤灰剂量均为 28%，电石渣剂量为 0%、1%、2%、3%、4%，按《公路工程无机结合料稳定材料试验规程》（JTG 3441—2024）中 T 0809—2009 方法进行滴定，以电石渣剂量为横坐标、EDTA 耗量为纵坐标绘制标准曲线。

③ 路基混合料 5 种电石渣剂量的检测如图 9-8 所示。路基混合料施工电石渣剂量按 2.5% 确定，以检测结果与施工确定剂量差值不超过施工确定剂量的 ±1% 为合格标准，在摊铺机后左、中、右位置取样，测定混合料中电石渣剂量及拌和的均匀性。根据每摊铺 2000m² 一次、每次 6 个点的检测频率，路基

混合料电石渣剂量的检测结果如表 9-13 所示。

图 9-8　电石渣剂量的检测

表 9-13　路基混合料电石渣剂量检测结果

检查位置		电石渣剂量	检测结果及评判	
路段桩号	位置		检测结果	合格率/%
K36+180	左	1.2	不合格	
K36+180	中	2.5	合格	
K36+180	右	1.7	合格	
K36+220	左	3.1	合格	
K36+220	中	2.6	合格	
K36+220	右	3.3	合格	
K36+240	左	1.7	合格	
K36+240	中	1.9	合格	
K36+240	右	2.1	合格	88.9
K36+280	左	1.1	合格	
K36+280	中	2.3	合格	
K36+280	右	2.1	合格	
K36+320	左	2.8	合格	
K36+320	中	1.7	合格	
K36+320	右	2.1	合格	
K36+340	左	2.9	合格	
K36+340	中	2.4	合格	
K36+340	右	1.9	合格	

④ 台背混合料 5 种电石渣剂量的测定。台背混合料施工电石渣剂量按 2.5％确定，以检测结果与施工确定剂量差值不超过施工确定剂量的±1％为合格标准，台背混合料电石渣剂量的检测结果如表 9-14 所示。

表 9-14 台背混合料电石渣剂量检测结果

检查位置		电石渣剂量	检测结果及评判	
			检测结果	合格率/％
第 13 层	左	3.1	合格	
第 13 层	中	2.9	合格	100
第 13 层	右	3.3	合格	
第 14 层	左	2.8	合格	
第 14 层	中	3.0	合格	100
第 14 层	右	2.6	合格	
第 15 层	左	2.9	合格	
第 15 层	中	3.2	合格	100
第 15 层	右	3.4	合格	

3）混合料强度

混合料 7 天无侧限抗压强度根据每一作业段 9 个试件的检测频率，以成型试件、自然养护为试验条件，以 0.7MPa 作为评判结果，混合料强度的检测结果如表 9-15 所示。

表 9-15 混合料强度检测结果

构造物类型	检测位置	强度代表值	检测结果评判	合格率/％
路基	K36+180～K36+240	0.73	合格	100
路基	K36+280～K36+340	0.75	合格	
台背	第 13 层	0.70	合格	
台背	第 14 层	0.71	合格	100
台背	第 15 层	0.74	合格	

注：本项目依托工程为一级公路。

4）压实度

压实度检测见图 9-9。本试验段路床填筑部分位于上路床，《公路工程质量检验评定标准 第一册 土建工程》（JTG F80/1—2017）中规定一级公路上路床压实度≥96％；台背回填按设计文件要求每层压实度≥96％，压实度测定采用挖坑灌砂法。

图 9-9 压实度检测

使用粉煤灰和电石渣复合稳定黄土铺筑路床部分时,要及时检测压实度,如果检测结果不满足要求,要及时对压实工艺进行调整。

现场摊铺机后取混合料试样击实试验的干密度为压实度检验的标准密度。路基填筑根据每一作业段 6 次的检测频率、台背回填根据每层 2 次的检测频率,试验段压实度检测结果如表 9-16 所示。

表 9-16 压实度检测结果

构造物类型	检测位置	压实度/%	检测结果评判	合格率/%
路基	K36+180 左幅	96.1	合格	100
	K36+240 左幅	96.7	合格	
	K36+280 左幅	97.0	合格	
	K36+320 左幅	96.1	合格	
	K36+340 左幅	96.3	合格	
	K36+380 左幅	96.5	合格	
	K36+180 右幅	97.1	合格	100
	K36+240 右幅	96.7	合格	
	K36+280 右幅	97.0	合格	
	K36+320 右幅	96.3	合格	
	K36+340 右幅	96.2	合格	
	K36+380 右幅	96.5	合格	

续表

构造物类型	检测位置	压实度/%	检测结果评判	合格率/%
台背	第13层	96.3	合格	100
	第13层	97.1	合格	
	第14层	98.1	合格	100
	第14层	97.9	合格	
	第15层	96.9	合格	100
	第15层	96.3	合格	

5) 外观

摊铺厚度检测见图9-10。试验段铺筑过程中，随时检测松铺厚度，以控制压实质量。检测宽度、路拱横坡、标高，以控制其几何尺寸符合要求。具体检测方法按《公路路基路面现场测试规程》(JTG 3450—2019)中相关规定。

图9-10 摊铺厚度检测

① 规范要求。《公路工程质量检验评定标准 第一册 土建工程》(JTG F80/1—2017)中关于宽度、高程、横坡等实测项目的规定如表9-17所示。

表9-17 土方路基实测项目规定

项次	检查项目	规定值或允许偏差		检测方法和频率
		高速公路、一级公路	其它公路	
1	纵断高程/mm	+10，−15	+10，−20	水准仪：中线位置每200m测2点
2	中线偏位/mm	50	100	全站仪：每200m测2点，弯道加HY，YH两点
3	宽度/mm	满足设计要求		尺量：每200m测4点

续表

项次	检查项目	规定值或允许偏差		检测方法和频率
		高速公路、一级公路	其它公路	
4	平整度/mm	≤15	≤20	3m 直尺：每200m 测2处×5尺
5	横坡/%	±0.3	±0.5	水准仪：每200m 测2个断面

② 试验段检测结果见表 9-18。

表 9-18 试验段检测结果

项次	检查项目	检测结果合格率/%	备注
1	纵断高程/mm	100	
2	中线偏位/mm	100	
3	宽度/mm	100	
4	平整度/mm	100	
5	横坡/%	100	

注：本项目依托工程为一级公路。

(2) 后期质量检测及监测

1) 弯沉的检测

弯沉的检测采用贝克曼梁或落锤式弯沉仪，按照《公路工程质量检验评定标准 第一册 土建工程》（JTG F80/1—2017）的要求，随依托工程统一检测。采用落锤式弯沉仪检测时，按每一双车道 40 测点的检测频率；采用贝克曼梁检测时，按每一双车道 80 测点的检测频率。将检测弯沉值与工程其它路段弯沉值进行比较，以评定粉煤灰和电石渣稳定黄土混合料对路基整体承载能力的影响。见表 9-19、表 9-20。

表 9-19 行车道弯沉检测（落锤式弯沉仪）

测点数	桩号	车向	车道	测量力/kN	测量位移/0.01mm	等效位移/0.01mm	等效贝克曼梁	路表温度/℃	备注
1	K36+180	逆时	行车道左幅	50.35	181.79	180.52	141.37	21.8	
2	K36+220	逆时	行车道左幅	50.58	156.54	154.75	121.24	21.1	
3	K36+240	逆时	行车道左幅	50.44	80.77	80.07	62.92	20.6	
4	K36+280	逆时	行车道左幅	50.8	136.98	134.83	105.69	20.7	

续表

测点数	桩号	车向	车道	测量力/kN	测量位移/0.01mm	等效位移/0.01mm	等效贝克曼梁	路表温度/℃	备注
5	K36+320	逆时	行车道左幅	50.93	137.42	134.91	105.75	20.1	
6	K36+340	逆时	行车道左幅	50.93	77.26	75.86	59.62	19.5	
7	K36+380	逆时	行车道左幅	51.13	206.88	202.3	158.38	19.9	

路基、沥青路面目标可靠指标：1.28；回弹模量：60.0；温湿度影响系数：1.00

相关关系式：LB=$a+b×$LFWD。式中，$a=0.381$，$b=0.781$，相关系数$R=1.000$

表 9-20 超车道弯沉检测（落锤式弯沉仪）

测点数	桩号	车向	车道	测量力/kN	测量位移/0.01mm	等效位移/0.01mm	等效贝克曼梁	路表温度/℃	备注
1	K36+180	顺时	超车道左幅	51.24	111.35	108.66	85.25	21.8	
2	K36+220	顺时	超车道左幅	50.89	153.11	150.43	117.86	21.1	
3	K36+240	顺时	超车道左幅	50.94	109.08	107.06	84	20.6	
4	K36+280	顺时	行车道左幅	50.76	170.15	167.59	131.27	20.7	
5	K36+320	顺时	行超车道左幅	50.81	119.36	117.47	92.12	20.1	
6	K36+340	顺时	超车道左幅	55.46	194.66	175.51	137.45	19.5	
7	K36+380	顺时	超车道左幅	50.59	213.46	210.97	165.15	19.9	

路基、沥青路面目标可靠指标：1.28；回弹模量：60.0；温湿度影响系数：1.00

相关关系式：LB=$a+b×$LFWD。式中$a=0.381$，$b=0.781$，相关系数$R=1.000$

2）其它表观性能的观测

测弯沉前观察试验段表面的磨损情况、裂缝情况及平整度情况，同时与其它路段对比，以评定粉煤灰和电石渣稳定黄土混合料的稳定性及耐久性。

9.2.7　总体性能指标

本项目通过调研依托工程区域内粉煤灰和电石渣的分布、产量、类型等，并通过室内试验研究其物理力学性能、化学活性，推荐出合适的粉煤灰和电石渣；通过设计多因素多水平正交试验，研究粉煤灰稳定黄土、电石渣稳定黄土、粉煤灰和电石渣复合稳定黄土的物理力学等性能，推荐出物理力学性能最优的混合料配合比，并开展示范工程，研究施工工艺。

本项目优选出晋控电力侯马热电分公司生产的1#粉煤灰和山西榆社化工股份有限公司生产的电石渣。以无侧限抗压强度为主要检验指标，通过室内试验，得出物理力学性能最好的粉煤灰和电石渣复合稳定黄土配合比为电石渣：粉煤灰：土＝4：16：80。因本项目研究粉煤灰和电石渣复合稳定黄土在路基中的应用，依托工程中填方路段路床一般填筑30cm6％石灰土，通过比对6％石灰土的物理力学性能，得出配合比为电石渣：粉煤灰：土＝2：8：90的粉煤灰和电石渣复合稳定黄土的物理力学性能满足依托工程对路床的要求，试验段路床铺筑部分推荐采用该配合比。

9.2.8　技术应用情况

本项目依托工程中填方路段路床一般填筑30cm6％石灰土，将粉煤灰和电石渣复合稳定黄土填筑路床效果和6％石灰土进行对比，无侧限抗压强度均能满足路床土最小强度的要求。研究成果表明，应加大对粉煤灰、电石渣的综合利用，这样不仅减少了生产企业对粉煤灰、电石渣的固废处置费用，而且施工单位就近低运输成本应用工业废弃物，节约了公路工程材料的投入，并可获得国家对工业废弃物综合利用的政策支持、奖励等，对工程项目进行加计扣除。通过试验段的跟踪监测，做好黄土改良的工程示范，为科研机构对黄土改良方面的研究提供数据。

总结粉煤灰-电石渣处治土路床填筑及台背回填试验段成果，粉煤灰-电石渣处治土可采用划分网格布灰后路拌方式，再用平地机配合装载机摊铺后采用压路机碾压，效果良好，压实度可达到96％以上；而从性能指标上来看，粉煤灰-电石渣处治土填筑路床CBR值完全满足规范的要求；粉煤灰-电石渣处治土按照现场拌和碾压，压实效果良好，完全满足台背填筑压实度的要求。

9.2.9 预期应用前景

本项目以国道108线襄汾—曲沃—侯马过境改线工程为依托,通过试验检测和理论研究,分析粉煤灰、电石渣、粉煤灰和电石渣复合改良黄土的改性效果,推荐最佳配合比及施工工艺,并在该工程中铺筑试验段,对路用效果进行跟踪评价。本项目的研究成果旨在指导公路行业主管部门、设计单位、施工企业等加大对粉煤灰、电石渣的综合利用,同时,推动行业高校、科研院所等科研机构对工业废弃物在公路工程领域应用的研究,推动交通运输行业及固废行业的科技进步。项目的应用、研究前景广阔。

9.2.10 社会经济效益分析

(1) 社会效益

粉煤灰-电石渣处治土新型材料的开发,一方面解决了粉煤灰-电石渣无法低成本高效率处理的难题,促进了煤炭清洁利用的发展;另一方面减少了台背回填对砂砾或者水泥等材料的消耗。从社会各行业现状来讲,将工业固废用于路基工程能够缓解当前石灰、水泥等建筑材料短缺的问题,协调道路与建筑行业之间的相互关系,减少企业对道路的建设成本;减少粉煤灰、电石渣的堆放问题,又能解决当前国家土地资源紧张的问题,避免过多地浪费土地资源的情况,也有利于推动我国科学技术的进步,从而实现经济增长的转变;将工业固废材料进行二次利用,减少了灰渣堆存和水泥等材料生产加工时造成的环境污染,有利于资源节约和环境保护,是对国家战略的支持,是具有深远意义的发展方向。

(2) 经济效益

依托G108襄汾—曲沃—侯马过境改线工程项目对粉煤灰-电石渣稳定土进行试验段铺筑,根据试验段铺筑情况,以实际工程消耗的工程土方量进行经济效益分析,通过对比,发现采用粉煤灰-电石渣替代水泥改良土,每方材料可以减少23.6%的工程造价,经济效益显著,可以大大减少工程的建设成本,减少土资源的过度消耗,实现资源利用的可持续发展。

参 考 文 献

[1] 肖建庄. 再生混凝土 [M]. 北京:中国建筑工业出版社, 2008.

[2] 全洪珠. 国外再生混凝土的应用概述及技术标准 [J]. 青岛理工大学学报, 2009, 30 (4): 87-94.

[3] Mills-Beale J, You Z. The mechanical properties of asphalt mixtures with recycled concrete aggregates [J]. Construction and Building Materials, 2010, 24 (3): 230-235.

[4] Khalaf F M. Recycling of clay bricks as aggregate in asphalt concrete [C]. Proceedings of International RILEM Conference on the Use of Recycled Materials in Buildings and Structures, Paris: RILEM, 2004: 56-65.

[5] Paranavithana S, Mohajerani A. Effects of recycled concrete aggregates on properties of asphalt concrete [J]. Resources, Conservation and Recycling, 2006, 48 (1): 1-12.

[6] 黄兴亮, 任婷婷, 何帆. 再生骨料混凝土研究现状及应用前景分析 [J]. 陕西建筑, 2013 (6): 32-34.

[7] 池漪. 再生骨料混凝土高强高性能化途径及其性能研究 [D]. 长沙:中南大学, 2007.

[8] 李秋义, 全洪珠, 秦原. 混凝土再生骨料 [M]. 北京:中国建筑工业出版社, 2010.

[9] 杨青, 钱晓倩, 钱匡亮, 等. 再生混凝土纳米复合强化试验 [J]. 材料科学与工程学报, 2011 (1): 66-69.

[10] 张剑波, 吴勇生, 孙可伟, 等. 再生骨料混凝土孔隙结构的试验研究 [J]. 硅酸盐通报, 2011 (1): 239-244.

[11] 黄莹. 再生粗骨料对混凝土结构耐久性影响机理研究 [D]. 南宁:广西大学, 2012.

[12] 姜新佩, 李莹, 张胜彦, 等. 建筑垃圾人工砂配制混凝土试验研究 [J]. 混凝土与水泥制品, 2013 (11): 82-85.

[13] 谢玲君. 废弃烧结砖瓦再生骨料混凝土配制技术与性能研究 [D]. 泰安:山东农业大学, 2012.

[14] 刘娟红, 宋少民. 绿色高性能混凝土技术与工程应用 [M]. 北京:中国电力出版社, 2011.

[15] 李秋义. 建筑垃圾资源化再生利用技术 [M]. 北京:中国建材工业出版社, 2011.

[16] 范小平, 徐银芳. 再生骨料的强化试验 [J]. 上海建材, 2005 (4): 22-23.

[17] 李惠强, 杜婷. 混凝土再生骨料强化试验研究 [J]. 新型建筑材料, 2002 (3): 5-7.

[18] 陈德玉, 袁伟. 再生粗骨料改性的试验研究 [J]. 新型建筑材料, 2009 (2): 20-23.

[19] 马乐为, 罗峥. 再生混凝土配合比设计与抗压强度试验研究 [J]. 混凝土, 2010 (8): 142-144.

[20] 毋雪梅. 浸渍法强化再生骨料配制再生混凝土的试验 [J]. 河南建材, 2009 (1): 56-57.

[21] Nataatmadja A, Member A, Tan Y L. Resilient response of recycled concrete road aggregates [J]. Journal of Transportation Engineering, 2001, 127 (5): 450-453.

[22] Park T. Application of construction and building debrisas base and subbase materials in rigid pavement [J]. Journal of Transportation Engineering, 2003, 129 (5): 558-563.

[23] 张超，丁纪忠，郭金胜．废弃水泥混凝土再生集料在半刚性基层中的应用 [J]．长安大学学报（自然科学版），2002，22（5）：1-4．

[24] 张超．废弃混凝土路面板在道路改建中的再利用 [J]．交通运输工程学报，2003（4）：5-9．

[25] 陈亭，于涛．水泥稳定旧混凝土破碎集料的试验研究 [J]．公路工程，2003，28（3）：44-46．

[26] 李征．再生集料在道路基层中的应用 [J]．山西建筑，2006，3（3）：168-169．

[27] 刘冰，张立明．废弃水泥混凝土板基层试验室成型方法研究 [J]．西部交通科技，2006（6）：33-35．

[28] 温胜强，乐金朝．破损水泥混凝土路面板的再生利用技术探讨 [J]．公路，2002（10）：116-119．

[29] 扈惠敏，孙业香．再生集料水稳碎石配合比设计与强度规律的试验研究 [J]．合肥工业大学学报（自然科学版），2009（2）：238-240．

[30] 唐娴，王社良．城市建筑垃圾路面基层应用研究 [J]．科技导报，2009（7）：88-90．

[31] 张大宁，张铁志，俞清荣．建筑垃圾在道路基层中的应用研究 [J]．路基工程，2010（4）：55-57．

[32] 李跃矩，林志伟，孙可伟，等．建筑废弃物在道路结构层材料中的应用研究 [J]．环境科学与技术，2010（S2）：352-354．

[33] 郭远臣，孙可伟．基于再生骨料特性的道路材料新规范思考 [J]．长安大学学报（自然科学版），2010（3）：28-31．

[34] 王鹏，杨立胜，陈伟．旧混凝土再生集料作水稳基层的性能改善研究 [J]．交通标准化，2011（12）：53-57．

[35] 孙璐．建筑拆除废弃物水泥稳定碎石力学特性及其设计参数 [J]．东南大学学报（自然科学版），2014（44）：1052-1056．

[36] 王军龙，肖建庄．二灰稳定再生集料的劈裂试验研究 [J]．公路，2005（12）：166-170．

[37] 李娟．再生骨料附着砂浆对混凝土强度的影响及再生骨料二灰碎石试验研究 [D]．南京：河海大学，2005．

[38] 刘建．西安市建筑垃圾替换二灰碎石基层中部分石料的研究 [D]．西安：长安大学，2006．

[39] 王军龙，郑宏伟．废弃混凝土再生集料在路基工程中的应用研究 [J]．铁道建筑，2008（11）：46-48．

[40] 李飞．废弃混凝土再生集料在路面基层中的应用研究 [J]．中国建材科技，2009（4）：55-57．

[41] 李鸿运．建筑垃圾在公路工程中的资源化综合利用研究 [D]．天津：河北工业大学，2017．

[42] 李小卉．城市建筑垃圾分类及治理研究 [J]．环境卫生工程，2011，19（4）：61-62．

[43] 吴贤国，李建辉，杨婧，等．建筑施工垃圾的产生和组成分析 [J]．建筑技术，2001，32（2）：105．

[44] 李金雪．新型城镇化过程中建筑垃圾循环利用模式研究——以湖北省为例 [D]．济南：山东师范大学，2016．

[45] 侯月琴．水泥混凝土再生集料在沥青路面中的应用研究 [D]．西安：长安大学，2014．

[46] 蒋应军,李明杰,张俊杰,等.水泥稳定碎石强度影响因素[J].长安大学学报(自然科学版),2010,30(4):1-7.

[47] 李頔,蒋应军,任皎龙.基于振动法的抗疲劳断裂水泥稳定碎石强度标准[J].建筑材料学报,2013,16(2):276-283.

[48] 蒋应军,王富玉,刘斌.水泥稳定碎石强度特性的试验研究[J].武汉理工大学学报,2009,31(15):52-57.

[49] 侯月琴,纪小平,刘陵庆.水泥稳定再生集料的力学特性及影响因素研究[J].公路交通科技,2016,33(12):56-61.

[50] 仲文亮,吕松涛.不同龄期对水稳基层强度与模量及其内在联系的影响研究[J].中外公路,2014,34(1):282-285.

[51] 沈鹏.水泥稳定类基层材料疲劳性能研究[D].西安:长安大学,2009.

[52] 王波,孙嘉,王静峰,等.建筑垃圾处置政策与对策研究[J].建筑经济,2021,42(6):8-13.

[53] 王新强,王国清,王庆凯,等.高掺量胶粉改性沥青SRA-20混合料设计及性能研究[J].硅酸盐通报,2018,37(9):2985-2990.

[54] 季节,孙鹏飞,黄海龙.糠醛抽出油对道路石油沥青性能的影响分析[J].石油沥青,2013,27(04):6-9.

[55] 冉红平.糠醛抽出油对胶粉改性沥青性能的影响[J].山西建筑,2020,46(18):109-111.

[56] 杨平文,袁斌,南兵章.醛糠抽出油对橡胶沥青性能的影响[J].公路交通科技(应用技术版),2015,11(12):137-138.

[57] 陈华鑫,陈拴发,王秉纲.SBS改性沥青低温粘度的动态剪切流变测试方法[J].同济大学学报(自然科学版),2009,37(4):505-509.

[58] 冯慧敏,徐文远,计伟帅.基于动态剪切流变试验的硅粉/SBS复合改性沥青性能分析[J].广西大学学报(自然科学版),2019,44(1):191-196.

[59] 马峰,王蒙蒙,傅珍,等.SEBS/橡胶粉复合改性沥青高温流变性研究[J].公路工程,2020,45(6):59-65.

[60] Jamshidi A, Hasan M, Yao H, et al. Characterization of the rate of change of rheological properties of nano-modified asphalt[J]. Construction & Building Materials, 2015, 98(15):437-446.

[61] 侯仁辉.基于流变的温拌沥青及混合料性能研究[D].西安:长安大学,2019.

[62] 崔鹰翔,郝培文.基于MSCR试验的橡胶改性沥青高温性能[J].筑路机械与施工机械化,2019.

[63] Xu Y, You Z. High temperature performance evaluation of bio-oil modified asphalt binders using the DSR and MSCR tests[J]. Construction and Building Materials, 2015, 76:380-387.

[64] Zhang L, Chao X, Gao F, et al. Using DSR and MSCR tests to characterize high temperature performance of different rubber modified asphalt[J]. Construction & Building Materials, 2016,

127（30）：466-474.

[65] Chen J Q, Li A J, Jin M Q, et al. Study on low temperature performance of SBS modified asphalt and its mixture [J]. Applied Mechanics and Materials, 2014, 587-589: 1332-1336.

[66] 韩吉伟，崔亚楠，李震，等. 改性沥青微观结构及低温性能的研究 [J]. 功能材料，2017，48（002）：2140-2143.

[67] Shi Y, Jie J I, Suo Z, et al. Study on the High-and-low-temperature properties of TLA modified asphalt mortar based on DSR and BBR [J]. Highway Engineering, 2016.

[68] 郭猛，刘海清，李亚非，等. 沥青老化再生过程中的流变与化学特性 [J]. 交通运输研究，2020，6（5）：21-27.

[69] Wang L, Cui S, Feng L. Research on the influence of ultraviolet aging on the interfacial cracking characteristics of warm mix crumb rubber modified asphalt mortar [J]. Construction and Building Materials, 2021, 281 (10): 122556.

[70] Ming L, Xue X, Fan W, et al. Viscous properties, storage stability and their relationships with microstructure of tire scrap rubber modified asphalt [J]. Construction and Building Materials, 2015, 74 (15): 124-131.

[71] 杨三强，王国清，闫明涛，等. 高掺量废旧胶粉改性沥青相容性改善实验研究 [J]. 重庆交通大学学报（自然科学版），2019，38（6）：48-54.

[72] Wang Z, Yong K, Zhao W, et al. Recycling waste tire rubber by water jet pulverization: Powder characteristics and reinforcing performance in natural rubber composites [J]. Journal of Polymer Engineering, 2018 (1): 51-62.

[73] Sato S, Honda Y, Kuwahara M, et al. Micro bial scission of sulfide linkages in vulcanized natural rubber by a white rot basidiomycete, ceriporiopsis subvermispora [J]. Biomacromolecules, 2004, 5 (2): 511.

[74] 张兴军，冯辉霞，王永宁，等. 基于红外光谱的短期老化 SBS 改性沥青再生微观机理 [J]. 材料科学与工程学报，2020，38（2）：232-237.

[75] Tang N, Huang W, Xiao F. Chemical and rheological investigation of high-cured crumb rubber-modified asphalt [J]. Construction and Building Materials, 2016.

[76] Karol R H. Chemical grouts and their properties [J]. Grouting in Geotechnical Engineering, ASCE, 1982, 359-377.

[77] Borden R, Krizek R, Baker W H. Creep behavior of silicate-grouted sand [J]. Grouting in Geotechnical Engineering Proceedings of the Conference, ASCE, 1982: 450-469.

[78] Baker W H. Planning and performing structural chemical grouting [J]. Grouting in Geotechnical Engineering, Proceedings of the Conference, ASCE, 1982: 515-539.

[79] Karol R H. Seepage control with chemical grout [J]. Grouting in Geotechnical Engineering, ASCE, 1982: 564-575.

[80] van der Stoel A. Pile foundation improvement by permeation grouting [J]. ASCE GSP, 2003,

120：728-739.

[81] Chuaqui M, Bruce D A. Mix design and quality control procedures for high mobility cement based grouts [J]. ASCE GSP, 2003, 120：1153-1168.

[82] Nonveiller E. Grouting theory and practice [M]. New York：Elsevier Science Publishers B. V., 1989.

[83] Nonveiller E. 灌浆的理论与实践 [M]. 顾柏林，译. 沈阳：东北工学院出版社, 1991.

[84] Koch A J. Model testing of passive site stabilization：A new grouting technique [J]. ASCE GSP, 2003, 120：1478-1489.

[85] Dreese T L, Wilson D B, Heenan D M, et al. State of the art in computer monitoring and analysis of grouting [J]. ASCE GSP, 2004, 120：1440-1453.

[86] Shuttle D A, Glynn E. Grout curtain effectiveness in fractured rock by the discrete feature network approach [J]. ASCE GSP, 2003, 120：1405-1416.

[87] Wehling T M, Rennie D C. California aqueduct foundation repair using multiple grouting techniques [J]. ASCE GSP, 2003, 120：893-904.

[88] Gouvenot D. State of the art in European grouting [J]. Proceedings of the ICE-Ground Improvement, 2010, 2 (2)：51-67.

[89] Azmi A N, Fauzi M A, Nor M D, et al. Production of controlled low strength material utilizing waste paper sludge ash and recycled aggregate concrete [J]. MATEC Web of Conferences, 2016, 47：1011.

[90] 王丽筠，孙伟东，文劲博. 流态固化土在深基坑回填工程中应用 [J]. 建筑技术, 2021, 52 (4)：460-461.

[91] 张旭光. 北京城市副中心长螺旋压灌流态固化土复合地基研究 [J]. 建筑技术开发, 2018, 45 (2)：59-62.

[92] 刘旭东. 流态固化土技术在地下综合管廊基槽回填工程中的应用 [J]. 建筑技术开发, 2018, 45 (4)：61-62.

[93] 夏冲，李传贵，冯啸，等. 水泥粉煤灰-改性水玻璃注浆材料试验研究与应用 [J]. 山东大学学报（工学版），2022, 52 (1)：66-73.

[94] 夏静萍. CFB灰渣注浆充填材料的设计与关键性能研究 [J]. 公路, 2021, 66 (08)：99-104.

[95] 樊震旺，张雷，陈朋成，等. 纳米碳酸钙改性超细水泥注浆材料研究 [J]. 矿业研究与开发, 2020, 40 (05)：75-79.

[96] 严国超，白龙剑，张志强，等. PU改性硫铝酸盐水泥注浆材料试验与应用 [J]. 煤炭学报, 2020, 45 (S2)：747-754.

[97] 宋国壮，王连俊，张艳荣，等. 岩溶地基改性注浆材料力学性能及其孔隙结构特征 [J]. 中南大学学报（自然科学版），2018, 49 (10)：2568-2575.